渔业船联网技术

陈 明 冯国富 池 涛 编著

科学出版社

北 京

内 容 简 介

本书从船联网是物联网的特殊应用，是对互联网的扩展，物联网与互联网是新时期下计算新模式入手，从船联网概念、标准与体系结构开始，分别就感知层、传输层和应用层中涉及的关键技术展开讨论，详细叙述船联网中的传感器、传输技术、计算平台等内容，同时本书对内河航运及海洋航运智能化、数字化进行相关介绍。

在写作构思和结构编排上，本书力争为读者提供全面、系统的船联网知识，注重概念、技术规范与标准并重。本书可以作为学习物联网、船联网的教材，也可作为船联网相关领域的重要技术参考手册。本书适用于物联网及船联网领域的相关研究人员、研究生与高年级本科生，对相关研究人员有很好的参考借鉴作用。

图书在版编目（CIP）数据

渔业船联网技术 / 陈明，冯国富，池涛编著. —北京：科学出版社，2018.10

ISBN 978-7-03-057412-1

Ⅰ. ①渔… Ⅱ. ①陈… ②冯… ③池… Ⅲ. ①互联网络-应用-渔船-渔捞作业 ②智能技术-应用-渔船-渔捞作业 Ⅳ. ①U674.4-39

中国版本图书馆 CIP 数据核字（2018）第 095852 号

责任编辑：阚 瑞 / 责任校对：郭瑞芝
责任印制：张 伟 / 封面设计：迷底书装

科 学 出 版 社 出版
北京东黄城根北街 16 号
邮政编码：100717
http://www.sciencep.com

北京建宏印刷有限公司 印刷
科学出版社发行 各地新华书店经销

*

2018 年 10 月第 一 版 开本：720×1000 B5
2019 年 3 月第二次印刷 印张：16 3/4
字数：330 000

定价：**108.00 元**
（如有印装质量问题，我社负责调换）

前　言

　　船联网是物联网技术的重要应用之一，是人类将信息化由陆地推向水域的重要尝试。目前，我国正在加快航运现代化与信息化的建设，现代航运的各个环节都迫切需要信息技术的支撑。物联网浪潮的来临，为现代渔业发展创造了前所未有的机遇。改造升级现代航运，使我国从航运大国走向航运强国，迫切需要运用物联网技术对渔船航行、作业、港口管理等要素实行数字化设计、智能化控制、精准化运行和科学化管理，从而实现对各种现代渔业要素的"全面感知、可靠传输以及智能处理"，进而达到高产、高效、优质、生态、安全的目标。因此，船联网作为现代信息与通信技术在渔业生产过程中的集成与应用，是渔业生产方式变革的重要支撑，是现代渔业发展的重要方向。

　　船联网涉及多行业、多部门，是一个跨地域的复杂系统工程，是物联网的一个重要应用领域。目前针对船联网总体架构及内部技术细节的论著还相对较少，各项工作很难无缝整合在一起。

　　自 2002 年以来，陈明团队一直致力于物联网技术在渔业船联网领域的应用研究，在船联网渔船安全管理、海洋船舶安全驾驶监控、陆地监管中心管理调度等领域取得了一系列的成果；同时还积极参与了上海海洋大学淞航号远洋渔业调查船及深潜器的信息化建设。

　　本书重点从数据采集、传输以及船联网应用等几个方面对船联网的相关技术进行论述，从感知层、传输层与应用层三个层次对船联网中的传感器、传输技术、计算平台进行详述。同时本书也对内河航运及海洋航运智能化、数字化做了相关介绍。

　　本书由上海海洋大学信息学院的教师及研究生们合作完成。全书篇章结构设计、主要内容的制定及统稿工作由陈明教授负责，冯国富老师完成了主要章节内容的完善，池涛老师主审了全书内容。课题组的研究生也参与了本书的材料整理工作，具体分工如下。第一篇：周静静等；第二篇：董立夫、马腾、卜健康、邹勇博、宋晓霞等；第三篇：舒玉娟、李张红等；第四篇：潘赟、王洋、侍国忠、张重阳等。另外，马玉奇、尤伟伟、杨文静参与了 AIS 与北斗部分的内容编写及校正工作。

　　需要说明的是：在船舶、航运现代化与信息化的发展历程中，数字化、网络化是一种趋势。由于历史的原因，许多技术独立发展并逐步形成体系，最终具备了物联网或船联网的一些特征。这些技术通常是一个相对完整的系统,覆盖了几乎物联网自底向上每一层的内容,要将它们归类到物联网或船联网中的某一层是一件困难的事。所以,本书在章节划分时,仅以某项技术或设备的主要特征作为划分依据,希望读者阅读时能认识到这一点。

本书引用了一些互联网的最新资讯、学术期刊及学术论文中的内容,在此一并向原作者和刊发机构致谢,同时也对国家 863 计划项目"动物精细养殖关键技术研究"(2012AA101905)的资助表示感谢!

由于作者水平有限,书中难免存在不足之处,恳请读者批评指正。

目　录

第二篇　感　知　层

第三篇　传　输　层

第一篇 总 述

第1章 概　　论

1.1　船联网的概念：从物联网到船联网

船联网(internet of vessels, IOV)是物联网的一个应用实例，了解物联网与船联网的关系是有必要的。参照美国的智能交通系统(intelligent transport system, ITS)，图 1-1 给出了船联网与交通信息化、ITS、物流运输及物联网之间的关系示意图。

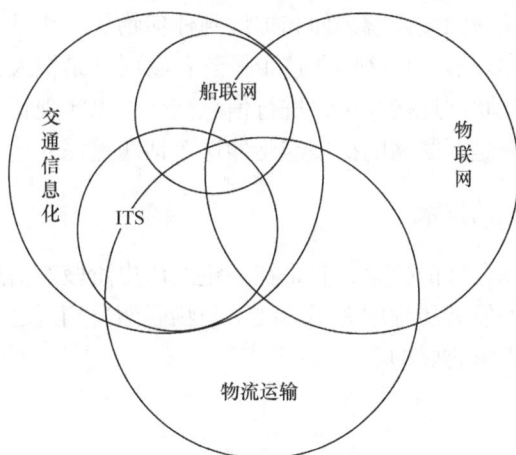

图 1-1　船联网定位示意图

如图 1-1 所示，船联网是交通信息化与物联网等多个领域的交叉。船联网与上述相关概念并不是单独的个体存在，它们之间相互联系、匹配、协调，最终形成一个多形式、多样化的聚合性复杂系统。下面将从与船联网关系紧密的物联网入手，阐释船联网的定义及相关概念。

1.1.1　物联网的定义

关于物联网目前比较流行的定义是：通过射频识别(radio frequency identification, RFID)(RFID+互联网)、红外感应器、全球定位系统(global positioning system, GPS)、激光扫描器、气体感应器等信息传感设备，按约定的协议，把任何物品与互联网连接起来，进行信息交换和通信，以实现智能化识别、定位、跟踪、监控和管理的一种网络。

　　IBM 公司于 2008 年首次提出"智慧地球"的概念，奥巴马就职美国总统后，"智慧的地球"概念得到重视。在中国，2009 年 8 月，温家宝在无锡视察时提出了"感知中国"，无锡市率先建立了"感知中国"研究中心，中国科学院、运营商、多所大学在无锡建立了物联网研究院。物联网被列为国家五大新兴战略性产业之一，并写入了第十一届全国人民代表大会第三次会议政府工作报告，物联网在中国受到了全社会极大的关注。

　　在物联网发展的早期，主要是基于 RFID 技术对物品的感知与管理，RFID 也成为当前物联网最成熟的应用领域之一，不过现在物联的概念相对于 RFID 技术有了很大的延伸。

　　需要强调的是物联网是互联网的扩展与延伸，是"物物相连的互联网"，是在互联网的基础上将互联网接入端延伸和扩展到任何物品与物品之间，进行信息交换和通信。可以这样理解"物联网"这个概念：物联网是把人类感兴趣的物品通过信息传感技术与互联网连接起来，进行信息交换，以实现智能化识别和管理。

　　后面会就物联网是互联网的扩展与延伸这个话题更深入地展开论述。

1.1.2　与物联网相近的技术

　　物联网是一个综合性的概念，它是在一定的历史阶段对信息技术发展的一个概括。在信息技术的发展历程中有不少技术与物联网有相近之处，了解这些概念有助于人们更好地理解物联网。

　　1. M2M

　　最初的 M2M 是指 Machine To Machine，即机器对机器的互联。以机器对机器为起点，人们逐渐将 M2M 延伸至人对机器(man to machine)、人对人(man to man)、机器对人(machine to man)等各种与"M"相关的组合。其实传统互联网主要是人通过互联网与机器及人的互联，M2M 及物联网扩大了这个范畴。还有学者将 M2M 延伸至 Mobile 的概念。

　　2. 普适计算

　　Ubiquitous Computing 最早起源于 1988 年 Xerox PARC 实验室的一系列研究计划。1999 年，IBM 提出 Pervasive Computing 的概念，即无所不在的，随时随地可以进行计算的一种方式。

　　普适计算又称普存计算、普及计算。这一概念强调和环境融为一体的计算，而计算机本身则从人们的视线里消失(invisible)。在普适计算的模式下，人们能够在任何时间、任何地点、以任何方式进行信息的获取与处理。

3. 信息物理系统

信息物理系统(cyber-physical systems, CPS)是一个综合计算、网络和物理环境的多维复杂系统，通过 3C(computer、communication、control)技术的有机融合与深度协作，实现大型工程系统的实时感知、动态控制和信息服务。CPS 实现计算、通信与物理系统的一体化设计，可使系统更加可靠、高效、实时协同，具有重要而广泛的应用前景。

CPS 包含无处不在的环境感知、嵌入式计算、网络通信和网络控制等系统工程，使物理系统具有计算、通信、精确控制、远程协作和自治功能。它注重计算资源与物理资源的紧密结合及协调，主要用于一些智能系统上，如设备互联、物联传感、智能家居、机器人、智能导航等。

1.1.3 物联网是互联网的扩展与延伸

在互联网的发展历程中，曾经出现过"最后一英里"(last mile)"最后一公里"(last kilometer)"last 100 feet""last 10 feet""last meter"等概念。它们用来指代从通信服务提供商的机房交换机到用户计算机等终端设备之间连接的发展历程。即互联网有一个不断扩大自己外延的过程，而这个过程最终引起了质变，把自己从主要面向人与人的连接、人与机器的连接转换为更广泛的 M2M。

进入物联网时代，网络不仅仅是 PC 或人与互联网的交互，它的外延扩展为环境与智能物件与互联网的互联。

另一个与互联网及物联网相关的概念是 IPv6。IPv6 是 Internet Protocol Version 6 的缩写，它是用来替代现行版本 IPv4 的下一代 IP，目前 IPv4 的地址是 32 位编码，IPv6 的地址是 128 位编码，能产生 2 的 128 次方个 IP 地址，其资源几乎是无穷的。这个概念出现的一个基本动因是：要求加入互联网的主体数量与种类越来越多，原 IPv4 无法满足这种需求。IPv4 地址已于 2011 年 2 月 3 日分配完毕，其中北美占 3/4，约 30 亿个，人口最多的亚洲只有不到 4 亿个。有一种说法是，美国一个大学分配的 IP 地址比一个普通国家的 IP 地址都多。但使用了 IPv6 之后，人们戏称全世界连一粒沙子都可以有自己的 IP 地址。

而关于信息主体的发展还有下面这样一个有趣的事实：收音机从出现到发展为拥有 5000 万用户，花了大约 38 年时间；电视用了 13 年时间完成这个历程；PC 从第一台发展到拥有 5000 万用户共用了 16 年时间；而互联网只用了 4 年时间就完成了这个转变。当今互联互通成为信息技术应用的一个重要表现，并正在以更快的加速度迅猛发展。物联网是一种将地球上人类感兴趣的目标进行互联互通的技术，"智慧地球"的概念是物联网技术的很好体现。

1.1.4 船联网的定义

本书主要围绕海洋渔业信息技术讨论船联网。目前在海洋渔业领域,渔船是主要作业工具。据统计,我国是世界上渔船数量最多的国家,渔船数量曾一度达到 100 多万艘,其中海洋渔船总数超过 30 余万艘,约占全球总量的 25%。

渔船在海上的作业方式、位置、航速、航向、天气、海况、主机负荷、转速、副机负荷、油水存量、压载水分布等参数是渔船所有人、经营人、管理人和租船人最关心的问题,如何能够随时、准确地获取上述参数是智能交通与航运管理的一部分工作内容。另外,海上渔业作业环境复杂多变,决定了海上渔船碰撞事故多发,易造成严重的生命和财产损失,需引起航海人员和水上安全管理部门的高度重视。目前渔船的安全救助手段比较落后,尚缺乏综合的、能够在出现险情时快速获取遇险船的位置信息、状态信息、环境等信息的技术手段。当渔船在外海区遇险时,无法有效地指派事发附近海域的其他船只实施救助,严重影响了搜救效果。促进渔业信息化建设,提高海洋渔业的效益,设计功能完备的管理运营平台,实现对船舶的运行状态监控、安全监控,指导船舶的运营策略和安全救助是十分重要的。而物联网与船联网是渔业信息化的重要形式,充分了解船联网的概念对于理解渔业信息化建设有重要意义。

如同物联网,目前学术界对船联网还没有一个统一明确的定义。下面是几种相关文献对船联网概念的描述。

(1) 船联网是智能交通行业应用的重要方向之一,旨在构建水上智能交通物联网。船联网融合物联网核心技术,以数据为中心,实现人船互联、船船互联、船货互联及船岸互联;它是一种以企业、船上作业人员、船舶、货物为对象,覆盖航道、航线、船闸、桥梁、港口和码头的智能航运信息综合服务网络。

如图 1-2 所示,船联网概念不仅涉及海洋范围,也包括内河航运,在信息化建设已有的技术基础上,采用射频识别、传感网等相关物联网技术,对航运中的船舶、货物、航道、桥梁、船闸、港口、码头等对象的相关属性进行感知,构建水上智能交通物联网。

(2) 船联网以船舶、航道、陆岸设施为基本节点和信息源,结合具有卫星定位系统功能和无线通信技术的船载智能信息服务,利用船载电子传感装置,通过网络完成信息交换,在网络平台上实现各节点的属性和动静态信息的提取、监管与利用。船联网具有导航、通信、安全防护和信息服务等功能,可为船舶航行提供更加智能、安全的通航环境。

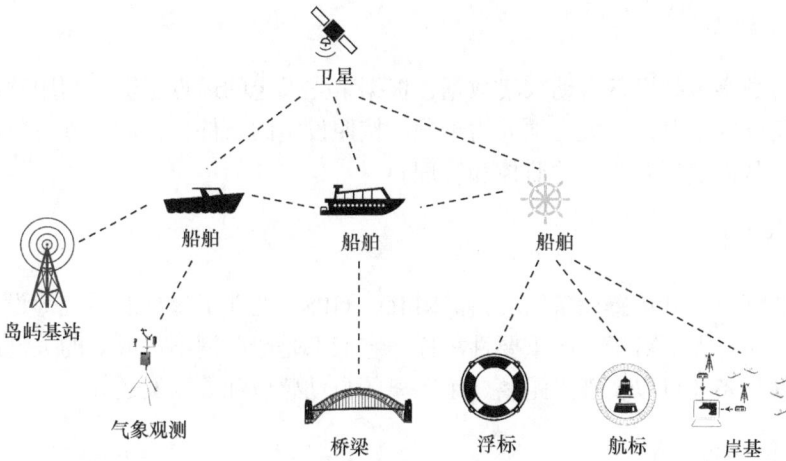

图 1-2　船联网应用场景

1.2　船联网的特点

船联网作为物联网概念向航运业的延伸，以船舶、航道、陆岸设施为基本节点和信息源，结合具有卫星定位系统、无线通信技术的船载智能信息服务，利用船载电子传感装置，通过网络完成信息交换，在网络平台上完成各节点的属性和动/静态信息的提取、监管和利用，具有导航、通信、安全防护和信息服务等功能，为船舶航行提供更加智能、安全的通航环境。

船联网中的网络节点以船为主，同时具有动态特性；另外，船联网中节点具有移动速度快、拓扑变化频繁、路径寿命短等特点。因此船联网对网络的安全性、可靠性以及稳定性要求更高，否则可能会造成巨大的生命财产损失。船联网的特点可以总结如下。

1. 网络化

网络化是船联网的基础，无论是船与船，还是无线/有线传输信息、感知物体，都需要形成网络结构。不管是何种形态的网络，最终都必须与互联网连接，这样才能形成真正意义上的船联网。

2. 互联化

船联网集成了多种网络、接入技术、应用技术，实现了人与船、船与船之间的交流。与互联网相比，船联网具有很强的开放性，可随时接纳新器件，并提供新的服务。

3. 自动化

通过数字传感设备自动采集数据，根据事先设定的运算逻辑，利用软件自动处理采集到的信息，一般无须人为干预。按照设定的条件，自动地进行数据交换或通信，从而实现对船体的监控和管理。

4. 感知化

船联网离不开传感设备的支持。RFID、GPS、北斗卫星导航系统等设备，就像视觉、听觉器官对于人的重要性一样，它们都是船联网不可或缺的关键部分。有了这些设备才可以实现近距离、远距离的自动感应和数据发送等。

5. 智能化

船联网是计算机网络技术、传感器技术、无线通信技术不断发展融合的产物，从其自动化、感知化来看，其已经可以代替人行使部分判断和有效与周围环境交互的功能，智能化是其综合能力的体现。

船联网建设应满足物联网发展的三大特征，即全面感知、可靠传输和智能处理。

1.3 船联网的功能与分类

1.3.1 船联网的功能

本节以欧洲内河航运信息协同服务(river information services，RIS)体系为参考，讨论船联网的功能。如图 1-3 所示，参照 RIS 体系，船联网业务功能模块分为八大类：航道信息服务、水上交通信息服务、船舶交通监管服务、水上应急救援服务、运输物流服务、执法通知服务、航运统计服务和规费征稽服务。RIS 体系对船联网业务功能模块设计起着顶层指导作用，但针对船联网工程的具体特点不同，需在不同模块上根据工程实际情况修改完善。

对各类服务进行如下分析和综述。

(1) 航道信息服务涉及航道、航线地理、水文气象、航标、通航状态和船闸/桥梁等通航建筑物数据，用于航程规划、计划执行和船位监控等，是一项基础性的服务，包括水位预报、电子航道、航线图、主要浅险航道实际水深、浅滩碍航物信息、气象预报、航行规则等。

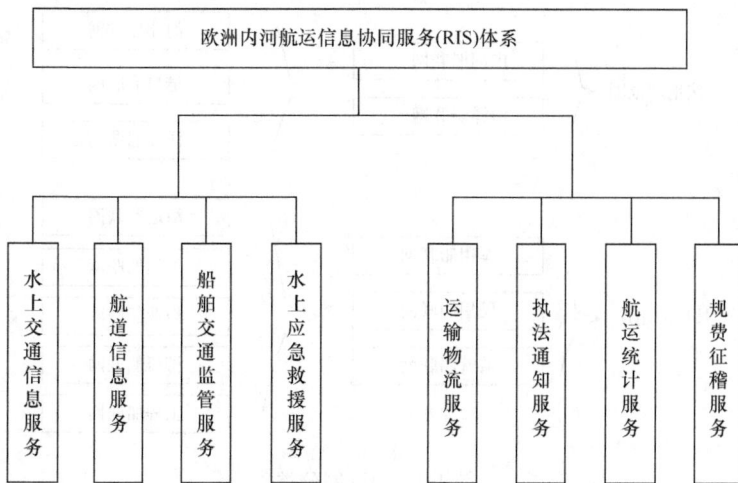

图 1-3 欧洲内河航运信息协同服务(RIS)体系

(2) 水上交通信息服务能够在电子航道、航线图上显示船舶的航行情况，包括预测和分析交通形势，并对船舶属性信息、货物信息、船员信息、船属公司信息进行查询。同时还提供引航服务信息、拖轮租赁信息、燃料补给船、废油回收船、船舶设备公司信息。

(3) 船舶交通监管服务用于航行过程监管、交通流的组织和调节、船闸运行管理、不停船检查等。

(4) 水上应急救援服务包括交通状况评估，事故对环境、人员和交通可能产生的影响评估，搜索和救援活动的发起和协调、应急救援队伍位置及联系方式、应急救援指令信息等功能。一旦发生交通事故，相关部门就能立即提供数据并组织营救。

(5) 运输物流服务包括航程计划、运输管理、港口码头管理、货物和船队管理等。

(6) 执法通知服务包括对国家及地方航运政策进行查询；对行政许可检查信息、违章信息、行政处罚信息等进行查询。

(7) 航运统计服务为航运企业、政府部门制定战略计划提供支持。

(8) 规费征稽服务提供水路运输、港口、过闸相关费用的电子化征缴和常规征缴。

1.3.2 船联网的分类

将船联网按地理范围和船舶用途进行分类，具体如图 1-4 所示。

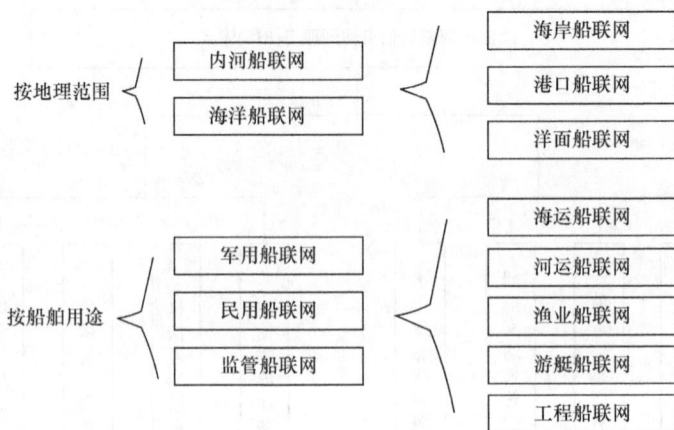

图 1-4 船联网分类

船联网分别按地理范围与船舶用途进行分类。船联网的分类，尤其是用途分类与船联网的功能密切相关，地理范围则对功能的外延进行了相应的限制。

1.4 船联网体系结构与标准

船联网是物联网的一个特例，因此船联网的标准不仅与 ITS 标准体系、交通信息化标准体系、交通运输行业物流标准体系紧密相关，也深受物联网标准体系的影响。参照物联网来分析船联网的结构有一定的指导意义。

现有的船联网结构形式多样且分散，但以船和岸上基站的联网结构为主导，相关研究大多借鉴车联网。

如同 ISO 对传统网络架构的定义一样，物联网与船联网也采用分层的体系结构。

1.4.1 物联网和船联网的体系结构

1. 物联网的分层体系结构

关于物联网及船联网的分层体系结构，业界有多种划分方法。事实上，分层的多少并不代表功能完备与否，只是代表对功能集成的划分不同而已，所以无论分为三层还是四层，物联网体系结构所要完成的整体功能是不变的。如图 1-5 所示，本书采用了四层模型，但考虑到支撑层涉及大量的通用信息技术，因此本书后继章节并未对其详细展开叙述。

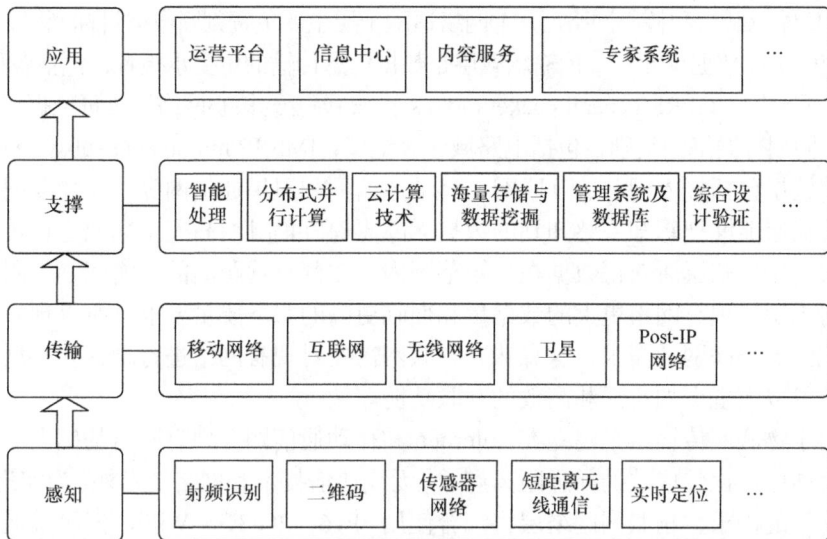

图 1-5　物联网体系结构

在四层模型中物联网自下而上分为感知层、传输层、支撑层和应用层。

1) 感知层

感知层主要由各种类型的传感器和基于 RFID 等技术的标签阅读器组成,这些设备的主要功能是信息采集和信号处理。按照其功能,感知层又可以细分成感知末梢子层和感知汇聚子层。①感知末梢子层作为物联网的神经末梢,其主要任务是实现可靠感知,即对现场的物理环境参数(湿度、温度、气体浓度等)的采集与处理。②感知汇聚子层主要是指各种有线或无线的现场网络,用来实现信号传输汇聚,物联网网关作为核心设备,起着现场网络管理功能,并负责现场网络与各种广域网络的信息转发。

感知层所需要的关键技术包括检测技术、中低速无线或有线短距离传输技术等。具体来说,感知层综合了传感器技术、嵌入式计算技术、智能组网技术、无线通信技术、分布式信息处理技术等,能够通过各类集成化的微型传感器的协作,实时监测、感知和采集各种环境或监测对象的信息。通过嵌入式系统对信息进行处理,并通过随机自组织无线通信网络以多跳中继方式将所感知的信息传送到接入层的基站节点和接入网关,最终到达用户终端,从而真正实现"无处不在"的物联网理念。

2) 传输层

传输层主要采用现有的 Internet、移动通信网或无线局域网(wireless local-area networks, WLAN)对来自感知层的信息进行接入和传输。其中传输层又分为网络适配子层、传输承载层和核心网络层。①网络适配子层主要负责判断数据目标网络，并生成相应的协议数据单元。②传输承载层是数据信息传输的主要承担者，包括各种 IP专网、城域网、GPRS(general packet radio service)等。③核心网络层负责依据传输信息的不同划分网络的类别，包括电路域、分组域、IMS(IP multimedia subsystem)域。

传输层包括接入网关、互联网、移动通信网和卫星通信网等，在物联网中，要求传输层能够把感知层感知到的数据无障碍、高可靠性、高安全性地进行传送，它解决的是感知层所获得数据在一定范围内，尤其是远距离的传输问题。同时，该层将承担比现有网络更大的数据量和面临更高的服务质量要求，所以现有网络尚不能满足物联网的需求，这意味着物联网需要对现有网络进行融合和扩展，利用新技术以实现更加广泛和高效的互联功能。

由于物联网传输层是建立在 Internet 和移动通信网等现有网络基础上的，除具有目前已经比较成熟的如远距离有线、无线通信技术和网络技术外，为实现"物物相连"的需求，物联网网络层将综合使用 IPv6、2G/3G、WiFi、卫星等通信技术，实现有线与无线的结合、宽带与窄带的结合、感知网与通信网的结合。

3) 支撑层

支撑层(处理层)主要由高性能计算平台、数据库、网络存储等软/硬件构成。支撑层对获取的海量信息进行实时管理，为上层应用提供数据服务接口。支撑层又可以分为中间件层和公共服务层：①中间件层包括各种服务中间件，能对各种特定应用平台的基础功能集进行抽象与实现，向上层公共服务层提供服务调用。②公共服务层包括各种行业套件，行业解决方案的实现，主要功能是调用中间件层提供的通用服务接口，并将获得的结果数据提交给上层应用层，以供决策控制。

4) 应用层

应用层根据用户的需求构建面向各类行业实际应用的管理平台和运行平台，并根据应用特点集成相关内容服务。应用是物联网发展的驱动力和目的。应用层的主要功能是把感知和传输来的信息进行分析和处理，做出正确的控制和决策，实现智能化的管理、应用和服务。这一层解决的是信息处理和人机界面的问题。具体地讲，应用层将网络层传输来的数据通过各类信息系统进行处理，并通过各种设备与人进行交互。

这一层也可按形态直观地划分为两个子层：一个是应用适配子层，另一个是终端设备层。①应用适配子层是将各种应用层的数据转换成统一的编码格式，用于屏蔽各种不同应用的数据格式差异，向上提供统一的数据接口。应用适配子层进行数据处理，完成跨行业、跨应用、跨系统之间的信息协同、共享、互通的功能，这正是物联网作为深度信息化网络的重要体现。②终端设备层主要是提供人机界面，物联网虽然是"物物相连的网络"，但最终是要以人为本的，最终还是需要人的操作与控制,不过这里的人机界面已远远超出现在人与计算机交互的概念,而是泛指与应用程序相连的各种设备与人的反馈。终端设备层包含各种行业特定应用的最终决策层,具有视图功能,由决策者(一般是自然人)下达指令。

2. 船联网分层体系标准

根据传统的物联网技术架构分层,将船联网按照图 1-6 所示的 4 个视图层来分类描述相关标准。

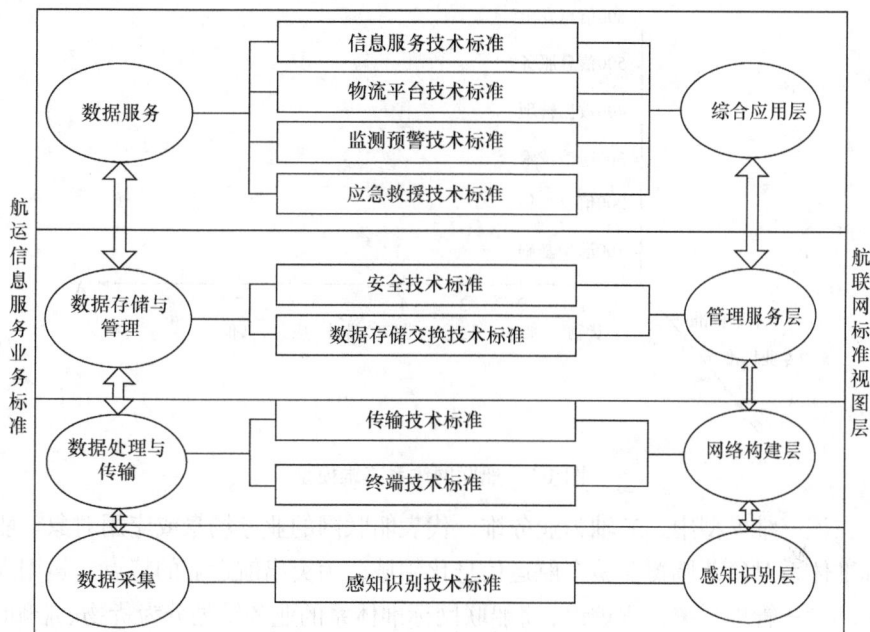

图 1-6 船联网视图层分类描述

(1) 在图 1-6 中,感知识别层标准对应船联网信息服务的数据采集部分,主要描述感知识别技术类的标准。

(2) 网络构建层标准对应数据处理与传输部分,主要描述传输技术标准和终端技术标准。

(3) 管理服务层标准对应数据存储与管理部分,主要描述数据的安全认证技术标准和数据存储交换技术标准。

(4) 综合应用层标准对应数据服务部分,描述包括信息服务技术标准、物流平台技术标准、监测预警技术标准和应急救援技术标准。

船联网总体架构主要包括标准规范保障和信息安全保障两个体系,以及感知层、传输层、应用层和展现层 4 个层次。其中,感知层主要内容为智能感知平台;

传输层包括航运信息服务通信基础网络和统一的数据资源平台；应用层由 3 个应用系统共同构成；展现层主要为信息发布管理系统和各种信息发布设备。

1.4.2　面向船联网标准体系的三维模型

结合船联网的特点，并参考国内其他领域现有的标准体系框架研究成果，从业务对象、技术内容和标准级别三个角度搭建船联网体系框架的三维模型，见图1-7。

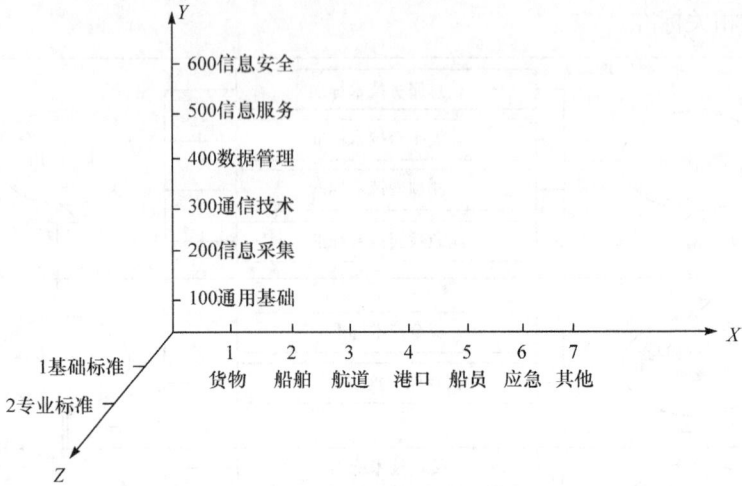

图 1-7　船联网体系三维模型

在该三维模型中，X 轴为业务维，代表船联网的业务场景或应用对象。船联网标准体系对象范围覆盖整个航运信息化领域，为突出航运业的特点，运用人－机－环境－管理系统工程理论，将船联网标准体系的业务维划分为货物、船舶(机)、航道、港口(环境)、船员(人)、应急(管理)和其他等七大类。

Y 轴为技术维，表示在船联网建设中涉及的技术类标准集合。以内河航运信息服务业务流为导向，参考我国物联网技术架构分层，将技术标准分为通用基础标准、信息采集标准、通信技术标准、数据管理标准、信息服务标准、信息安全标准等六大类。

Z 轴为层次维，表示标准的级别，一般可分为基础标准和专业标准两大类。基础标准主要包括航运信息化领域范围内的术语、代码、一般要求、通用方法等通用条款的标准；专业标准是指满足航运信息化应用而制定的规范、要求或标准，主要包括产品标准、工艺标准等。

1. 通用基础标准

船联网通用基础标准由技术术语标准、图形符号标准、编码标识标准组成，作为船联网工程基础的通用标准，适用于和支持整个船联网工程以及多类相关专业领域。

2. 信息采集标准

信息采集标准针对船联网的感知识别层，包括感知技术标准和识别技术标准两大类。这里的感知技术标准主要指国内外传感网体系涉及的技术标准；识别技术标准主要指国内外 RFID 体系涉及的技术标准。

3. 通信技术标准

通信技术标准针对船联网的网络构建层，由有线传输标准和无线传输标准组成。有线传输标准是指国内外双绞线、同轴电缆、光纤等有线传输技术标准，在船联网工程中应用于船舶内部有线通信部分；无线传输标准是指国内外无线网络 GPRS、2G、3G、ZigBee、WiFi、WiMAX 等的传输标准，主要应用于船船通信、船岸通信等方面。

4. 数据管理标准

数据管理标准包括数据存储标准、数据交换标准、数据描述标准三大类。数据存储标准是指数据所采用的存储方式标准和数据存储格式方面的标准；数据交换标准是指数据库与数据库之间的数据接口标准、交换报文标准、EDI(electronic data interchange)标准等；数据描述标准是指数据规则标准、数据标引标准、数据结构标准等。

5. 信息服务标准

信息服务标准作为船联网的综合应用层标准，主要包括服务接口标准、服务平台标准和服务终端标准三大类。服务接口标准是指服务内部之间的操作流程衔接接口标准；服务平台标准是指各类服务系统平台涉及的标准；服务终端标准是指各类终端设备涉及的标准。

6. 信息安全标准

信息安全标准主要由数据安全标准、网络安全标准、物理安全标准、主机安全标准和应用安全标准等五部分组成。数据安全标准是指数据的保密性标准、安全性标准和可用性标准；网络安全标准是指网络系统的硬件、软件标准；物理安全标准是指路由、工作站、网络服务器等硬件实体的标准；主机安全标准是指主机系统安全，包括身份识别、访问控制、可信路径、安全审计等方面的标准；应用安全标准是指保障应用程序使用过程和结果的标准。

1.5 船联网国内外发展现状

1.5.1 国内发展现状

中国经济的繁荣发展加快了航运业的快速发展，航运的绿色健康可持续发展，离不开便捷、高效的信息服务。

在内河航运方面，我国目前主要集中力量选择长三角航道及京杭运河作为船联网的示范区域。

"十一五"期间，我国大力加强了内河水域的航道整治和建设，各地方水运管理信息服务建设取得了长足进步。信息服务应用范围覆盖船舶签证、船舶助航、船舶交通管理、航运管理、航运信息服务、航运规费征稽、水上安全监控、应急救援支持等业务领域。

"十二五"期间，交通运输主管部门提出"现代交通运输业要靠信息化来带动，没有信息化，就没有现代化"的发展方向，大力加强信息化建设，推进智慧交通发展。

2011 年 8 月 29 日，国家发展和改革委员会与财政部正式批复，在长三角航道网及京杭运河水系建设智能航运服务。内河航运过程中所感知到的信息，经整合、分析、处理和发布，被内河水上交通参与者所利用，显著提高了内河航运信息服务水平。内河船联网工程的实施与示范将对发挥内河航运优势，建设环境友好型、节约型综合运输体系，推动物联网等相关产业经济发展具有促进意义。

长三角航道网项目由长三角江浙沪两省一市共同实施，旨在全面推进物联网技术在内河智能航运服务中的深化应用，提高内河航运的通行效率，减少内河航运安全隐患，提升内河航运综合信息服务能力。项目提出"一张感知网，四类应用平台，一个数据中心，四大保障体系"，逐步实现内河航运"通航监测智能化、行业监管联动化、公共服务便捷化、内河物流产业化"目标。

目前，长三角等内河航运发达地区已部分建成了基于 AIS(automatic identification system)、GPS、RFID 等技术的内河船舶信息管理系统，并取得了一定的社会和经济效益。

再以江苏省为例，2013 年 2 月江苏省船联网工程取得重要进展，内河船舶便捷过闸系统在泰州口岸船闸试点应用成功。2013 年 7 月 25 日，在长三角船联网关键技术研究及应用示范重大专项科研和工程建设工作协调会议上，中国交通通信信息中心，江苏、浙江交通运输厅，上海交通运输和港口管理局分别介绍了工程建设总体进展情况，并讨论了船载电子标签的部署和推广、跨区域航运数据交换平台的建设以及内河航运信息服务、内河物流信息平台、内河水运应急救援等重点应用示范系统的建设问题等。

此外，在其他地区的船联网建设进程也在不断加快，如华东电子研发的"智能航运船联网平台研发及规模化应用项目"获得山东省自主创新专项计划资助。

在海运方面，由于海事管理的需要，船舶交通管理系统(vessel traffic management system，VTS)被海事部门广泛引入，以此提高船舶管理的效率。VTS是现代水上交通安全监管信息化的重要标志，被誉为"海上千里眼"。VTS可以准确地在电子海图平台上显示船舶在水上的位置、航向、航速等船舶信息。VTS的使用有利于海事人员对到港船舶实施正确的引导、合理的调度，提醒船舶避开危险区及一些特殊避航区域，对准确掌握海上船舶的航行情况大有益处，以VTS来管理水上船舶交通，对提高海事部门的信息化、自动化、高效化至关重要。

以上海为例，上海市地处东海中部，海洋资源丰富，海域总面积超过8000km²，岸线总长763km，渔业人口4万多人。上海市拥有各类渔业船舶约1477艘，其中200马力(1马力=745.7W)以上(含200马力)的大型渔船280艘，200马力以下的中、小型渔船达到了1098艘，各类辅助渔船99艘。上海市2011年建成"上海市渔港渔船安全救助信息服务系统"运用船载终端设备采集信息，通过互联网、卫星、AIS技术完成传输，为渔业安全救助提供服务。

1.5.2　国外发展现状

1. 欧洲

早期欧洲的发达国家纷纷建立本国的内河航运信息系统，在一定程度上促进了欧洲内河航运的发展，但由于在功能体系、标准体系以及结构框架等方面没有统一的标准与规范，甚至同一国家的航运信息系统都不完全兼容，这给跨国、跨区域的航运资源整合带来困难。

针对上述情况，2001年欧盟提出RIS系统的概念，并开展内河航运综合信息服务建设。

通过建设与完善船舶跟踪与追踪系统、电子报文系统、内河电子江图及显示系统等航运基础设施，欧洲各国纷纷建立起本国的综合信息服务系统，形成了覆盖莱茵河与多瑙河流域的泛欧RIS系统，提供交通管理、交通运输信息、物流信息、应急救援等在内的八大信息服务功能，实现了泛欧内河航运交通运输的高效、安全与环保。RIS的成功实施，离不开前期完善的需求分析和架构设计工作。

如今RIS实现了欧洲RIS的协同化和规范化，极大地促进了欧洲各国内河航运事业的发展。作为一个集成运用现代信息技术以实现内河航运安全、高效及环保的综合交通系统，RIS 的显著特点就是跨区域、跨部门异构系统的资源整合和标准统一。目前，欧洲的 RIS 已成为内河航运现代化、信息化的成功典范，展示了未来内河航运现代化发展方向，引起了全球范围的高度关注。

图 1-8 是 RIS 的体系框架。可以说，RIS 不是简单意义上的内河海事管理系统，它涵盖与内河航运相关的物流要素，服务于现代物流，为多式联运和供应链提供可靠支持。基于对内河的认同，此框架可供我国船联网发展借鉴。

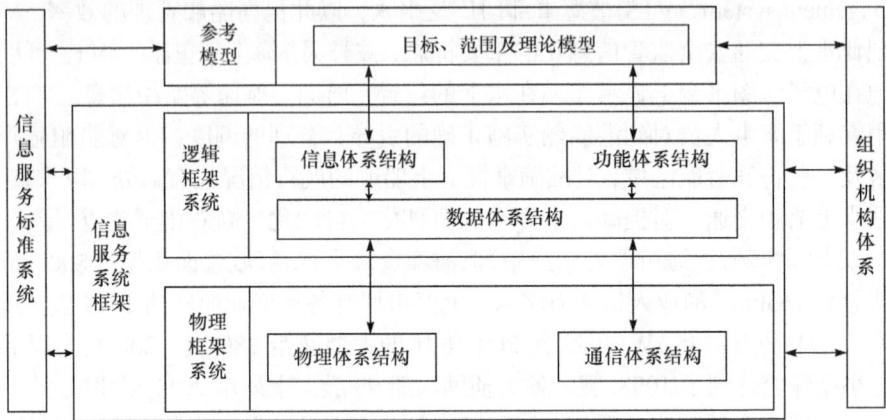

图 1-8　RIS 的体系框架

2. 北美

在北美，1998 年美国海岸警备研究发展中心开展了智能航运研究，主要从水上运输安全和监管两个方面综合船舶自动识别系统、数据信息自动交换系统、先进导航系统和信息网络系统等应用，利用系统之间的资源整合与信息共享，构建出网络环境下的 RIS 系统体系框架，并开发了一套相对完善的内河航运信息服务网络(intelligent waterway system/waterway information network, IWS/WIN)系统，在水上交通安全监管与综合信息服务方面发挥了重要作用。

1.6　船联网发展面临的问题与挑战

1.6.1　存在的问题

纵观我国航运信息化的建设，随着船联网建设的不断推进，我国交通信息化水平还未跟上国际现代交通业发展的步伐，仍面临很多突出的矛盾和问题，尚存在航运安全形势依然严峻、航运效率相对偏低等问题。究其原因，实际上暴露出了行业监管和服务上的一些不足，而这些不足又恰恰与航运信息化的发展水平不高密切相关，主要体现在以下几个方面。

(1) 标准规范体系不健全，虽然航运信息化建设已覆盖了主要业务领域，但业务流程、数据库建设标准不统一，共享度不高，智能交通对行业发展的贡献度尚未得到充分体现。基于水运的流动性，对船舶的管理应是跨区域的管理。然而，目前各区域技术体系和运行机制等不统一，船载终端互不兼容，依然存在严重的"信息孤岛"和"重复建设"现象。

(2) 信息共享机制与监督机制不健全，在总体系统架构建立上，船联网信息资源环境较为复杂，用户需求不够明确，动态信息采集能力相对薄弱，在多系统平台之间进行信息交互非常困难。同时由于存在地方或部门保护主义以及技术手段落后等，信息补偿机制缺失，有限的信息资源不能及时、充分、有效地应用，信息资源相对不足，难以真正实现无缝的互联互通。

(3) 缺少统一的流域性航运综合信息服务平台：一是缺乏货源及运力的供求信息发布渠道，供求信息发布不及时，信息不对称，信息来源可靠性、权威性不足；二是管理部门为行业提供的信息服务较少，不能为船民提供及时的过闸、通航、货物供求等信息，船舶待港、求货时间较长，空驶率高，增加了船舶燃料消耗负担和经营成本，阻碍了内河航运的进一步发展。

(4) 船载 RFID 的部署和推广较难，跨区域航运数据交换平台的建设仍需进一步研究。网络信息安全设计任务大，船联网中的无线设备，如无线传感器，容易遭受攻击，信息安全存在隐患，因此，需要采取相应的技术手段保障船联网的安全，尤其是船联网中数据的安全。

(5) 目前船联网的推动建设主要靠各级交通主管部门，市场对信息服务和电子商务系统建设的驱动力不足。

以长三角水系为例，长三角水路货运量约占长三角地区全社会货物运输总量的 1/3 和周转量的 2/3。但目前内河航运信息管理和服务仍与业务量的快速发展存在矛盾，这致使内河航运效率受到影响，船舶信息采集成本过高，这些都对行业发展造成了不良影响。

我国在推进船联网建设的阶段可考虑借鉴欧洲 RIS 建设的过程，抛开文化、社会、政策、环境的差异性问题。一方面，做好全面系统分析，深入研究国外成熟航运信息服务的发展历程，前瞻性地制定战略性规划，避免出现理论与现实冲突所造成的重大损失。另一方面，加强各管理部门之间、管理部门与企业之间的沟通协作，做到互联互通、资源共享、及时高效和谐。

此外，建立起国际标准化组织长期合作机制，充分利用国际标准化组织的影响力加快船联网标准化工作，推动今后国内标准国际化。

1.6.2　面临的挑战

当前，我国船联网产业进入快速发展的新阶段，技术创新更加活跃，新型应用蓬勃发展，产业规模不断扩大，但也如同车联网一样面临诸多挑战。

(1) 跨部门协同需要不断深入。船联网的跨行业、跨领域属性突出，涉及工信、发展改革、公安、交通等多个部门，在政策、重大专项、标准制定、试验示范等工作方面需要协同推进。

(2) 核心技术有待突破。高端传感器、新型微机电系统(micro-electro-mechanical system, MEMS)、船载操作系统等产业链高端环节竞争力较弱，技术积累仍需不断加强。

(3) 产业发展面临挑战。高级驾驶辅助系统(advanced driver assistant system, ADAS)、传感及雷达、船载芯片等产业领域与国外差距过大，需要在重点领域有所突破以缩小差距、提升产业竞争力。

(4) 安全问题存在隐患。船联网安全防护体系、安全管理制度等尚不完善，数据安全和个人信息保护问题突出，特别是影响驾驶操控行为的安全保护问题亟须强化研究。

(5) 最重要的当然是要加强立法保障与推进标准化建设，为船联网的实施提供政策法规保障，确保系统内所有物流、信息、管理的高效整体运转。

船联网的逐步发展对我国航运智能化、信息化有着举足轻重的作用，实施过程中要有规划、有步骤、有策略地推进船联网项目，保证船舶安全航行、货物高效运输、航道畅通无阻，促进我国内河航运快速、稳步地发展。

1.7　同类技术：车联网与ITS

1.7.1　车联网的概念

相对于船联网的发展，较早提出的车联网技术则相对较为成熟，其对船联网的发展有一定的借鉴作用。车联网是指装载在车辆上的电子标签通过无线射频等识别技术，在信息网络平台上对所有车辆的属性信息和静、动态信息进行提取和有效利用，并根据不同的功能需求对所有车辆的运行状态进行有效的监管和提供综合服务。就像互联网把每台计算机连接起来，车联网能够把独立的汽车连接在一起。与船联网及传统物联网相比，车联网有一些自己的特点。

(1) 车联网的网络节点以车辆为主，这决定了车联网的高动态特性。与一般的物联网相比，车联网的汽车节点移动速度更快、拓扑变化更频繁、路径的寿命更短。

(2) 与一般的物联网相比，车联网的车辆节点间的通信受到的干扰因素更多，包括路边的建筑物、天气状况、道路交通状况、车辆的相对行驶速度等。相对而言，船联网的通信所受的制约更多，很多水域并没有公网覆盖，远程通信存在许多限制、成本居高不下。

(3) 车联网受到车辆运动情况、道路分布状况等因素的影响，网络的连通性不稳定，这在一定程度上限制了车联网的推广使用。

(4) 车辆有稳定的电源供电，网络工作时一般没有能量方面的限制；车辆有较大的承载空间，可以装备较高性能的车载计算机以及一些必要的外部辅助设备，如 GPS、地理信息系统(geographic information system, GIS)等。相对而言，船联网中电子设备的运行环境则相对比较恶劣，防潮、防盐雾等成为电子设备正常运行的一大制约因素。

(5) 车联网对网络的安全性、可靠性以及稳定性要求更高。车联网的应用过程中，不能够像互联网一样出现一些不安全、不可靠的事件，否则可能会造成巨大的生命、财产损失，引起车辆行驶的混乱。

1.7.2　船联网与车联网实例对比

表 1-1 列出了船联网与车联网的对比情况。

表 1-1　船联网与车联网对比

	船联网	车联网
通信方式	RFID、GPS、通信卫星	无线公网、短距离无线、卫星通信
受制约因素	船舶跨度大、海洋带宽不足	网络连接状况不稳定

由中国航天科工集团有限公司第三研究院控股的军民融合型高科技上市企业——航天科技控股集团股份有限公司(航天科技)基于北斗卫星导航系统和移动互联网、物联网技术，成功研发出北斗车联网、船联网系统，并已投入商业运行。北斗车联网利用北斗卫星导航、短报文及无线通信等相关技术，收集车辆、道路和环境的相关信息，实现车与车、车与路、车与人等互联互通，并在信息平台上对多源采集的信息进行加工、计算、发布和共享，通过车载设备、呼叫中心、手机、计算机等多种服务界面，提供在线导航、远程诊断、安全、信息、娱乐、监控等多种专业的多媒体与移动互联网应用服务，同时对车辆进行有效引导与监管。

北斗船联网系统则将北斗卫星定位技术和北斗卫星短报文通信技术固化，平时作为船舶监控、海陆通信的"日用品"，提供电子导航、渔汛播报、军事演习通知、台风预警等多项服务。还可根据客户需求进行安装与设置，在船只处于意外失控状态时，自动隐蔽地向监控方源源不断地发射信号，提供精准的位置信息，像飞机上的"黑匣子"所具有的功能一样，担负起搜救"指向标"的重任，为渔民生命和财产提供安全保障。

1.7.3　美国智能交通系统

美国《智能交通系统(ITS)战略规划 2015—2019 年》由美国交通部公布，从该规划的时间跨度上来看，大致相当于我国的"十三五"规划期间。该规划的主题是"改变社会移动的方式"，将"实现车联网"与"推进车辆自动化"作为各部门当前及未来 ITS 工作的主要技术驱动力。ITS 大概分为以下七个子系统。

1. 自动终端情报服务

自动终端情报服务(automatic terminal information service, ATIS)系统由现代电子通信讯息及网络传输技术提供用户必要的声音、文字、图像视觉等信息，使用户能在交通工具内、家中或办公室、各类车站场所快速方便地获取所需要的交通信息，为用户提供便捷的路线信息，以便顺利到达目的地。

ATIS 包含图文资讯和限速要求等信息、道路交通电子信息显示屏、天气警示标志、多功能警示标志、匝道仪控及行车时间监控系统，共约六种电子显示牌提供用户预告或警告的信息服务。另外，ATIS 在 ITS 内还有相关服务，例如，路况广播、卫星定位系统、地理位置系统、显示路线引导系统和无线电通信系统、即时路况等整体数位与非数位服务。这些 ATIS 信息有来自于 ITS 内的闭路电视监视系统、实时影像及交通信息收集系统，也有通过车辆侦测器、风力、雨量及浓雾侦测器等子系统收集道路信息并计算所得。此服务可以提供给用户道路指引、车辆服务信息、驾驶信息、行前规划信息、车辆停车引导等智能交通的应用。

2. 先进的交通管理系统

先进的交通管理系统(advanced traffic management system, ATMS)为 ITS 的基本核心，此 ITS 完全利用感知检测、通信及远端遥控等技术，将交通监控系统检测所得的信息或资料，通过网络传输到交通控制中心，交通控制中心再收集其他次级交通控制中心或同级交通控制中心的信息，分析决定相关的交通控制方案，作为执行交通管理的整体依据，并通过 ATIS 将相关信息公布或传输给用户和其他相关交通管理单位，以达到运输安全管理的目的。

ATMS 主要的服务工作就是做好 ITS 所有子系统之间的协调与即时控制功能。通过该服务项目，ITS 可以进行车流量管制、道路卡口及进出匝道管理、交通事故通报发布及处理，还可以支持交通管理员进行道路调拨或提供数据以规划疏导措施及替代道路。这些 AMTS 服务资讯则是来自于 ITS 内的计算机号志控制、匝道仪控、事件侦测、动态交通分析预测、车辆流量速度、行进间距、车辆种类及电子式自动收费(electronic toll collection, ETC)处统计和影像式车辆侦测器与自动车辆辨识等子系统，通过传回的影像、资料分析计算所得结果。这个分类服务可以提供交通管理权，如交通控制、交通管理、号志控制、事件管理、天候/路况侦测与资料收集、危险路段路况监控等智能交通的应用。

3. AVCSS：车辆安全控制系统

AVCSS(advanced vehicle control and safety system)是一种结合感知探测器、计算机通信与电子电机控制技术应用的子系统项目。该系统可以在车辆及道路设施上进行设备架设，用来协助用户在驾驶时提高驾驶安全性，同时也可以自动化调节道路车流量数，避免车道过于拥塞，减少不必要的交通事故。这些子系统服务应用包括防撞警示系统、自动停刹车、车与车间纵向及横向过于接近报警和车辆各种状态自我侦测等。目前 AVCSS 并未广泛地被交通局等交通部门采用，仅出现于一些高端汽车配备中。这个分类服务可以提供车辆用户路口碰撞预防、行车前安全检查、车辆道路安全防护设施、道路危险警示等智能交通应用。

4. 先进的公共运输系统

在智能交通中，被广为应用的就是先进的公共运输系统(advanced public transportation system, APTS)智能化。APTS 智能化集 ATIS、ATMS 与 AVCSS 技术和无线感测技术于一身。APTS 服务项目大幅度改善了车辆或地铁及高铁等公共交通运输服务的时间服务品质，方便乘客，同时也提高了公共交通业的运营效率。

在 ITS 这个服务项目内所应用到的子系统包括车辆动态监视、车辆卫星定位及无线电通信、车辆自动付费、路线导引、车辆计算机调度、车内信息及媒体显示播放系统等，通过这些系统的信息汇集协助形成智能化的公共运输系统。这个分类服务可服务于广大民众，如车站到离站信息、公共运输营运管理、公共运输安全监控、车辆媒体播放等应用。

5. 商用车辆运营管理系统

在 ITS 分类中，CVO(commercial vehicle operation)利用前几项智能交通管理

与控制分类中的 ATIS、ATMS 等技术，通过使用 RFID 等有线及无线传感系统，以提升商业运输能力及安全管理，降低人力成本。这个服务的应用范围，在国内主要为大型货柜和货卡车，也包括如救护车及商务用小巴，这个服务子系统还可以扩及内陆水上运输的船舶部分。

CVO 所应用的子系统包括影像车辆监视、GIS 车辆定位、ETC 及自动车辆辨识(automatic vehicle identification, AVI)、双向无线电、计算机调度、RFID 货物辨识。通过这些子系统服务应用来完成如车辆安全检查、行车记录数字化、卫星定位追踪系统、货运危险物品监控、紧急救援派遣及货运物流追踪等。

6. 紧急事故处理系统

道路交通事故是陆上交通无法避免的事件，但这种事件可以在 ITS 的调整下减少。由于道路交通事故会在什么时间、什么地点发生通常很难掌握，所以只能由 ITS 内的紧急事故路线规划及引导，再加上远程事故的事件侦测机制来辅助，借助事故侦测后的双向定位系统及无线电通信，快速找出事故点，同时应用 CVO 服务，尽快派遣救护车等救助车辆，降低交通事故造成的损失。有关紧急事故处理系统(emergency management system, EMS)的应用技术有 GIS 车辆定位系统、ET 道路紧急通报电话、事件侦测、紧急路线引导、无线电双向通信等。通过这些服务应用，可以达成如道路求救、紧急事故通告、公共求救系统和紧急救护车辆调度管理及派遣管理等智能交通应用。

7. 电子(收)付费系统

电子(收)付费系统(electronic payment system, EPS)也称为 ETC，是一种应用多重无线感测与识别技术的成果，也是一个相对成熟的 ITS 服务应用，在高速公路、地铁、动车及高铁还有渡轮这些需要收费通行或使用的交通工具上应用较多。通过使用 EPS 或 ETC 可以节省行车或卡口通行的时间，也可以节约车辆载具的轮胎磨损和能源消耗，达到环保的目的。在智能交通上也许是最小的一种硬件设备应用，但却可以是使用量和使用次数最多的一个子系统。通过这项服务的应用，可以支持高速公路电子收费系统、公交地铁一卡通收费系统、停车场管理系统等智能交通的应用。

1.7.4 对比与分析

车联网的技术相对成熟，起步较早，而且应用于人类的主要生活场所——陆地，对船联网的发展是一个很好的借鉴。

(1) 感知层可以如车联网一样分为两个子层：下子层的主要功能是对网络当

中的节点进行识别,感知并采集船舶位置、行驶速度、航道交通状况、天气情况等相关数据;上子层的主要功能是在自组织网络范围内有源 CPS(信息-物理融合系统)节点之间传输数据。需要的物理设备主要有 RFID 标签、读写器、各种传感器(感知温度、速度、航行状况等信息)、GPS、摄像头等。感知层传输数据时可以采用 RFID 技术实现。

(2) 传输层的主要功能是实现 Internet 接入,完成数据的分析处理和远距离大范围传输;同时,传输层也可以实现对网络内节点的远程监控和管理功能。传输层主要使用的设备是互联网 CPS 节点,其功能相当于传统网络中的路由器;当然,互联网 CPS 节点所具备的控制功能是传统路由器所不具备的。当将车辆或船舶接入 Internet 时,需要进行协议转换。因为无论是车联网还是船联网,其底层网络协议都是与 TCP/IP 不同的。

(3) 应用层可以进一步划分为两个子层:下子层是应用程序层,主要功能是进行数据处理,各种具体的服务要在这一子层定义与实现,目前一般认为采用中间件技术实现各种服务是较好的选择;上子层是人机交互界面,定义与用户交互的方式和内容。应用层使用的设备主要是一些提供网络服务的服务器和用户使用的车、船载计算机等。

借鉴车联网人们可以对船联网的发展应用提前做好准备,时刻关注车联网的发展方向,对船联网可能出现的问题提前寻找解决办法。

第二篇　感　知　层

第 2 章　航行数据采集技术

本章主要讨论与航行数据采集相关的船载传感器及其相关技术。船舶监测由于涉及的技术较多，单列一节集中进行讨论。

2.1　罗　　经

罗经是一种测定方向基准的仪器，主要用于确定航向和观测物标方位。罗经分为磁罗经和电罗经两种，现代船舶通常都装有这两种罗经，另外还有光纤陀螺罗经。

2.1.1　磁罗经

1. 概述

磁罗经利用自由支持的磁针在地磁作用下具有稳定指北的特性而制成。用于航海的指南针又称罗盘。磁罗经由司南、指南针逐步发展而成，主要由罗经柜和罗经盆两部分组成。指南针即原始形式的磁罗经，是中国古代四大发明之一。

相传 14 世纪初，南意大利阿玛尔菲人 F.乔亚首先把纸罗经卡(即方向刻度盘)和磁针连接在一起转动。这是磁罗经发展过程中的一次飞跃。16 世纪意大利人卡尔登制成平衡环，使磁罗经在船舶摇晃中也能保持水平。

磁罗经是一个自主系统，对外界的依赖小，在任何情况下都可以使用，因此其称为标准罗经。磁罗经存在磁差，磁差是由于地磁极与地极不一致而产生的。存在于磁北和真北之间的夹角称为磁偏角。海图上标注有本地磁差和年变化率，使用磁罗经时可据以修正读数。18 世纪初英国人 E.哈利制成了第一张世界等磁差曲线图。

19 世纪初铁船出现，磁罗经产生了自差，后来人们又提出了消除自差的方法，至 20 世纪初，性能稳定、轴针摩擦更小的液体罗经制成，其曾用于大部分船舶。

电罗经虽比磁罗经更精确，但是电罗经的前提是有电，而且电罗经的控制系统很复杂，因此不能单纯地依赖电罗经；相反，磁罗经则可以在十分恶劣的环境下使用。救生艇里是要用磁罗经的，救生艇维护保养中就要求校对磁罗经。

2. 分类

磁罗经按结构可分为液体罗经和干罗经，前者的指向系统浸在液体内；后者的指向系统不在液体内，其指向性不够稳定，已逐渐被淘汰。

按用途，磁罗经可分为标准罗经、操舵罗经、应急罗经、救生艇罗经等。

(1) 标准罗经。标准罗经是作为航向和方位测定用的基准罗经，通常安装在驾驶室露天顶甲板首尾线上，因其位置高，受船磁影响小，指向性较准确，同时该处四周障碍物较少，便于观测方位。

(2) 操舵罗经。操舵罗经装在驾驶室内，是专供操舵时观看航向用的磁罗经。由于该处受船磁影响较大，需经常与标准罗经校对。内河船舶一般只设操舵罗经。

(3) 应急罗经。应急罗经安装在应急舵旁，供使用应急舵航行时指示航向。

(4) 救生艇罗经。救生艇罗经是专供救生艇使用的小型液体罗经。

现代船舶多采用标准罗经，它可兼作操舵罗经。

3. 使用注意事项

(1) 磁罗经是一种磁性仪器，铁磁物体靠近时，将影响磁罗经的正常工作和指向精度。

(2) 拿取、转动方位圈时，应拿取底盘或握柄，不能拿取照准线支架、照准孔支架、反射镜、反光镜、棱镜等，以免损坏这些器件。

(3) 观测航向、方位时，身上不能带有铁磁物体，否则将影响观测的精度。观测时应保持罗盆水平(罗盆内的罗盘也应保持水平)，以提高观测精度。

(4) 平时应盖好罗经柜帽，外部罩好帆布罩，以免风雨等侵蚀，影响罗经正常工作和使用寿命。

(5) 有条件时，应经常检查磁罗经的半周期、灵敏度、罗盆内气泡等，保证罗经始终处于良好工作状态。

(6) 备用的永久磁铁校正器应异极相靠并列排放，防止潮湿和高温，避免生锈，保证校正器的正常磁性；校正软铁应远离强磁场的影响，不能具有永久磁性。

长期以来，磁罗经作为测定船舶方位用的指向仪器，在各类船舶上得到广泛应用。然而随着航海事业和造船技术的发展，钢船代替了木船，特别是大中型船舶和潜水艇的出现，磁罗经的可靠性和精确度远不能满足要求，这就促使人们寻求新的指向仪器。

2.1.2　电罗经

1. 概念

电罗经又称陀螺罗经，是利用陀螺仪的定轴性和进动性，结合地球自转矢量和重力矢量，用控制设备和阻尼设备制成，以提供真北基准的仪器。电罗经由主罗经与分罗经、电源变换器、控制箱和操纵箱等附属设备构成。分罗经可以设置在驾驶室内外、船长房间、海图室等处。

关于此类罗经的称呼，在不同的应用场合有不同的使用习惯，在本书中将不再区分具体场景，统一以电罗经来命名。

电罗经以陀螺仪为核心元件，指示船舶航向。电罗经的功用与磁罗经相近，但其精度更高，而且不受地球磁场和铁磁物质的影响，故更适于现代化船舶的要求，是目前船舶指示航向基准的主要设备。自从第一台电罗经出现以来，它在品种、数量、工作特性和工艺技术等方面都有迅速的提高和发展。今天，电罗经作为一种能够准确寻找地理北向的导航仪器，已被广泛地应用在舰船上，成为海上导航的主要仪器，并被视为现代惯性导航的先驱。

2. 发展历史

电罗经起源于 19 世纪，1852 年在巴黎召开的"关于叙述地球运转运动的实验"的学术报告会上，法国的利昂·傅科指出："轴保持于水平平面内的陀螺，力求在自转的地球上使其轴与子午线同步转动。"这一论述后来被称为傅科定理，它奠定了电罗经研制的基本理论基础。

在这个基础上，利昂·傅科在法国的亚眠和兰斯等地成功地进行了一系列实验。其中一个实验，用两个平衡环来支撑陀螺，使陀螺旋转轴在水平面内无摩擦地运动。再利用适当的阻尼，使得旋转轴能稳定在地球旋转矢量的水平分量上，即稳定在真北方向上。当时由于受到技术水平和技术设备的限制，利昂·傅科没有得到一个长时间高速旋转的电罗经，没能获得高的精度。但是，这个实验装置实际上已经是电罗经的雏形，也可说是世界上最早的电罗经。

　　到了 20 世纪初叶，德国发明家海尔曼·安许茨凯姆弗制造出了世界上第一台能用于舰船导航的电罗经。开创了电罗经发展史上的新里程。海尔曼·安许茨凯姆弗是一个兴趣广泛、学识渊博的人。他最初研究医学，继而研究美术史，以后又立志于探险。

　　为了能在极地附近进行精确的测量，海尔曼·安许茨凯姆弗产生了乘坐潜艇从水下潜到极地去的大胆设想。但因为当时潜艇里用的磁罗经受地磁场影响，在接近北极的地区不能测出航向。为了解决这个棘手的问题，他首先使用方位陀螺，但方位陀螺有漂移，必须经常进行调整，因而不适于在船上作较长时间的指向。这就促使他改而研制找北仪器。经过三年艰苦的奋斗，他成功地制造了一台电罗经。

　　除德国人海尔曼·安许茨凯姆弗外，美国人 E.A.斯伯里于 1911 年、英国人 S.G.布朗于 1916 年分别制成以他们姓氏命名的两种不同的电罗经，布朗罗经以后又发展为阿马布朗罗经。现在这三种罗经都各自形成了产品系列。

　　3. 分类

　　电罗经按照对陀螺施加作用力矩的方式可分为机械摆式和电磁控制式两类。

　　机械摆式电罗经按产生摆性力矩的方式又可分为以下两种。

　　一种是用弹性支承的单转子上重式水银器罗经，或称液体连通器式罗经，如斯伯里型电罗经。液体连通器式罗经的灵敏部件由陀螺马达和托架组成，采用钢丝悬吊，利用水银器的负摆效应产生控制力矩。

　　另一种是将陀螺仪重心置于支承中心之下，称为下重式罗经，如安许茨型用液浮支承的双转子下重式罗经。下重式罗经的灵敏部件是一个密封陀螺球，球内装有两个参数相同的陀螺马达、灯形支架和阻尼器等构件。两个陀螺马达垂直地支承在灯形支架上，用曲柄连杆和弹簧互相连接，并分别与陀螺球主轴南北线成45°夹角。借助这种装置，两个陀螺马达只能同时绕其垂直轴作相反方向、相同角度的转动，但转角很小。因此，它们合成的动量矩矢量始终与陀螺球主轴南北线一致，类似单转子作用，用两个陀螺马达可以有效地削减摇摆误差。

　　这两种方式产生的摆性力矩方向相反，它们的动量矩矢量的方向也相反。液体连通器式罗经的动量矩矢量指南，下重式罗经的动量矩矢量指北。

　　在摆性力矩的作用下，机械摆式罗经的主轴北端会绕子午面作等幅摆动，其轨迹为一个球面上的椭圆。加装阻尼器的机械摆式罗经，主轴北端则以阻尼摆动形式趋于子午面并相对于子午面稳定，从而提供真北基准。

　　4. 组成

　　电罗经通常由主罗经和附属仪器两部分组成。主罗经是电罗经的主体，具有指示航向的功能，主罗经一般可带 8~20 个分罗经，用以复示主罗经的航向；附属设备则是确保主罗经正常工作并提供相应功能的必需设备，包括电源变换器、控制箱或操纵箱和分罗经等。为减少电罗经的部件数，电源变换器可与控制箱，也可与主罗经组装成一体。

现代电罗经正向着尺寸小、重量轻、使用寿命长、维修方便、操作简便并能适用于大、中、小型船舶的趋势发展。因此，在组成上也不断发生变化，例如，以逆变器代替变流机，以固态元件代替电子管，以无接触式发送器代替接触式发送器等。新型电罗经的灵敏部分一般都制成密封球形，并用特制的液体支承以提高其精度和可靠性。

5. 特点

相比磁罗经，电罗经具有精度高、误差小等优点。尤其是配合自动操舵功能后，可大大节省驾驶员的时间和精力。与磁罗经相比较，电罗经的主要优缺点如下。

优点：指向精度高，多个复示器有利于船舶自动化，不受磁干扰影响，指向误差小，安装位置不受限制等。

缺点：必须有电源才能工作(可靠性较差)，工作原理和结构复杂，电罗经一旦失电或者故障，就不能指向了。

船舶上一般都使用电罗经，但是每个航行班都需要检查磁罗经并和电罗经进行校对以测定罗经差，并记入航海日志。这样，一方面可以保证磁罗经是正常的；另一方面每班检查，也可以记录下罗经差、经纬度及航向，容易推算和分析磁差和自差。一般情况下，磁差与地域相关，罗经差与航向相关。

6. 使用注意事项

在存放、清洁和拿取陀螺球时，不能使陀螺球倾斜角超过 45°或倒置，以免润滑油沾到球内其他部件上，影响陀螺球正常工作。

由于液体的浮力与液体的相对密度有关，而液体的温度直接影响了液体的相对密度，所以为保证罗经正常工作，必须保持支承液体的恒温要求。支承液体的工作温度为 52℃±3℃，由液体温控系统控制液体保持恒温。

液温低于 49℃时，加热器处于加热状态；当液温达到 49~52℃时，加热器断开；当液温达到 52~57℃时，电风扇工作；当液温超过 57℃时，蜂鸣器接通，此时，应立即采取相应措施，若采取措施后仍不能使液温正常，则应立即关机，停止使用。

罗经甘油用于增大液体相对密度，苯甲酸用于导电。当液体相对密度不正常时，添加 30ml 甘油，可使支承液体的相对密度增加 0.0005g/cm³；反之，添加 30mL 蒸馏水，可使支承液体的相对密度减小 0.0005g/cm³。

陀螺球高度要求是：在罗经已经稳定，液温正常，罗经桌水平时，陀螺球赤道红刻线高出随动球透明玻璃块内外表面的两条水平线 2mm，允许偏差 ±1mm。

2.1.3　光纤陀螺罗经

1. 概念

光纤陀螺技术是一种利用光学传输特性而非转动部件来感应角速率和角偏差的惯性传感技术，是光纤传感技术的一个特例。光纤传感技术以光波为载体、光纤为媒质来感应和传输外界被测量信号，是近年来的新型传感技术，因其独特的优良性能受到了相关领域的极大关注，并在各个领域中广泛应用。

2. 发展历史

自从光纤陀螺诞生以来，在近 30 年的时间里，其发展日新月异。不仅科学家热衷于此，许多大公司出于对其市场前景的看好，也纷纷加入研究开发行列。由于光纤陀螺在机动载体和军事领域的应用甚为理想，因此各国军方都投入了巨大的财力和精力。目前一些发达国家如美、日、德、法、意、俄等在光纤陀螺的研究方面均取得了较大进步，一些中低精度的陀螺已经实现了产品化，而少数高精度产品也开始在军方进行装备调试。

1976 年美国犹他大学的 Vali 和 Shorthill 首先提出光纤陀螺的设想并进行了演示试验。1978 年美国麦道公司研制出第一个实用化光纤陀螺，1983 年又研制出零相位检测的光纤陀螺。1980 年 Ulrich 揭示了解决光纤陀螺上互易性的重要性，Culter 揭示了相干的 Rayleigh 反向散射是光纤陀螺灵敏度提高的主要障碍之一，并提出了一些解决的方法。同年，Bergh 等研制出第一台全光纤陀螺试验样机，使光纤陀螺向实用化迈进了一大步。1981 年 Ezekiel 等证明了 Kerr 效应影响光纤陀螺的短期漂移误差。1982 年 Bergh 等指出，采用超发光二极管(super luminescent diode, SLD)可以大大降低 Kerr 效应带来的误差，并研制出克服 Kerr 效应的光纤陀螺。1984 年，Arditty 等演示了一个多功能集成光学元件的光纤陀螺，证明了集成光纤陀螺的可行性。

20 世纪 80 年代末至 90 年代初，光纤陀螺技术已达到实用化产品阶段，许多公司都推出了自己的相关产品。其中美国在这方面走在世界前列，已研制出实验室精度为 0.0001°/h 的高精度光纤陀螺。

Honeywell 公司在 20 世纪 90 年代生产了 9000 只开环式全保偏光纤陀螺，用于民用航空，精度为 1°/h。目前该公司已经制造出精度为 0.000038°/h 的干涉型光纤陀螺，可用于核潜艇的导航或空间飞行。

Litton 公司于 20 世纪 90 年代初建起一条战术级组合惯导系统的生产线，至 2001 年初已交付超过 5000 套的惯导系统。

史密斯公司的光纤陀螺成功地应用于各型军用飞机。

道格拉斯公司研制出一种用于钻井设备的光纤陀螺，它能承受很宽的湿度变化和强度冲击，这也是光纤陀螺首次用于钻井设备。

日本是继美国之后研究生产光纤陀螺的大国。Mitsubishi prec 公司、Hitachi Cable 公司等都推出了自己的系列产品，特别是在中低精度光纤陀螺方面，这些公司走在世界前列。JAE 公司开展了光纤陀螺在多个领域的应用研究，如陆海空及空间运动平台的导航，火箭的姿态控制，其中 1991 年发射的 TR-IA 型全重力实验火箭是世界上首次采用光纤陀螺的实例。

相对而言，中国光纤陀螺的研究起步较晚，但是在广大科研工作者的努力下，已经逐步缩短了与发达国家的差距。航天工业总公司、中国航天科技集团公司第八研究院 803 研究所、清华大学、浙江大学、北京交通大学、北京航空航天大学等单位相继开展了光纤陀螺的研究。目前，国内的光纤陀螺研制精度已经达到了惯导系统的中低精度要求，有些技术甚至达到了国外同类产品的水平。但是国内的研究大多停留在实验室阶段，在产品化及实际应用中与发达国家还有差距。

3. 分类

按照元器件类型，光纤陀螺分为分立元件型、集成光学型和全光纤型。

(1) 分立元件型光纤陀螺存在体积较大、可靠性较差、误差较大的缺点，现在各国都已停止发展。

(2) 集成光学型光纤陀螺将主要光学元件如耦合器、偏振器、调制器都集成在一块芯片上，将光纤线圈、光源、检测器接在芯片适当的位置。从光纤陀螺的发展方向来看，集成光学型光纤陀螺是目前最有发展前途的光纤陀螺形式。

(3) 全光纤陀螺将主要的光学元件都加工在一条保偏光纤上，从而可以避免因元器件连接造成的误差。目前，全光纤陀螺技术比较成熟，其性能在上述三种光纤陀螺中最好，适合在现阶段研制实用的商品光纤陀螺。

根据干涉型光纤陀螺的信号检测方式的不同，光纤陀螺可以分为开环式和闭环式两大类。

(1) 开环式光纤陀螺直接检测干涉条纹的相移, 因而动态范围较窄, 检测精度较低。开环式全光纤陀螺是中低精度、低成本光纤陀螺中比较流行的结构。

(2) 闭环式系统采取相位补偿的方法, 实时抵消萨格奈克相移, 使陀螺始终工作在零相移状态, 通过检测补偿相位来测量角速度, 其动态范围大, 检测精度高。

此外, 闭环式光纤陀螺对环境尤其是对振动不敏感, 是研制高精度光纤陀螺仪的理想形式。目前, 在中高精度光纤陀螺仪领域, 最为流行的设计结构为全数字闭环式光纤陀螺仪。

4. 特点

光纤陀螺的主要特点是: ①无运动部件, 仪器牢固稳定, 耐冲击且对加速度不敏感; ②结构简单, 零部件少, 价格低廉; ③启动时间短(原理上可瞬间启动); ④检测灵敏度和分辨率极高; ⑤可直接用数字输出并与计算机接口联网; ⑥动态范围极宽; ⑦寿命长, 信号稳定可靠; ⑧易于采用集成光路技术; ⑨克服了因激光陀螺闭锁现象带来的负效应; ⑩可与环形激光陀螺一起集成捷联式惯性系统传感器。

光纤陀螺的上述突出优点, 使其在许多领域中得到广泛的应用。

5. 在航海上的应用

在海上, 船舶一直将电罗经作为航向信息源, 陀螺仪是惯性元件之一。陀螺仪能感应导航基准坐标系相对惯性坐标系的角偏差, 并将这个信号提供给导航、定位等系统, 可应用于卫星定位仪、自动雷达标绘仪(automatic radar plotting aids, ARPA)、组合导航系统和船舶自动识别系统(automatic identification system, AIS)等。由于高速旋转的"转子"质量不平衡, 各转动自由度的交叉耦合效应、转子转动惯量、转子支撑的有害力矩等因素严重影响陀螺精度的提高, 而且电罗经启动时间较长。

光纤陀螺罗经就不受这些方面的影响, 除了提供高精度的航向信息外, 光纤陀螺罗经还能提供纵、横摇和船舶回转角速度的信息, 即航行中船舶的瞬时姿态信息源, 几乎不需要启动时间, 因此, 光纤陀螺罗经在航海上得到广泛的应用。具体体现在以下几个方面。

(1) 进一步推动船舶驾驶自动化发展。船舶驾驶自动化的实质是信息处理及安全航行决策等的自动化。随着光纤陀螺罗经技术不断的发展和成本的降低, 光纤陀螺罗经必将成为高可靠性和高精度的船舶动态数据源, 为船舶驾驶自动化信息处理平台提供新的底层支持。

(2) 可提供船舶的姿态信息。提供船舶的纵、横向倾角和船舶回转角, 为船舶配载操纵提供更科学、准确的依据，提高船舶的安全性。

(3) 磁罗经校差的新手段。磁罗经校验师可利用光纤陀螺罗经稳定时间短，不产生冲击误差、纬度误差、速度误差及便于携带等特点，在磁罗经自差校正中利用光纤陀螺罗经和磁罗经进行比对的方法，既方便，又高效。

(4) 丰富船舶操纵理论及实践。可根据船舶在不同舵角下舶回转角速度的大小，及时了解船舶在不同装载状态或风浪作用下的操纵性能。在受限水域航行时，可根据航道宽度、船型等，设置船舶回转角速度的正常值范围及上限报警值，以及时可靠的数据来保证船舶操纵效果。

(5) 可推动相关规则、规定等的修改和制定。在许多场合下，由于船舶缺少可靠的数据来源，在某些规则中无法做出定量的规定，往往用"海员通常做法"来描述。现在则可用光纤陀螺罗经提供的船舶姿态数据来界定。同样，在海事分析中，该数据记录也可作为判断事故责任方的重要依据之一，使规则和规定更具有操作性。

2.2 船用回声测深仪

2.2.1 概述

回声测深仪(echo sounder)是利用超声波在水中传播的物理特性而制成的一种测量水深的水声导航仪器。在海上，船用回声测深仪的主要用途如下。

(1) 在情况不明的海域或浅水航区航行时，测量水深以确保船舶航行安全。

(2) 在其他导航仪器失效的特殊情况下，可通过测量水深来辨认船位。

(3) 用于航道及港口测量方面，提供精确的水文资料。

(4) 现代化多功能的船用测深仪还可实现水下勘测、鱼群探测跟踪等功能。

回声测深仪是利用测量超声波自发射至被反射接收的时间间隔来确定水深的。

2.2.2 原理

回声测深仪测量水深的原理图如图 2-1 所示。在船底装有发射超声波的发射换能器 A 和接收超声波的接收换能器 B，A 与 B 之间的距离为 s，s 称为基线。发射换能器 A 以间歇方式向水下发射频率为 20～200kHz 的超声波脉冲，声波经海底发射后一部分能量被接收换能器 B 接收。从图 2-1 可知，只要测出声波自发射至接收所经历的时间，就可由式(2.1)求出水深：

$$H = D + h = D + \sqrt{\text{AO}^2 - \text{AM}^2} = D + \sqrt{\left(\frac{ct}{2}\right)^2 - \left(\frac{s}{2}\right)^2} \tag{2.1}$$

式中，H 为水面至海底的深度；D 为船舶吃水；h 为测量水深；s 为基线长度；c 为声波在海水中的传播速度，标准声速为 1500m/s；t 为声波自发射至接收所经历的时间。

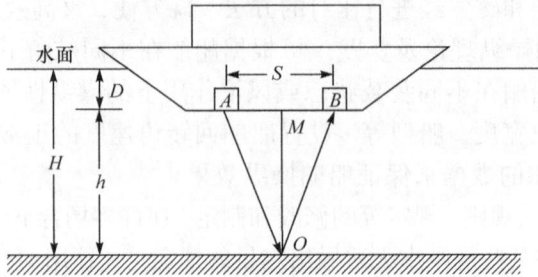

图 2-1　测量水深的原理图

显然，只要测出时间 t，即可求出水深 H，若换能器是收发兼用换能器，即 $AB=S=0$，取 $c=1500$m/s，则测量深度 h 可表示为

$$h = \frac{1}{2}ct = 750t \tag{2.2}$$

2.2.3　组成及工作过程

回声测深仪的整机框图如图 2-2 所示。

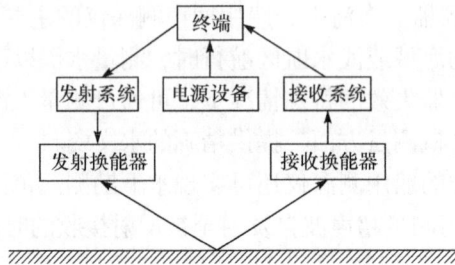

图 2-3　回声测深仪的整机框图

(1) 终端是整机的中枢，其作用是控制协调整机工作；测量声波往返时间并将其换算成水深加以显示。

(2) 发射系统将终端的发射指令变为一定脉冲宽度、频率和输出功率的电振荡脉冲去推动发射换能器工作。

(3) 发射换能器将电振荡信号转变为机械振动信号，即将电能转换为声能，形成超声波信号向海底发射。

(4) 接收换能器的作用与发射换能器正好相反，它将从海底反射来的声波信号转变为电振荡信号，即将声能转换为电能。

(5) 接收系统的作用是将来自接收换能器的回波信号适当地放大、选择和处理，变换为适合显示器需要的回波脉冲信号。

(6) 电源设备通常为机器内部的电源或专用的变流机，目前大多数测深仪都可直接接船电工作。

2.2.4　外部影响因素

1. 船舶摇摆对测深仪工作的影响

当船舶发生横摇时，发射换能器也随之倾斜，其发射的主波束的方向也随之改变。若倾斜角度不大，主波束的反射回波仍可被接收换能器接收；当倾斜角大于某个极限值时，将可能产生回波信号"遗漏"现象。严重时，回波信号全部消失，测深仪无法工作。

2. 水中气泡对测深仪的影响

海水中气泡对测深仪工作的影响主要体现在两个方面：一是水中气泡对声能有削弱作用；二是大量气泡会引起声的混响，从而严重干扰测深仪正常工作。

3. 船速对测深仪的影响

当船舶高速航行时，船体产生剧烈振动，水流猛烈冲击船体，致使干扰噪声增加。同时，海水的空化现象也明显增加，致使回波信号削弱。严重时回波信号将被干扰信号"淹没"，致使测深仪工作困难，甚至无法工作。选择适当的换能器安装位置将有助于减小这种影响。

4. 换能器工作面附着物的影响

换能器工作面的附着物对声能有着较强的吸收作用，尤其是长期不用的换能器工作面会有大量海生物生长，对换能器工作影响较大。所以，应及时清洁换能器工作面，还要注意换能器的工作面不能涂敷油漆。

5. 换能器剩磁消失的影响

对于磁致伸缩换能器，剩磁会随时间而逐渐消失，这将影响测深仪的灵敏度，所以应定期对磁致伸缩换能器进行充磁。

6. 海底底质和坡度的影响

不同的海底底质对声波的反射能力差异较大，岩石最强，砂底次之，淤泥最差。为了达到显示器的最佳显示效果，应根据不同的海底底质调整测深仪的灵敏度大小。

另外，不平坦的海底底质和海底坡度将使反射回波先后抵达接收换能器，从而在显示器上出现较宽的信号带。为了保证船舶航行安全，此时应以信号带前沿读取水深为宜。

2.3 船用计程仪

2.3.1 概述

1. 作用

船用计程仪是一种测量船舶航速和累计航程的导航仪器。计程仪所提供的航速信息对船舶驾驶极为重要，其主要作用如下。

(1) 计程仪测量的航速信息结合电罗经或磁罗经提供的航向信息，可进行船舶船位推算。

(2) 向卫星导航仪、自动综合导航仪、ARPA 和真运动雷达等导航仪器提供航速信息，可实现船舶自动定位，利于船舶操纵及自动避让。

(3) 向现代化大型或超大型船舶提供纵向和横向速度信息，保证这些船舶在狭水道航行、靠离码头和锚泊时的安全性。

2. 分类

船用计程仪按其测量参考坐标系的不同，可分为相对计程仪和绝对计程仪两类。

(1) 相对计程仪只能测量船舶相对于水的速度并累计其航程，如水压式、电磁式等计程仪。水压式计程仪是第二次世界大战后，应用流体力学的伯努利定理制成的，即船舶航行时的水流动压力与航速平方成正比的原理。这种计程仪在中高速测速时精度较高，但在低速测量时精度和灵敏度均较差，而且其操作维护也不方便，已基本被淘汰。

(2) 绝对计程仪可以测量船舶对地的速度并累计其航程，如多普勒计程仪(Doppler log)和声相关计程仪(acoustic correlation log)。但是当测量水深超过其跟踪深度范围时，绝对计程仪便转换成跟踪水层的相对计程仪。

具体地讲，工作于"海底跟踪"方式的多普勒、声相关计程仪属于绝对计程仪，工作于"水层跟踪"方式的多普勒、声相关计程仪属于相对计程仪。

2.3.2 电磁计程仪

电磁计程仪(electromagnetic log)是利用电磁感应原理来测量船舶航速和累计航程的一种相对计程仪。

电磁传感器是根据电磁感应原理，产生一个与船舶速度成正比的电信号。常用的传感器有两种：平面式和导杆式。平面式电磁传感器的底面与船底平齐；导杆式电磁传感器为一根可升降的圆柱形导杆，计程仪工作时伸出船底，不工作时可将导杆升起。

平面式电磁传感器的结构原理图如图 2-3 所示。倒"山"字形铁心沿船舶横向安装在船底板开孔处。铁心的中间柱上绕有激磁绕组；在铁心的两个空隙中嵌有间距为 L 的两个电极 a 和 b 及其引出导线；电极和导线用非导磁材料填封并固定。当激磁绕组通入 220V、50Hz 的交流电 $E\sim$ 时，在铁心两侧形成交变磁场 $B\sim$。

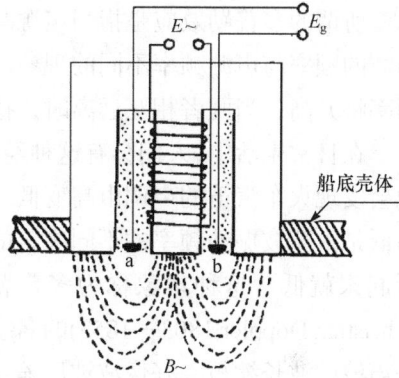

图 2-3　平面式电磁传感器的结构原理图

当船以航速 v 向前(或向后)航行时，水流相对船的速度 v 大小相等、方向相反。由于海水可导电，可将流过两电极间的海水看作无数根运动的"导体"在切割磁力线，根据电磁感应原理，在电极 a、b 和海水形成的回路中将产生感应电动势 E_g，如式(2.3)所示。

$$E_g = B \sim Lv \times 10^{-8} (\text{V}) \tag{2.3}$$

式中，$B\sim$ 为交流磁感应强度(Gs)；L 为两电极间距(cm)；v 为航速(cm/s)。显然，只要测得感应电动势 E_g，即可求出船舶航速 v。

电磁计程仪的优点是测速线性好，测速范围大，而且可测量船舶后退速度，精度较高(1%~2%或 0.2kn)，成本低且使用方便。因此，这种型号的计程仪目前在船舶上得到了普遍的应用。

典型的电磁计程仪如中国的 CDJ 型、日本的 EML 型、法国的 BEN 型等。

2.3.3 多普勒计程仪

多普勒计程仪是 20 世纪 70 年代初期的产品，它是随着航运事业的发展，为了解决某些大型、超大型船舶的进出港、靠离码头和锚泊等问题而制成的。这种计程仪是利用声波的多普勒效应测速和累计航程的。

多普勒计程仪可以提供船舶相对于海底的绝对航速和航程信息，同时还可以测量船舶后退及船首尾横移速度。它具有测速精度高(0.2%～0.5%或0.1kn)、测速门限低(0.01kn)等优点。

所谓的多普勒效应是指当声源与接收者之间存在相对运动时，接收者接收到声波的频率与声源频率不同的现象。当声源与接收者接近时，接收者收到声波的频率将升高；当两者相互远离时，接收者收到声波的频率将降低。

在日常生活中，人们会有这种经验：当一列鸣着汽笛的火车经过某观察者时，他会发现火车汽笛的声调由高变低。为什么会发生这种现象呢？这是因为声调的高低是由声波振动频率的不同决定的。如果频率高，声调听起来就高；反之声调听起来就低。这种现象称为多普勒效应，它是以发现者克里斯蒂安·多普勒(Christian Doppler, 1803—1853)的名字命名的。当火车以恒定速度驶近时，其结果是声波的波长缩短，好像波被压缩，观察者会感受到声调变高；相反，当火车驶向远方时，声波的波长变大，好像波被拉伸，声音听起来就显得低沉。

接收频率与声源频率之差值 Δf 称为多普勒频移(Doppler shift)。Δf 与声源的频率 f_0、声波在介质中的传播速度 c 和声源与接收点之间的相对运动速度 V 的关系，如式(2.4)所示。

$$\Delta f = \frac{V}{c} f_0 \tag{2.4}$$

当 f_0 与 c 为常数时，Δf 与 V 成正比，因此可以通过测定多普勒频移来测速。

目前船用多普勒计程仪有三种类型。

(1) 双波束系统，又称一元多普勒计程仪。它只能测量船舶的纵向速度并累计其航程，通常用于船舶的导航。

(2) 四波束系统，即换能器向船体的前、后、左、右四个方向发射波束，又称二元多普勒计程仪。它除了可测量船舶的纵向速度外，还能测量横向速度，可作为船位推算导航使用。一元和二元多普勒计程仪的换能器均安装在船首部位。

(3) 六波束系统，它除了在船首装置四波束换能器外，还在船尾部安装一对向船尾左右方向发射波束的换能器，又称为三元多普勒计程仪。这种计程仪既可测量船舶纵向速度，又能测量船首部和船尾部的横向速度，能反映船舶运动的全貌，通常用于大型或超大型船舶的进出港、靠离码头和锚泊等作业中，可确保航行的安全。

多普勒计程仪典型产品如美国的 SRD-331 型，德国的 ATLAS DOLOG20 系列，日本的 TD-501 型、MF-100 型和中国的 MCDL-1 型等。

2.3.4　声相关计程仪

声相关计程仪是于 20 世纪 70 年代中期问世的产品，它利用声相关技术对声波信号进行处理来测速并累计航程，其特点是测速精度高(0.2%或 0.1kn)，测量精度不受海水中声速变化的影响，可测速计程，还可兼作测深仪使用。

声相关计程仪的特点有：采用垂向发射和接收超声波信号，并对被接收的回波信号的幅值包络进行相关处理来测速；可工作于海底跟踪和水层跟踪两种方式，既可测对地的速度，又可测对水的速度；测量精度不受声速变化的影响；它可测量水深，兼作测深仪使用。

声相关计程仪典型产品有瑞典的 SAL-ACCOR 型、SAL-R1 型和 SAL-865型等。

2.4　自动雷达标绘仪

安装在船舶上的雷达是船长的眼睛，能辅助船舶航行，在能见度较低或在拥挤水道时能辅助避碰。ARPA 是在普通雷达的基础上，根据人工标绘原理，增加计算机的输入、存储、计算、判断、输出、模拟、绘图、报警等功能发展而成的一种新型雷达。一部性能优异的 ARPA=普通天线收发机+普通 PC 及显示器+雷达信号处理卡。ARPA 与普通雷达相比，能够自动、连续地提供必要的航行及避碰信息数据和对航行态势进行评估，驾驶员利用 ARPA 进行早期瞭望与判断，避免了盲目采取避让措施，大大减少了船舶碰撞事故的发生。

2.4.1　基本组成

1. 传感器

(1) X 波段和 S 波段的高质量船用雷达——为 ARPA 提供目标回波系统视频，向 ARPA 提供触发脉冲、旋转方位信号与中首信号。

(2) 电罗经——为 ARPA 提供本船航向信号。

(3) 计程仪——为 ARPA 提供本船航速信号，有对水航速和对地航速，可计算里程读数。

(4) GPS——全球定位系统，利用多颗高轨道卫星向 ARPA 提供本船的船位及速度信息。

2. ARPA 主体

(1) 数据处理电路：其功能主要包括对雷达原始视频的预处理、目标检测、目标录取、目标跟踪。

(2) 电子计算机：是 ARPA 的核心，包括主处理器、存储器、接口、键盘、显示终端及电源等部件，构成一个完整的微计算机系统，用于控制自动录取、自动跟踪、自动计算目标的航行参数及避碰参数，自动判断有无碰撞危险，完成各种自动计算与自动标绘任务，ARPA 系统采用电子计算机的自动标绘来代替普通雷达的人工标绘，使其在船舶避碰应用中的效果大为改观。

(3) 显示器：包括 PPI(plan position indicator)综合图形显示器和数据显示器。

(4) 控制台：包括 PPI 和数据显示器的控制台。

(5) 接口电路：将各种传感模拟信号转换成计算机可接受的数字信号。

(6) 外存器：储存港口的视频地图或电子海图，在进出港时，可供船舶导航作用。

各部分组成框图如图 2-4 所示。

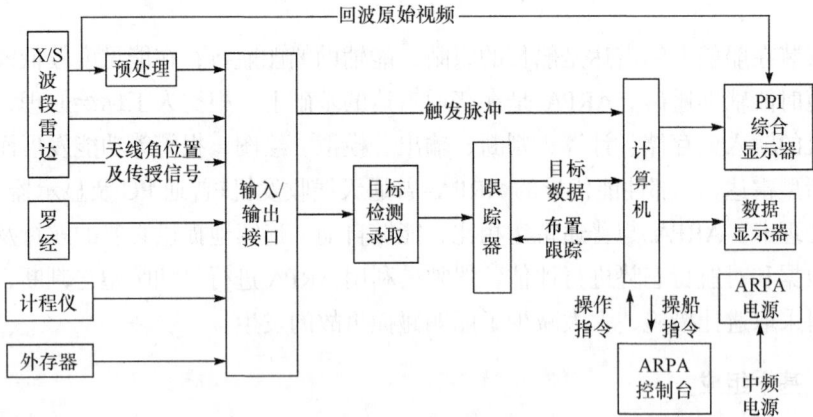

图 2-4　基本 ARPA 系统组成框图

2.4.2　工作过程

鉴于目前大多数 ARPA 系统采用矢量型，本节以矢量型 ARPA 为例描述 ARPA 的工作过程。矢量型 ARPA 的工作过程是用矢量表示被跟踪目标的动态。矢量始端表示目标现位置；矢量方向表示目标运动航向；矢量长度表示在设定矢量时间内目标相对本船运动的航程；矢量末端表示在设定矢量时间后(假定在该时间段内本船和目标未出现机动)，目标相对于本船的位置。

整个 ARPA 系统由计算机控制：计算机从传感器获得输入信息，然后与跟踪器配合，对由人工或自动录取的目标进行跟踪，以建立目标的运动航迹，进而自动计算目标的各种航行和碰撞参数，如果碰撞参数违反设定的安全界限值，则发出相应报警信号。处理的目标回波视频及各种数字、符号综合将会显示在荧光屏上。操纵者可以通过观察、分析这些符号、数据及报警信息，判断本船和目标有无碰撞危险以及危险的紧迫程度。如有需要，还可以进行试操船，以决定本船应采取的避让措施。

图 2-5 是 ARPA 系统的测绘图示例。图中 CPA(closest point of approach)是两船交会时，他船距离本船最近的点，即"最接近点"；最近会遇距离(distance to closest point of approach, DCPA)是本船到 CPA 的距离；TCPA(time to closest point of approach)是相遇船航行到 CPA 所需的时间。利用 CPA、DCPA 与安全界限值比较即可得出目标与本船的具体关系。

(1) 当 CPA > min CPA，TCPA > min TCPA 时，目标船为安全船，无碰撞危险。

(2) 当 CPA ≤ min CPA，TCPA > min TCPA 时，目标船为危险船，但尚不紧迫，本船应考虑采取避让措施。

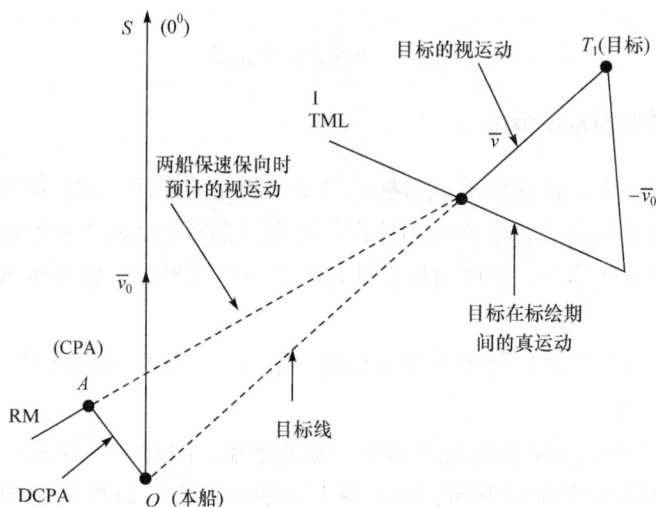

图 2-5　测绘图

(3) 当 CPA ≤ min CPA，0 < TCPA ≤ min TCPA 时，目标船为紧急危险船，时间已紧迫，本船应立即采取避让措施。

本船改向避让的标绘如图 2-6 所示。

如图 2-6 所示，避让前，目标的 RML 与 min CPA 圆相交，故目标是危险船。当回波移动至 O 点，本船改为新航向，则目标回波沿新的视运动线移动，即其 RML 离开 min CPA 圆，转危为安。当回波移至 A 点，本船恢复原航向，回波沿着和原先 RML 相平行的最后视运动线移动，避让结束。

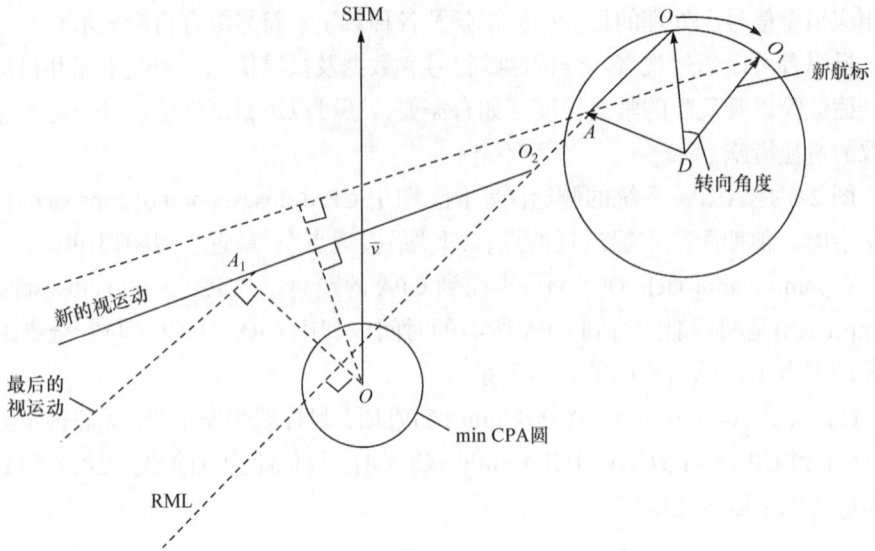

图 2-6　本船改向避让图

2.4.3　外部影响因素及措施

在测量过程中，雷达所测试目标的抖动、船舶的摇摆、发射信号的波形、脉冲形状以及天线的齿隙、电罗经和计程仪的误差都影响 ARPA 的数据。

ARPA 设备型号多，操作面板设计复杂，一旦误操作，也会使 ARPA 的数据受到影响。

ARPA 的显示模式选择也会带来功能局限性。工作模式选择不当会对 ARPA 的功能造成影响。

这些不准确性会使系统出现虚警、漏警现象，因此需要寻求一些补救措施以减小船舶驾驶员的疲劳程度，减少海上船舶碰撞事故以提高船舶的航行安全系数。

可以采取以下措施，以改善测量结果。

(1) 在测量时，可以通过在雷达天线旋转的每一周，使用不同的(随机选择)数值对每项误差的分布进行随机取样。

(2) 研发和使用新技术，提高雷达天线、显示器、收发机的性能，逐步提高 ARPA 设备的性能，同时合理运用计算机内存和 CPU 来提高计算机主机性能，并且注重研发相应的软件程序。

(3) 整合现有的航海仪器设备，将新型航海设备电子海图显示与信息系统(electronic chart display and information system, ECDIS)整合进 ARPA 系统中，把电子海图叠加显示在 ARPA 的处理视频上，对照地理目标，实现避让与导航的完美结合。

(4) 提高操作人员的素质。加强船舶驾驶员和船员的综合素质，包括业务技能、心理素质、工作能力。

(5) 将新型航海设备 AIS 融合进 ARPA 系统之中，以提高雷达图像虚拟现实的逼真程度，方便船舶驾驶员的观察和避碰决策。在很多方面，AIS 提供的功能正好弥补了雷达在船舶导航、避碰等方面存在的缺陷。

随着计算机技术、控制技术、人工智能、通信技术等的不断完善和发展，越来越完善的 ARPA 能够为船舶安全航行提供优质保障，虽然 ARPA 的使用在一定程度上降低了人工标绘的复杂程度，但是现有 ARPA 在使用中的局限性和功能缺陷，还是给船舶的安全航行带来了隐患。

鉴于以上隐患不是由单一因素引起的，很难采用某种单一的、一劳永逸的办法来消除这些负面影响。只有将提高雷达和 ARPA 系统的软硬件性能、整合现有 ARPA 和新型的航海仪器设备如 AIS、ECDIS 等，加强船员的培训、努力提高船员素质等几方面结合起来，才有可能使现有 ARPA 系统达到最佳状态，减少船舶航行碰撞事故，确保船舶航行安全。

2.5　船舶机舱监测

2.5.1　概述

船舶机舱监测系统旨在通过提升设备的管理水平改善船舶安全，它利用微机和网络技术对船舶设备的运行参数进行采集并统一监测，当设备运行状态出现异常时给予报警，提示作业或管理人员进行相应的维护管理。船舶机船监测系统在其应用的几十年内，很大程度地提升了船舶营运的安全性。

2.5.2　现代机舱监测技术发展

船舶自动化程度随着航运界对船舶安全性的要求持续发展，传统的机船监测建立在巡视基础上，轮机员直接通过查看现场仪表判断参数的状态。后来随着"无人机舱"的出现，现代机舱监测技术得到很大发展，船舶机船监测技术经历了集中型监测、分布式监测和现场总线型监测三个发展阶段。

1. 集中型监测

20 世纪 60 年代，"无人机舱"开始出现，通信及计算机技术被应用于机舱监测领域，集中型机舱监控系统应运而生。顾名思义，集中型机舱监测就是以一台处理性能良好的数字计算机作为上位机，直接对现场各传感器和仪表的输出信号进行采集并集中处理。传感器和仪表的输出多为模拟信号，因此需要添加数据采集模块完成模数转换过程。图 2-7 为集中监测系统的原理简图。

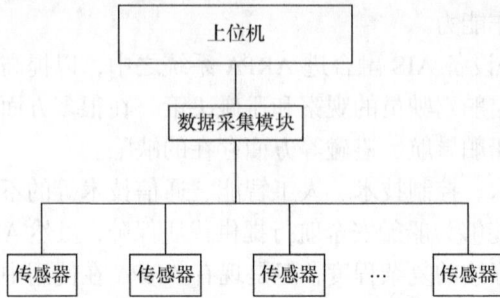

图 2-7　集中监测系统原理简图

集中型机舱监测技术可以同时对几百个测量点进行监测，模拟量参数PID(proportional integral derivative)自动调节控制的数量也可以达到十几路，在 20世纪 70 年代具有一定的先进性，但是其本身局限和不足之处也较多。

首先，集中型机舱监测稳定性不足，容易因为单点故障而导致整个系统瘫痪。

其次，信号在传递过程中大多为 4～20mA 的模拟电流信号，需要铺设较多的通信电缆，经济性较差。

集中型机舱监测技术在机舱监测历史上存在的时间较短，很快就被分布式监测所取代。

2. 分布式监测

分布式监测技术在集中型监测的基础上将监测功能下放至各分站，分为不同的子系统，分别由独立的数字计算机进行监测。各子系统再通过计算机网络统一与中央单元相连，实现数据共享。图 2-8 为分布式监测系统的原理简图。

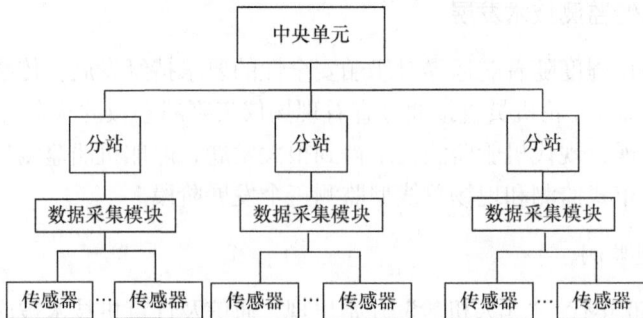

图 2-8　分布式监测系统的原理简图

　　分布式监测技术的优势在于不会因为单点故障导致整个系统瘫痪，因此稳定性有了很大提高。鉴于集中型监测技术存在系统稳定性不足等缺点，分布式监测迅速占据了机舱监测系统的绝大部分市场。

　　但分布式监测技术各分站依然需要独立地采集参数信号，信号在长距离的传输过程中容易受到干扰，另外系统需要铺设较多的电缆，增加了系统造价。

3. 现场总线型监测

　　现场总线型监测技术是目前大中型货船上应用比较普遍的一种形式，但至今仍没有统一的国际标准。船舶上较为常用的总线技术包括 CAN(controller area network)总线、LonWorks 总线和 PROFIBUS 总线等。

　　现场总线一般采用双冗余型结构，系统中的设备同时连接于两条总线上，两条总线互为备用，最大限度地提高监测系统的可靠性。分散式处理单元(distributed processing unit, DPU)被广泛应用于总线型监测技术中，一端用于连接各传感器和仪表，可扩展性强，功能强大；另一端连接于总线上。上层各监测单元一般以以太网的形式相互连接，共享总线上的数据信息。图 2-9 所示为现场总线型监测系统的原理简图。

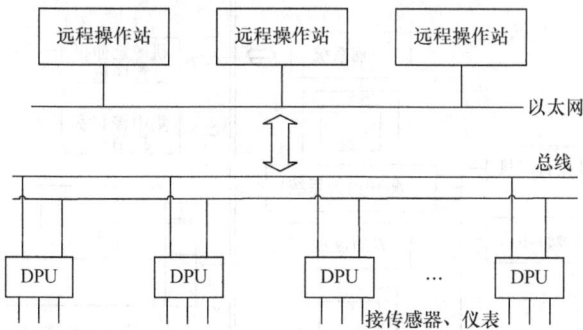

图 2-9　现场总线型监测系统原理简图

2.5.3　系列化与标准化

　　我国船舶机舱自动化监测水平较低，国内自行研制的机舱监测系统绝大多数属于电、气动及中小规模集成电子模块组合逻辑控制和中小型计算机集中监测。即便是微机监测系统，如 CJBW、JK-88YK、DYT-88J、MCS-90、CWJK-88 等也基本是结构固定的，只适用于某型机或某型船的单一系统；软、硬件没有统一的规范，难以形成系列化和标准化。不仅给使用和维修带来很大困难，而且也限制了其自身的发展。具体表现在如下几方面。

　　(1) 监测系统的技术维护复杂。由于软、硬件设备没有统一规格和标准，类型多而繁杂，系统可靠性较低，一旦出现问题，故障定位困难，维修人员往往无能为力，系统的技术维护需请设计研制单位派专人进行。

(2) 备品保障能力差。由于所设计监测系统对船型、机型适应的单一性，加之元器件和设备的配套能力低，通用性、互换性差，致使维修时备件不足，维修成本高、效费比低，给用户造成时间和经济上的损失。

(3) 增加了维修人员技术培训的难度。每型监测系统的技术维护都需要进行必要的人员培训，培训项目多，涉及面广，造成不必要的浪费。

(4) 限制了监测系统自身的技术发展。由于监测系统系列化、标准化程度低，其升级换代受到一定局限，产品再开发能力较差，严重阻碍了监测系统的技术发展。

由此可见，船舶机舱监测系统的系列化、标准化不仅是维护保养的客观需求，也是推进其自身技术进步的迫切需要。

2.5.4　船舶机舱监测构建实例

监测和报警系统的硬件组成见图2-10。考虑到系统冗余，监测和报警系统由两台计算机组成，彼此互为备用，当一台计算机对系统参数进行修改时，另外一台计算机只能显示数据，不具有修改功能。

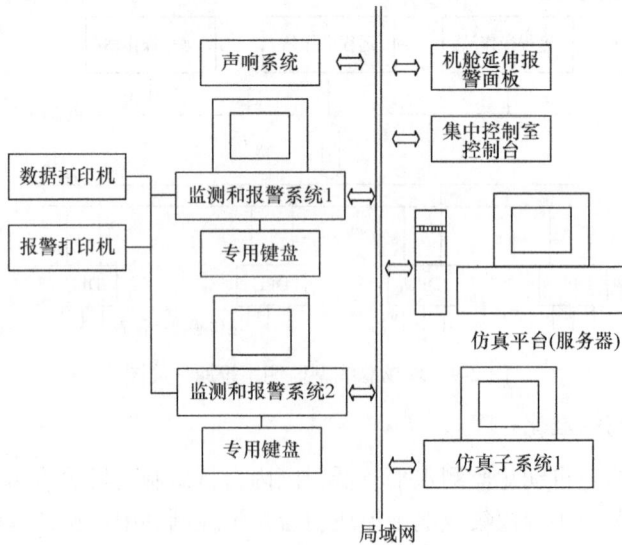

图 2-10　监测和报警系统的硬件组成

图2-11为监测和报警系统专用操作键盘外形图。在对监测和报警系统进行操作时，主要通过专用键盘进行软界面的切换、参数查询、系统参数设置、打印、各种报警设定和延时值修改以及报警屏蔽等操作。利用专用键盘不仅操作简单，

同而且可以防止许多操作错误发生。专用键盘通过标准的 RS-232 串口与计算机进行数据通信。通信波特率为 2400bit/s，8bit 数据位，1bit 停止位，无奇偶校验。

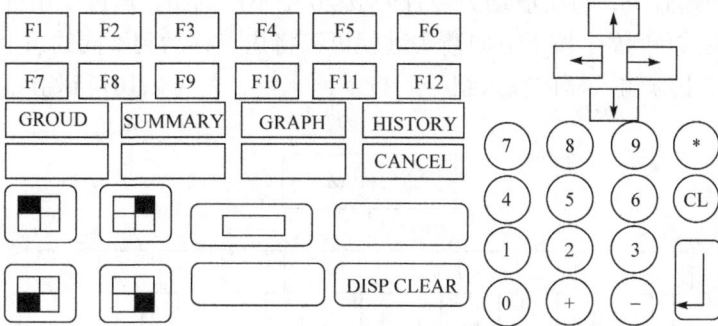

图 2-11　监测和报警系统专用操作键盘

监测和报警系统采用模块化设计方法，如图 2-12 所示，除基本的输入、输出外，系统核心由三部分组成：数据库模块、数据库管理模块、报警和报警延伸模块。

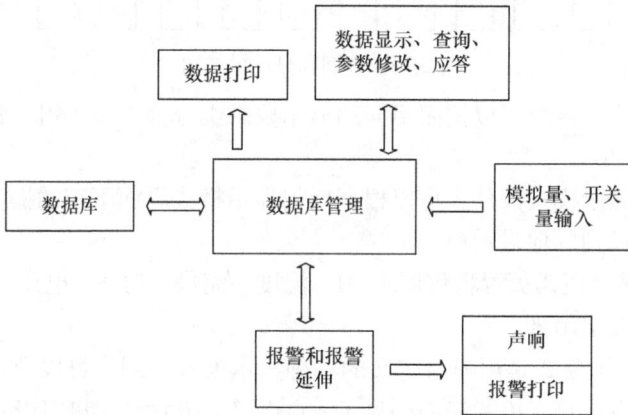

图 2-12　监测和报警系统设计框图

根据系统的功能和设计要求，数据库为关系数据库，主要包含报警处理数据库、显示数据库及报警历史数据库等。数据库充分考虑实船和模拟器仿真的不同需要，记录 735 个检测点的信息。系统运行时，参数显示、查询、设定、报警应答、打印等所有的操作都是对数据库进行的，结构简单。

监视和报警系统的所有操作都可以通过专用键盘(或者普通键盘)进行，显示器的所有界面下部都有操作提示标志。

该系统的主要功能和工作方式包括以下两部分。

1) 查询和显示

查询和显示模式图如图2-13所示,系统工作默认的主界面是总览工作模式。在总览工作模式下,将机舱动力装置分成 20 个不同的组,通过专用键盘切换到其他显示模式,例如,按下方向箭头键就可以将焦点移动到不同的组上,按下回车键或者在下方输入框内输入组号后按下回车键,就可以切换到组显示模式的界面。

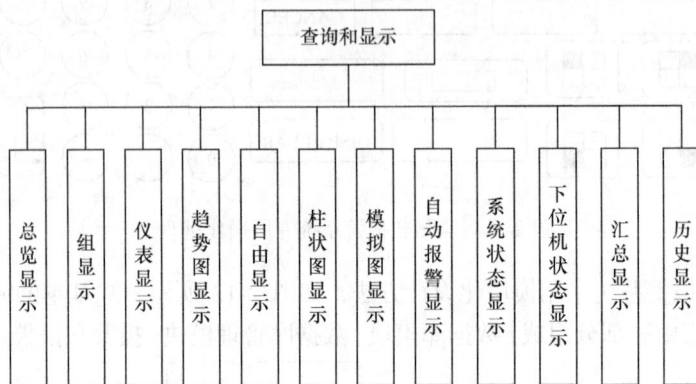

图 2-13 查询和显示模式图

在显示模式,每组可以按照不同的显示要求细分为 8 个子组,每组最多可显示 20 个参数。

除上述组显示模式以外,可以根据任何显示模式界面下部的操作提示,并利用专用键盘切换到其他显示模式。

(1) 仪表显示模式负责将数据(压力、温度、流量、功率、电压、电流等)以仪表方式形象地显示出来。

(2) 自由显示模式是用户自定义的一种显示模式,用户可以根据需要将重要的参数设置在自由显示模式界面中显示,自由显示模式最多可以设置 4 组,并可以将自由显示模式的参数打印出来。

(3) 柱状图显示模式可以将每个缸的排气温度、冷却水出口温度等参数用柱状图显示出来。

(4) 模拟图显示模式用来显示主要的动力装置的运行状态和重要参数,模拟图将机舱主要动力系统用图形的模式显示出来,运行状态和参数可以在模拟图中查到,系统可以显示 8 组模拟图。

(5) 趋势图显示模式最多可以显示 8 组,每组可以同时显示 8 个参数,分别用不同颜色标识,这种显示模式非常有用,通过观察趋势曲线来分析参数变化趋势,对动力装置进行早期的保养和故障诊断。

除了图 2-13 给出的显示模式之外，还可以进行组合显示模式，这种模式是将任意 4 种显示模式同时显示在一个屏幕上，通过专用键盘对当前获得焦点的显示模式窗口进行操作。

2）修改

系统修改功能框图如图 2-14 所示。可以在多种显示模式下，利用专用键盘的上下左右箭头键，将焦点移动到所要修改的参数上，按回车键即可修改参数的属性。

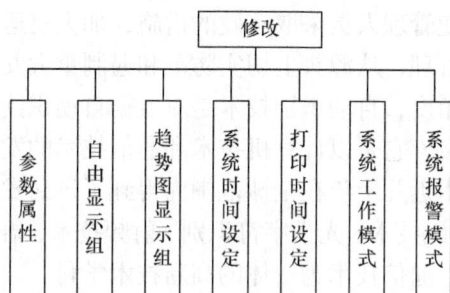

图 2-14　系统修改功能框图

在组显示模式下修改属性的界面，可修改的属性包括参数的量程范围、报警高低限、正常值高低限、报警延迟时间、所属延伸报警组、所属报警阻塞组、是否手动报警阻塞等。

除了修改参数本身的属性外，还可以添加和删除自由显示分组与参数、修改趋势图显示的参数、修改系统时间、设定打印时间及间隔、设定系统工作模式、设定报警模式等。

第3章 标识技术

标识是信息化的一个重要环节,在船联网应用领域,船检、船只进出港签证、船员上岗、救生设施、通信设备、消防设施等日常监管都需要标识技术的支持。有效的标识技术可以使管理人员采取有效的措施,加大航运和港口安全监管工作力度,促进安全生产管理,从源头上切实防范和遏制重大安全生产事故的发生。

站在信息技术的角度,自动识别技术是对数据自动识读并将数据自动输入计算机的重要方法和手段。它是以计算机技术和通信技术的发展为基础的综合性科学技术。自动识别技术近几十年在全球范围内得到了迅猛发展,初步形成了一个包括条码技术、磁条(卡)技术、光学字符识别、射频技术、语音识别及视觉识别等集计算机、光、机电、通信技术为一体的高新技术学科。

自动识别是物联网技术中非常重要的一个环节,它融合了物理世界和信息世界,是物联网区别于其他网络(如电信网、互联网)最独特的部分。自动识别技术可以对每个物品进行标识和识别,并可以将数据实时更新,是构造全球物品信息实时共享的重要组成部分,是物联网的基石。

3.1 早期的标识技术

毋庸置疑,船舶身份辨识在船联网中是一个十分重要的概念。早期船舶的身份辨识主要靠雷达和人工。

在早期的识别技术中,传统的港口船舶身份辨识依托船舶交通服务(vessel traffic service, VTS)、ARPA 雷达,然后通过人工询问来完成。通过岸基雷达搜集目标信号的船舶港口交通管理系统被称为 VTS 系统;通过船基雷达搜集目标信号并显示自标的航向、航速以及能模拟避碰的雷达被称为 ARPA 避碰雷达。长期以来,各级船舶管理部门都是通过无线电话询问或由船舶用无线电话向控制中心报告而获得船舶的信息,再用人工方式将船舶信息输入 VTS 监控系统以实现对船舶的跟踪管理。

20 世纪七八十年代,是 VTS、ARPA 雷达长足发展的黄金时期,几乎全球所有的港口都安装了 VTS 系统,全部的远航船舶都安装了 ARPA 雷达。1978~1999年,我国就建造了 20 个不同规模、不同类型的 VTS 站(不包括台湾)。VTS、ARPA

雷达比以前的同类产品的性能的确提高了一大步。

VTS 中心的显示屏上可以看到通过岸基雷达接收到船舶的回波(目标),工作人员需要通过甚高频(very high frequency, VHF)直接询问、VHF 通话加 VHF 测向、VHF 短消息等手段来获得该船的船名并对该目标进行标识。经标识的目标其标识会始终跟随船舶(目标)航行,直到船舶(目标)驶离 VTS 区域。

为获得船名并在显示屏上确认其位置,VHF 与船舶通话相当频繁。由于采用人工方式向系统输入信息,对船舶来往密度较大的 VTS 作用区域的控制中心来说,不仅工作强度大,而且易出现操作上的差错,有时还会因出现盲区而丢失目标。通过 VHF 确认船名和位置的工作花费了 VTS 中心人员相当大的精力,对 VTS 的功能是一个削弱。

随着航海事业的发展和人们对航海通信导航仪器要求的提高,VTS 和 ARPA 雷达无法直接标识目标的问题就突出了。

1987 年 11 月 19 日,国际海事组织(International Maritime Organization, IMO)通过了第 A.600(15)号决议,推广应用水上移动通信业务标识码(maritime mobile service identify, MMSI)。目的在于加强海运安全和防止海运中的欺骗及防止船舶造成海洋污染的管理。MMSI 适用于 100 总吨及以上的国际航行船舶,不适用于渔船、非机动船、游艇、从事特殊业务的船舶和军用船舶。MMSI 一般由当地船级社办理,现有的营运船可以向当地船级社提出申请并获得。

目前,MMSI 在水上通信业务中的应用越来越广泛,卫星紧急无线电示位标、船舶自动识别系统、数字选择性呼叫以及 2008 年年底开始实施的船舶远程跟踪和识别系统,都必须以 MMSI 提供的船舶身份信息为基础信息。

2008 年下半年,我国渔业部门为了加强对渔船的安全管理,要求为渔船安装船舶自动识别系统,这就需要在渔船上大批量使用 MMSI。

目前 AIS 的普及和 AIS 本身的技术特点,使利用 AIS 设备进行船舶身份识别及实时动态监控成为可能。

3.2 AIS

随着现代航运交通运输的发展,航海的船员越来越深刻认识到安装在船舶上的自动应答和识别装置,对于航海的安全、海运交通控制以及监视海事环境的重要性。具有避碰功能的船用雷达,提供的信息有限,不能识别船舶,也不能告知船名、国籍与操船意图。在密度大的水域以及恶劣气象海况环境下,雷达、ARPA 也显得无能为力。

后来,有人提出在船舶上安装一台能自动发送信息的装置——应答机(transponder)

的设想，以满足对航海安全和对海洋环境监控的需要，但当时这仅仅限于技术上的分析，实现起来难度大、成本高。随着 GPS/DGPS、现代数据通信技术的出现及计算机技术应用的提高，这种设想在技术和成本上不再有实现的障碍。20 世纪 80 年代末，随着船舶全球海难与安全系统(global maritime distress and safety system, GMDSS)和 VTS 的建立，为了加强对船舶的识别，出现了一种基于 VHF 数字选择呼叫(digital selective calling, DSC)技术的自动应答系统(transponder system)，即海事 DSC。

　　DSC 仍为应答工作方式，其应用和发展对船舶之间的相互识别起到了很好的作用。在实际应用中，由于 DSC 要求人工操作、自动化程度低、使用有局限性等原因，其被一种技术更先进、自动化程度更高、采用海事频段并基于 STDMA(self-organized time division multiple access)现代数据通信技术的广播式自动报告系统取而代之，即国际通用的船舶 AIS。

　　IMO 第 73 届海安会于 2000 年 12 月 5 日通过了《1974 年国际海上人命安全公约》(SOLAS74 公约)修正案，修正案已于 2002 年 7 月 1 日生效。根据修正的 SOLAS(convention on the safety of life at sea)公约第五章规定，所有 300 及 300 总吨以上并从事国际航行的船舶和 500 及 500 总吨以上非国际航行的船舶以及不限尺度的客船，将按照规定动作的时间表强制配备 AIS 船载设备。至于此前已经投入运营的船舶也要根据其性质和吨位，分别在相应的期限前完成设备更新。只有那些将在实施新的导航安全保障技术后两年内退役的船舶经有关当局审批后可以免除安装此项设备。

　　AIS 分为 A 类和 B 类。A 类 AIS 是按照 IMO 相关安装规定，安装于国际航线航行的 300 总吨及以上船舶和 500 总吨及以上的非国际航线商用船只上。

　　B 类 AIS 主要安装在 IMO 未强制要求的船舶上，用于提高中小型船舶航行的安全性。在不过分增加中小型船舶成本和不过度影响原有 AIS 网络的前提下，从实际需求出发，使其具有 A 类设备的基本功能。B 类 AIS 提供的功能不必完全符合 IMO 的船载自动识别系统装载要求；船只报告与航行相关的信息内容和 A 类 AIS 报告信息内容一致。对于安全信息，B 类系统只要求具备接收的功能，可以不满足发射的功能。

　　鉴于 A 类 AIS 在航海上发挥的巨大作用，我国已全面推广在中小型船舶上安装 B 类 AIS。我国交通部海事局于 2010 年印发了《国内航行船舶船载 B 级自动识别系统(AIS)设备(SOTDMA)技术要求(暂行)》，农业部也于次年正式发布了《渔业船舶自动识别系统 B 类船载设备技术要求》，为 B 类 AIS 的推广提供了技术标准，交通部海事局还出台了《国内航行船舶船载电子海图系统和自动识别系统设备管理规定》，制定国内航行船舶配备相应 AIS 设备的时间表。

1. 功能

AIS 通过使所有的船舶都安装 AIS 应答器，保证船舶在航行过程中，能在无须船员干预的条件下，自动且不间断地向岸台及其他船载 AIS 设备发送其航行数据以及状态信息。同时也能自动接收和处理由岸台及其他船载 AIS 设备发送的包括水文、气象在内的相关信息和状态报告，在两船会遇时发出避碰警告。

AIS 设备可工作在自主或者连续两个模式下，其工作模式也可以经由岸台规定并进行控制。

安装有 AIS 应答器的船舶可航行在世界任何海域。为了使不同厂家生产的应答器能协同工作，AIS 必须符合国际标准。AIS 的正确使用有助于加强海上生命安全、提高航行的安全性和效率，以及对海洋环境的保护。AIS 的功能可以总结为：识别船只；协助追踪目标；简化信息交流；提供其他辅助信息以避免碰撞发生。

同时 AIS 还可以通过编辑短信实现与他船舶间的点对点联系，大大加强了船与船之间的沟通能力，是增强船舶间避免碰撞的一种强有力举措；同时 AIS 还能够增强 ARPA 雷达的功能，提升船舶交通管理系统的服务范围、船舶相关报告的基本功能，在电子海图上显示所有船舶可视化的航向、航线、船名等信息，完善了海事通信的功能，使航海标识与避碰进入了数字时代。

2. 主要技术

从 VTS 和 ARPA 雷达过渡到由 AIS 直接标识目标需要解决的主要技术问题有高精度的定位手段、船舶全球唯一的 MMSI、自控时分多址连接(self-organized time division multiple access, SOTDMA)技术及电子海图等。

(1) AIS 基本定位数据由卫星系统提供；高精度的定位手段及全球卫星定位系统(民用 GPS)的定位已经可以保证优于 10m 的精度(实测可达 3m 精度)，符合 AIS 的定位要求。

(2) AIS 系统采用船舶全球的唯一编码体制，即 MMSI 作为识别手段。每一艘船舶从开始建造到船舶使用结束解体，都会被给予一个全球唯一的 MMSI。

(3) AIS 利用传统海上移动的甚高频作为通信频率，目前使用的无线传输宽带为 25kHz 和 12.5kHz，数据传输比特率为 9600bit/s；AIS 采用开放系统互联(open systems interconnection, OSI)工作模式，采用 SOTDMA 等现代通信技术在无须人工干预的情况下，由 VHF 发射机广播自动报告。

(4) AIS 显示终端采用 ECDIS。ECDIS 是现代航海的一项新技术，它在保障航行安全和提高航行工作效率方面发挥着显著的作用(在本书第 9 章详述)。ECDIS 不仅是在计算机上显示电子海图，同时还为驾驶员集成了各种相关航行信息的实时航行监控与显示系统。ECDIS 能自动、实时地计算本船与陆地、海图上的物标、目的地或潜在的危险物的相对位置，可以说将航海安全技术提升到了一个全新的高度。

3. AIS 通信模型

AIS 通信模型分为四层，如图 3-1 所示，从下至上依次为物理层、数据链路层、网络层和传输层，本节主要阐述物理层与数据链路层。

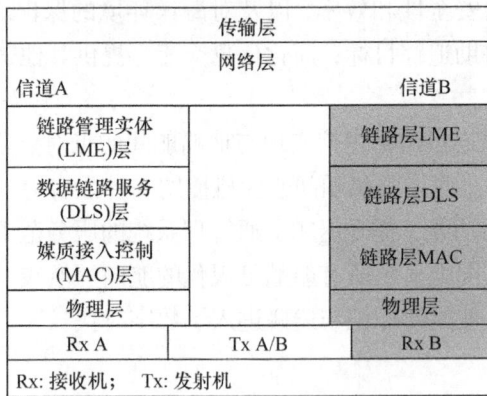

图 3-1   AIS 通信模型

1) 物理层

物理层的主要功能为发送比特流、同步、定时、功率控制、数据调制解调、数据编码和发射机管理。AIS 物理层传输介质为双信道运行的 AIS1 和 AIS2(即 2 个 TDMA 接收机分别在 2 个独立的频道上同时接收信息；使用 1 个 TDMA 发射机，在 2 个独立的频道上交替进行 TDMA 发射)。

AIS 工作频率 AIS1/161.975MHz，AIS2/162.025MHz，获得无线传输的带宽为 25kHz 或 12.5kHz，数据编码为 NRZI(反向不归零编码)，数据传输速率为 9600baud。公海采用 25kHz 的带宽，而在领海应根据当地权力机关的要求采用 25kHz 或 12.5kHz 带宽。

AIS 调制方式采用 GMSK/FM。

(1) 在频移键控(frequency shift keying, FSK)中，每一个码元的频率不变或跳变一个固定值，而两个相邻的频率跳变码元信号，其相位通常是不连续的。

(2) MSK(minimum shift keying)是 FSK 的一种改进。MSK 是 FSK 信号的相

位始终保持连续变化的一种特殊方式。MSK 由于频移小而且相位连续，频带利用率优于一般的 FSK 方式。

(3) GMSK 是将数字基带信号先经过一个高斯滤波器整形后进行调频，从而使功率谱高频分量滚降(roll-off)更快，降低带外辐射。

2) 数据链路层

如图 3-2 所示，AIS 采用帧的概念，一帧为 1min，分为 2250 个时隙(两个频道共 4500 个)，每个时隙为 26.67ms。

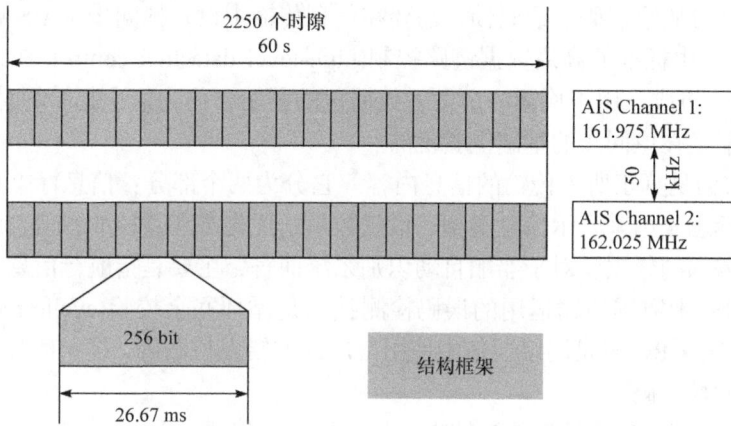

图 3-2　AIS 帧

数据链路访问协议如下。

(1) A 类 AIS 采用 SOTDMA 协议，将每分钟划分为 2250 个时隙，在各自时隙内发布信息。在 SOTDMA 工作方式下，首先侦听通信状况，发射的电台在发射的电文中包含未来时隙的选择，借助于辖区内发射电台占有时隙及未来预约时隙的了解，AIS 就能确定自己的发射时隙和未来预约时隙。

(2) B 类 AIS 有两种协议，分别是 SOTDMA 和载波侦听时分多址(carrier sense time division multiple access, CSTDMA)。

B 类 SOTDMA 型 AIS 和 A 类 AIS 通信协议相同，与 A 类 AIS 在同一网络下发布、接收信息，不会与原 AIS 发生时隙冲突，但会加大原 AIS 的网络负担。

CSTDMA 系统也是通过侦听现存的通信情况来决定一个空闲时隙的，如果侦听到某一时隙没有被使用，它就用这个时隙发射——在标称时隙开始时间 2ms 后发射，这 2ms 是用来侦听 CLASS A 发射的存在。CLASS B 不预约未来的时隙且每次发射只占一个时隙，因此，它们对 VHF 数据链负载的影响非常小。

AIS 信息数据包格式如表 3-1 所示。

表 3-1　AIS 信息数据包格式　　　　　　　　　　　　　（单位：bit）

上升沿	对准序列	开始标志	数据	帧校验序列	结束标志	缓冲
8	24	8	168	16	8	24

(1) 对准序列称为位同步码(或比特同步码)，其作用是把收发两端时钟对准，使码位对齐，以给出每个码元的判决时刻。对准序列是由 0、1 交替的数码组成的一段信号，用 NRZI 编码，并以 0 作为对准序列的结束码。

(2) 开始标志称为字同步，又称帧同步码，它表示信息的开始位。为了能在接收端正确区分码字、码句或码帧，需要在信息传输中设置帧同步。AIS 帧同步码为 8bit 长，由标准的高级数据链路控制(high-level data link control, HDLC)标志"01111110"组成，用于检测一个发射数据包的开始，作为信息起始的时间标准。帧同步一般是在位同步的基础上实现的。

(3) 数据是真正所需传输的信息内容。它分为两个部分：信息标志和信息内容。信息标志是用来表示信息类型、信息数量、优先级和路径的；信息内容是通信双方所需求的数据，对于船舶自动识别系统而言，主要是指航行信息。

(4) AIS 中数据传输运用的误码检测技术是循环冗余校验(cyclic redundancy check, CRC)。CRC 码是网络通信中使用最广泛的错误检测码，是一种漏检率低也便于实现的检错码。

(5) 结束标志表示信息传输结束，与开始标志相同，也是由标准的 HDLC 标志组成的。

(6) 缓冲区共 24bit 长，它包括 4bit 的比特填充，12bit 距离延迟，2bit 转发器延迟以及 6bit 同步抖动。其中，比特填充指在输出比特流中有超过 5 个连续的 1，则要插入 1 个 0。距离延迟为不同距离的电台发送的子帧提供保护时间。转发器延迟为双工转发器提供转换时间。

3.2.1　AIS 组成及工作过程

AIS 通信主体主要有基站、船台(包括 Class A 及采用 SOTDMA 通信模式与 CSTDMA 通信模式的 Class B)、AIS 航标、AIS 搜救相关、AIS 转发台站。

如图 3-3 所示，AIS 的主要组成构件为 GPS 接收机、通信处理器(计算机)、两个多信道 VHF 接收机和一个 VHF 发射机(VHF 接收机接收指定的频率数据，VHF 发射机在指定的两个频段上轮换发射数据信号，A 类 AIS 还包括一台专用 DSC 接收机)。

系统工作过程：由 GPS 接收机提供精确的位置和导航信息，处理器把这些信息与船速、船号、航向和对地速度等信息捆在一起，通过数字数据链 VHF 播发出去。所有在 VHF 范围内配备有 AIS 应答器的船舶都能收到这些信息，且把信息数据在 ECDIS 上显示出来。

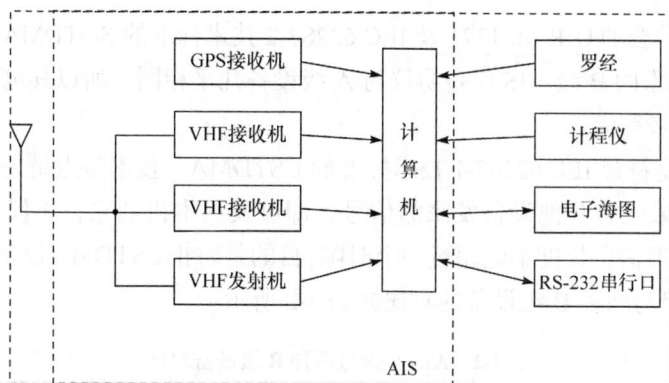

图 3-3 AIS 应答器结构图

AIS 能以"双工"模式进行船-船和船-岸信息交换。操作方式有以下三种。

(1) 在所有区域使用自动的和连续的方式。

(2) 在交通管制区域使用指定方式。

(3) 在船与岸之间的数据传送过程中出现疑问时,采用质询方式。

系统采用 TDMA 技术进行数据信息传送,每一个船位信息在数据链上只占用一个或几个时隙。为了避免系统内部干扰,系统的参考时钟为协调世界时(coordinated universal time, UTC)主要来源于 GPS 的授时时间。

AIS 能够与其他传感器连接,并能自动输入数据,为防止非权威性输入和修改数据,AIS 还提供一种安全操作模式。总之,AIS 可在无人参与情况下,自动并连续地询问 VTS 中心和其他船舶,并提供本船信息。

在开阔海域,系统自动播发船位信息并自动与其他 VHF 覆盖范围内的船舶建立通信网络,从而提供一个能在船上显示的局域海上交通图像,增强海上避碰功能。当船舶驶向 VTS 水域时,系统的一路接收单元受岸台遥控,转到本地 VTS 中心规定的双工频道上,以船-岸模式工作;而另一路接收单元仍工作在海上专用频道,这样船舶既能与 VTS 中心进行信息交换又能同时保持与其他船舶间的信息交换。

3.2.2 AIS 类别

AIS 设备包括船载 AIS、基站 AIS、ATOM AIS(辅助导航,如无线航标、灯塔等)、机载 AIS、星载 AIS 五类。

船载 AIS 又可分三大类:A 级 AIS、B 级 AIS、AIS 接收器。B 级 AIS 可以安装在国际海事组织尚未强制规定配备 A 级 AIS 的船舶上,这样部分船舶就可以主动加入并维护海上航行的安全环境。B 级 AIS 有以下两种类型。

一种是符合 ITU-R M. 1371 及 IEC 62287-2 技术标准的 SOTDMA，由于采用 SOTDMA 技术的 B 级 AIS 设备协议与 A 级设备几乎相同，所以其也可以当成一种 A 级设备来看待。

另一种是符合 IEC 62287-1 技术标准的 CSTDMA，技术特点是先听后发，在某一时刻如果没有其他设备发来的信号，即可发射本机消息，协议非常简单。CSTDMA 发射消息长度不能超过一个时隙，目的是防止 CSTDMA 设备干扰 AIS。

AIS A 级与两种 B 级设备的对比如表 3-2 所示。

表 3-2　AIS A 级与两种 B 级设备对比

项目	A 级	B 级(SOTDMA)	B 级(CSTDMA)
协议	SOTDMA	SOTDMA	CSTDMA
位置报告	消息 1	消息 18	消息 18
静态报告	消息 5	消息 19	消息 24A、24B
报告速率	最高速率 2s	最高速率 5s	最高速率 30s
报文通信	寻址：最长 936bit 广播：最长 1008bit	寻址：最长 936bit 广播：最长 1008bit	寻址：最长 96bit 广播：最长 128bit
发射功率	最大 12.5W	2W	2W

3.2.3　AIS 报文解析与编程

1. AIS 数据相关标准

目前，正式公布的 AIS 国际标准包括以下几种。

(1) 国际航标协会发布的对于 AIS 技术的指南、有关 AIS 操作的指南。

(2) 国际电信联盟发布的基于 VHF 的通用船载识别系统的技术特性。

(3) IMO 发布的有关船载自识别系统性能标准。

(4) 国际电工委员会(International Electrotechnical Commission, IEC)发布的关于 A 类船载自识别系统的性能要求。

AIS 船站间、船站与基站间进行通信时，传输的信息都经由 AIS 封装成一条条标准格式的报文，报文按照规定以预定间隔发射。在 AIS 技术标准 ITU-R M. 1371-1 中主要规定有 22 种数据信息，这些信息里有普通类型的信息，还包含对其他 AIS 所支持的数据链路信息。表 3-3 汇集所有 AIS 标准电文信息。其中最常用的主要是 1、3、5、18、19 几种，B 类船载 AIS 设备只能发送电文 18 和 19。

表 3-3 AIS 电文汇总表(B: 基站; M: 移动站)

ID	名称	描述	优先级	M/B
1	位置报告	预设好的位置报告(A 类船载移动设备)	1	M
2	位置报告	分配的位置报告(A 类船载移动设备)	1	M
3	位置报告	对询问做出的特殊位置报告(A 类船载移动设备)	1	M
4	基站报告	UTC 时间日期、基站的时隙编号、基站的位置	1	B
5	航行相关数据和静态数据	静态的数据、预设好的数据、A 类 AIS 设备船只数据报告	4	M
6	二进制寻址信息	广播寻址通信的二进制数据	4	M/B
7	二进制确认信息	收到确认的二进制寻址数据	1	M/B
8	二进制广播信息	广播的二进制通信数据	4	M/B
9	标准的搜救飞行器的位置报告	只对标准的搜救工作有关的机载台的操作使用位置报告	1	M
10	UTC/日期询问	询问 UTC 和日期	3	M/B
11	UTC/日期应答	当前 UTC 和日期是否可用	2	M/B
12	安全相关寻址信息	收到的安全的寻址相关信息回复	2	M/B
13	安全相关信息确认	收到的确认的相关安全信息回复	1	M/B
14	安全相关广播信息	广播的安全相关通信信息	2	M/B
15	询问信息	征询 1 个特殊信息类型(从几个站台导致多重响应)	3	M/B
16	指定工作模式命令	主管当局通过基站分配的特殊报告	1	B
17	差分全球导航卫星系统(differential global navigation satellite system, DGNSS)广播二进制信息	基站提供的 DGNSS 修正	2	B
18	标准 B 类船舶位置报告	B 类船载移动设备的扩展位置信息,代替 1、2、3	1	M
19	扩展 B 级船舶位置报告	附加在 B 类船载设备扩展信息的静态信息	1	M
20	关于数据链路管理的相关信息	为基站所保留的信息	1	B
21	助航相关情况的报告	助航的情况和位置信息报告	1	M
22	信道的管理信息	指定基站工作区的地理坐标,由岸基台进行信道和收发信机工作模式的管理		B

标准 A 类设备中的静态报告功能,一般由 A 类设备使用消息 5 周期性地进行发送。标准 B 类设备中静态报告功能,一般由 SOTDMA 方式的 B 类设备使用

消息 19 进行发送。

消息 19 增加了可以被 A 类设备所识别的信息，如船舶类型、船舶大小等，但是因为消息 19 需要占用两个时隙，所以采用 DSC 方式的 B 类设备不能兼容该消息。

2. AIS 报文信息类型解读

按照信息内容不同，AIS 常用报文内容分为四大类：动态信息、与航次相关的信息、静态信息、安全短信息等。AIS 首次安装时，需要手动输入部分静态信息，只有在船舶改变了名称，或者改变了船舶类型的情况下才进行更改。安装设备时应准确输入船舶 MMSI、IMO 的编号、船舶作业类型、船舶名称和呼号、船舶长度与宽度、船上安装 GPS 天线的位置(船舷后和中心线的左/右舷)等船舶静态数据。

随着船舶动态变化，驾驶员需及时人工修改船舶航行的目的港、转向点等数据。AIS 设备通过接入 GPS 与电罗经(船舶向信号等一系列传感器)，就能够自动生成航行动态数据，如船舶位置信息、时间、航向、相对距离、航速、日期等。如表 3-4 和表 3-5 所示，根据信息内容的不同，它们的更新速率也不同。

表 3-4　A 级 AIS 自主模式的信息更新速率

船舶状态	报告时间的间隔/(min/次)
航行速度小于等于 2kn	3
辅助导航	3
航行速度为 2～14kn	30
航行速度为 14～23kn	15
航行速度>23kn	5

表 3-5　B 级 AIS 自主模式的信息更新速率

船舶状态	报告时间的间隔
船舶正停泊或下锚，移动速度 ≤3kn	3min/次
船舶正停泊或下锚，移动速度>3kn	1s/次
船速为 0～14kn	12s/次
船速为 0～14kn，正在改变航向	4s/次
船速为 14～23kn	6s/次
船速为 14～23kn，正在改变航向	2s/次
船速>23kn	2s/次
船速>23kn 正在改变航向	2s/次
与航行相关的信息，静态信息	6s/次或按要求
安全相关信息	按要求

如果船只的航速和航向发生变化，AIS 动态信息更新速率也会根据规则同时

发生变化，与 AIS 连接的传感器自动进行部分动态信息的更新。

ITU-R M.1371-1 标准做出了报文参数的说明，对每条电文的标准格式做出了规定，只有严格按照这些规定编写的 AIS 标准报文才可以使用。

按照 ITU-R M.1371 规范所设计的严格标准，A 类设备和采用 SOTDMA 方式的 B 类设备的寻址报文有 936bit 的长度限制，广播报文有 1008bit 的长度限制。其长度完全可以满足文字通信的要求。

按照 IEC 62287-1 规范所设计的严格标准，采用 DCS 方式的设备寻址报文有96bit 的长度限制，广播报文有 128bit 的长度限制，无法进行自动回复操作。只允许传送与安全相关的文字消息，有一个时隙的长度限制。

安全相关短消息在有需要时发送，而且不受时间约束，与安全有关的短消息可以针对特定的对象进行点对点发送，如发现冰山、海底火山、漩涡等，此类消息越简短，发送的成功率越高。此功能是一种航行安全辅助手段，其中重要的气象警告、航行警告只能由 A 类船载移动设备接收。

AIS 各种动态、静态船舶信息见表 3-6、表 3-7。

表 3-6 AIS 船舶动态信息报文表

动态信息	航向、航速等动态数据变化进行更新
船舶位置	由传感器自动进行更新
位置精度	1=High(小于 10m，如差分工作模式下的 GNSS)；0=Low(大于 10m，如自主工作模式下的 GNSS)；缺省=0
经度	经度单位 1/10000′(±180°，East=正值，West=负值)：181°=不可用=缺省
纬度	纬度单位 1/10000′(90°，North=正值，South=负值)：91°=不可用=缺省
UTC 时间戳	由与 AIS 连接的主要位置传感器(如 GPS)自动更新，UTC 报告为 0～59 秒或报告为 60=时间标记不可用=缺省值，或报告为 61=定位系统为手动输入模式或报告为 62=定位系统工作在估计模式(航位推测)，或 63=定位系统不起作用
对地航速(speed over ground, SOG)	如果配备有可连接到 AIS 设备的计算对地航速的位置传感器，此信息才可用。步级 1/10kn(0～102.2kn)1023=不可用，1022=102.2kn 或更高
对地航向(course over ground, COG)	如果配备有可连接到 AIS 设备的计算对地航向的位置传感器，此信息才可用。对地航向单位 1/10°(0～3599)：3600=不可用=缺省；3601～4095 不用
航行状态	必要时需要人工输入。0=发动机启动中，1=锚泊，2=没有指挥，3=有限的机动性，4=受它的吃水深度限制，5=停泊，6=搁浅，7=捕鱼中，8=在航路航行中，9=预留，用于将来对于船载 DG(dangerous goods)、HS(harmful substances)或 MP(marine pollutants)，或者 IMO 的 C 类危险品或污染物高速船(high speed craft, HSC)时导航状态的修正，10=预留，用于将来对于船载 DG、HS 或 MP，或者运载 IMO 的 A 级危险品或污染物的船舶，WIG(wing-in-ground-effect)船时导航状态的修正，11～14=预留将来用，15=不定义=缺省

续表

动态信息	航向、航速等动态数据变化进行更新
船首向	由与 AIS 连接的船首方向传感器自动更新
转向率	如果配备有可连接到 AIS 设备的计算转向率的电罗经，此信息才可用
与航次相关的信息	每 6min 或根据要求进行更新
船舶吃水	在航行最初由人工输入本次航行的最大吃水量，并在需要时修正，如在进港前排出压舱水后修改
危险货物类型	按管理机构的规定，要在航行最初确认有无装载危险货物时人工输入，三种类型分别是有害物质、海洋污染、危险货物
预计到达时间、目的地	在航次最初时由船长决定，人工输入并在必要时修改
计划航线(转向点)	在航次最初时由船长决定，人工输入并在必要时修改，供管理机构问询时使用
船上人数	由船长决定的扩展电文，供管理机构问询时使用，在必要时进行修改
安全相关短信息	必要时更新
	自由格式的短电文由人工输入，或标注有具体的地址或向所有船舶和岸站广播

表 3-7　AIS 船舶静态信息报文表

静态信息	每 6min 或修改数据后或根据要求更新
MMSI(唯一用户识别码)	海上移动服务标识，在船舶所有权改变时更新，在首次安装时进行设定
呼号与船名	在船舶所有权改变时更新，7×6 位 ASCII 字符，@@@@@@@=不可用=默认，在首次安装时进行设定
长度和宽度	在安装时或改变时设定
IMO 号	在安装时设定
船高	在安装时设定，按要求或船长决定发送
船舶类型	参见 ITU-R M.1371-1 标准
天线的位置	在安装时设定，双向船舶需要修正

3. AIS 报文解析

广播的 AIS 信息可分为 VDM(VHF data-link message)和 VDO(VHF data-link own)两类，VDM 是本船接收到其他船舶的信息，VDO 是船舶自身的广播信息。

VDM 消息和 VDO 消息的格式完全相同。

AIS 数据格式采用 NMEA(National Marine Electronics Association)语句。NMEA 语句符合 IEC 61162-1 和 ITU-R M.1371-1 协议，用 6bit 的 ASCII 码对 AIS 报文进行封装。AIS 的报文主要有船位报告、基地台报告、信道管理等 13 种，报告的长度比特数(二进制的数字)为 168～1192bit 不等，具体如下所示。

(1) 船位报告，168bit。

(2) 基地台报告，168bit。

(3) 船舶静态数据及与航程有关的数据，415bit。

(4) 编址的二进制及与安全有关的信息，936bit(最多 117 字节)。

(5) 二进制及与安全有关的信息的确认，168bit。

(6) 广播二进制信息，1192bit(最多 149 字节)。

(7) DGNSS 广播二进制信息，832bit。

(8) 差分纠错数据部分的组织，1192bit(最多 149 字节)。

(9) 询问，168bit。

(10) DGNSS 广播二进制信息，832bit。

(11) 差分纠错数据段组织结构，784bit(最多 98 字节)。

(12) 数据链管理信息，168bit。

(13) 信道管理，168bit。

以上报文中，船位的实时报告、岸基台的报告、船舶静态数据及与航程有关的数据，在电子海图和船舶信息查询系统中最为常用。

当上位机与 AIS 接收模块连接时，一般上位机利用 RS-232 接口与 AIS 相连。上位机首先利用 CRC 对接收的 AIS 数据进行校验。对信息中唯一的叹号"!"和星号"*"间的所有字符进行异或运算，将运算结果转换为十六进制；最后，与校验和字段的值作比较。若两者不相等，就说明该条数据有错误，应舍弃；如果两者相等则说明数据无误。

下面是一个报文的实例。

[2013:11:16:17:08:25][接收]

!AIVDM,1,1,,B,16:GHFP0018gT3HA7ooe490p<:E, 0*6D

!AIVDM,1,1,,A,369E9600jI8f～ulA7?wVClvn00Uh, 0*49

!AIVDM, 1, 1, ,A, 169a0KOP018fOFLA;¯dLdwvorOSi, 0*38

[2013:11:16:17:08:25][接收]

!AIVDM, 1, 1,, B, 169ChK8P1e8g2u8A8Dmv1;:1016U, 0*22

[2013:11:16:17:08:25][接收]

!AIVDM, 1, 1,, A, 369DCnQ0?w8g6ehA@DBf49rn0000, 0*4E

[2013:11:16:17:08:25] [接收]

!AIVDM, 1, 1, , A, 16:BJ<OP00¯gPEhA?K:1VgvqpL5n, 0*07

$GPGBS,090828. 00,9. 4, 6. 2,12. 5,,,, *75

!AIVDM, 1,1,,A,36:Ka38P@28fv9B:G23Ch4p20w@, 0*2E

AIS 的信息报文分为明码和暗码，明码全部以字符 "$" 开头。暗码是由 AIS 参照 ITU 标准封装好的数据包，以符号 "!" 作为首部。

明码报文信息可以直接阅读，例如，如果船只没有配备转向率传感器，那么报文中至少会有一条如下的报警信息：

$AIALR, 000011.27, 035, A, V, AIS:novalidROTinformation*42

明码与暗码的区别在于使用了过多的字符，信息虽然直观，但更新速率一旦加快，就会占用大量的系统资源。IEC 标准对明码的字符数做出了严格限制，一条明码最多有 82 个字符的长度限制，包括终止符在内。

下面仅以两条语句为例进行说明，其他语句格式均可依据 IEC 61162 和 IEC 9199322 标准读出。AIS 报文示意表如表 3-8 所示。

表 3-8　标准的 AIS 报文示意表

AIS 标准报文				
A	B C D E	F		G
!AIVDM	2 1 9 B	56:BP:P00000@d4P001TtpN0L4pN1ADv3?00000P1PG46400000		0*4
,	, , , ,	000000000,		9
!AIVDM	2 2 9 B	00000000001,		2*2
	, , , ,			F

根据 IEC 61162-1 协议，每个语句的最长长度为 82 个 ASCII 字符，报文的每个部分都以逗号隔开。若有较大的数据传输量，或是未知的上下文数据，都以叹号作为新增语句的开头。

如果 "AIVDM" 是句首，表示 AIS 接收到他船数据消息。如果是 "AIVOM"，则表示接收本船信息。

B 表示传输本次消息需要两条共同来传达。

C 表示本次信息的顺序为第几条。

D 是识别序列号，多语句报文需要按顺序编号，从 0 开始，再十位循环到 0，使得不同时隙中，或空闲的时隙中，其他电文的语句和包含该电文的语句在一起相互穿插。该字段为空则表示该报文仅有一条语句。

E 表示接收的频道(A 或 B)，该指示是 AIS 设备在接收该数据包时的运行状态，本字段为空表示当前频道不可用。ACA 语句能够查询 VHF 频道号。

F 是报文的核心部分，本例是多语句传送的电文，单语句传送的电文最多为
63 个有效字符，F 字段支持的有效字符最大值为 62，要截取完整的封装信息，需
要将此两条 AIS 信息的 F 部分相加，得到下面的数据才是有效信息。

56:BP: P00000@d4P001TtpN0L4pN1ADv3?00000P1PG4640000000000000000000
000000001

也就是说，多条语句的二进制信息在进行解码转换之前，要把每条语句中的
封装消息都提取出来，合并成一个完整的封装报文数据。

G 为校验码，两条句子填充的字符个数分别是 0、2，该字段用于表示为了补
全最后 6bit 字符所填充的比特数量，按照规定，此字段是语句的最后部分，而且
要紧挨着封装的数据，通过校验码与封装的二进制消息可以验证数据是否出错。

根据 ITU-R M.1371-1 协议规定，暗码报文相比于明码，能包含更多的数据信
息，封装消息格式具有压缩效果。同时，暗码字段中对分隔符的使用大幅度减少，
充分利用有限的时隙带宽，有关船舶及岸基台的数据信息都在其中。

IEC 61162-1 协议给出了 6 bit ASCII 码表，直接可以得到这些字符的值，因
为对应的消息格式不同，对应的 ID 消息在格式上也有不同，通过转化使得信息变
化成所需的信息格式。

4. AIS 报文解析程序实现

1) 封装信息的截取与组合

AIS 在海上利用 VHF 传送信息，可以将收到的传感器信息存储到数组中，由
于每个语句的最长长度为 82 个 ASCII 字符，当一条报文超过规定长度时，就需
要将报文分开发送。以下面该条报文为例进行解析。

```
char message[]={"!AIVDM,1,1,1,A,1P000Oh1IT1svTP2r:43grw
b0Eq4,0*01<CR><LF>"};    //报文信息
char info[100];          //接收报文核心部分
char label=',';
int length=strlen(message);
int labelNum=0;          //记录','的个数
char B=0;                //记录传输本次消息共需要的消息数量
char C=0;                //记录本次信息在消息中为第几条
char D=0;                // 记录消息的识别序列号
char channel;            //频道
int length1=0, length2=28;

int i;
```

```
for(i=0;i<length;i++)
{
    int t=i+1;                                      //指向下一个字符序号
    if(message[i]==label)
        labelNum++;
    if(labelNum==1&&message[i]==label)
        B=message[t];                               //B 为语句数
    if(labelNum==1&&message[i]==label&&message[t]==label)
        B=0;
    if(labelNum==2&&message[i]==label)
        C=message[t];                               //C 为语句序列
    if(labelNum==2&&message[i]==label&&message[t]==label)
        C=0;
    if(labelNum==3&&message[i]==label)
        D=message[t];                               //D 为标识号
    if(labelNum==3&&message[i]==label&&message[t]==label)
        D=0;
    if(labelNum==4 && message[i]==label)
        channel=message[t];                         //channel 为频道
    if(labelNum==5)
    {
        if(message[t]==label)
            break;
        else if(C=='1')
                            //根据语句序号把消息存储到相应位置
            info[length1++]=message[t];
        else if(C=='2')
            info[length2++]=message[t];
    }
}
printf("语句数为: B=%c\n",B);
```

```
printf("语句序列为: C=%c\n",C);
printf("标识号为: D=%c\n",D);
printf("核心信息为: %s", info);
```
输出结果如图 3-4 所示。

```
语句数为: B=1
语句序列为: C=1
标识号为: D=1
核心信息为: 1P000Oh1IT1svTP2r:43grwb0Eq4
```

图 3-4 输出结果

解析代码如下:

```
int length=strlen(message);              //获取 message 的长度
```
2) 封装信息的转换

如前所述, 封装信息需要转换为 6bit ASCII 码形式来进行传输, 表 3-9 是 6bit ASCII 码表。

表 3-9 6bit ASCII 码表

ASCII 码表示 (HEX = binary)	有效字符	6 位二进制码表示	ASCII 码表示 (HEX = binary)	有效字符	6 位二进制码表示
30=00110000	0	000000	45=01000101	E	010101
31=00110001	1	000001	46=01000110	F	010110
32=00110010	2	000010	47=01000111	G	010111
33=00110011	3	000011	48=01001000	H	011000
34=00110100	4	000100	49=01001001	I	011001
35=00110101	5	000101	4A=01001010	J	011010
36=00110110	6	000110	4B=01001011	K	011011
37=00110111	7	000111	4C=01001100	L	011100
38=00111000	8	001000	4D=01001101	M	011101
39=00111001	9	001001	4E=01001110	N	011110
3A=00111010	:	001010	4F=01001111	O	011111
3B=00111011	;	001011	50=01010000	P	100000
3C=00111100	<	001100	51=01010001	Q	100001
3D=00111101	=	001101	52=01010010	R	100010
3E=00111110	>	001110	53=01010011	S	100011
3F=00111111	?	001111	54=01010100	T	100100
40=01000000	@	010000	55=01010101	U	100101
41=01000001	A	010001	56=01010110	V	100110
42=01000010	B	010010	57=01010111	W	100111
43=01000011	C	010011	60=01100000	'	101000
44=01000100	D	010100	61=01100001	a	101001

续表

ASCII 码表示 (HEX = binary)	有效字符	6 位二进制码 表示	ASCII 码表示 (HEX = binary)	有效字符	6 位二进制码 表示
62=01100010	b	101010	6D=01101101	m	110101
63=01100011	c	101011	6E=01101110	n	110110
64=01100100	d	101100	6F=01101111	o	110111
65=01100101	e	101101	70=01110000	p	111000
66=01100110	f	101110	71=01110001	q	111001
67=01100111	g	101111	72=01110010	r	111010
68=01101000	h	110000	73=01110011	s	111011
69=01101001	i	110001	74=01110100	t	111100
6A=01101010	j	110010	75=01110101	u	111101
6B=01101011	k	110011	76=01110110	v	111110
6C=01101100	l	110100	77=01110111	w	111111

转换的代码实现如下:

```
int ascii2bit(int c,int s1[6])
{
    int d,m;
    int temp1;
    m=0;                    //二进制数六位数
    c=c+40;
    if(c>128)
        d=c+32;         // printf("%d\n",d);
    else
        d=c+40;         // printf("%d\n",d);
    while(m<=5)
    {
        temp1=d%2;
        d=d/2;
        s1[m]=temp1;
        m++;
    }
    return 0;
}
```

3) 数据的解析处理

根据字符 6bit ASCII 码的对照表, 把数据封装电文转化为二进制串再按 ITU-

R M.1371-1 规则进行解码。

1~6 位是信息的识别码。

7~8 位是重复指示：00=0 表示信息没有重复。

9~38 位是 MMSI。

39~42 位是航行状态：0000=0 表示在航。

43~50 位是转向率。

51~60 位是对地航速，0000000000=0kn。

61 位是位置精度，0 表示低精度，精度大于 10m；1 代表高精度。

62~89 位是经度，以 1/10000 弧分来表示。

90~116 位是纬度，以 1/10000 弧分来表示。

117~128 位是对地航向，以 1/10°来表示。

129~137 位是真航向。

138~143 位是报告发出时的 UTC。

144~147 位是地区保留，0 代表无区域申请。

148 位是空格。

149 位是 RAIM(receiver autonomous integrity monitoring)标志,0 表示未使用。

150~168 位是通信状态，其中，150~151 位 00=0 表示直接获取 UTC 源；152~154 位 000=0 表明这是该时隙的最后一个发射；155~166 位表示 UTC 的小时和分钟，转换成北京时间需要加 8；167~168 位 00 不使用。

以航行状态为例，截取表示航行状态的数据位，进行比对后得出船舶航行状态。

```
int dt=string2int(4,d1);
switch(dt)
{
    case 0:printf("用主机航行\n");break;
    case 1:printf("锚泊\n");break;
    case 3:printf("操纵性受限\n");break;
    case 4:printf("吃水限制\n");break;
    case 5:printf("系泊\n");break;
    case 6:printf("搁浅\n");break;
    case 7:printf("从事捕捞\n");break;
    default:printf("未知\n");break;
}
```

其中，string2int 函数的功能实现如下：

```
int string2int(int L2,int string2int[336])
```

```
{
    int e=1;
    int total=0;
    for(int l2=0;l2<L2;l2++)
    {
        total=total+string2int[L2-1-l2]*e;
        e=e*2;
    }
    return total;
}
```

综合上述实验，将 AIS 报文信息解析处理后的信息如图 3-5 所示。

```
电文1
转发两次
MMSI号码为：127
用主机航行
ROT=1.116007°/min
实际航速为：61.200000kn
低精度(>10m)

经度为：东经27°5′
纬度为：北纬5°5′
实际航向：95.900000
真航向：351
UTC秒：53s
无区域应用
备用：0
RAIM未用
通信状态：
UTC直接同步
选用新时隙前维持5帧
UTC时间：1937年
1未使用
```

图 3-5　解析处理后的信息

3.3　AIS 的扩展应用

3.3.1　船舶远程识别与跟踪系统

1. 概述

船舶远程识别与跟踪系统(long range identification and tracking of ships, LRIT)

通过从船载 AIS 提取船舶识别码、船位和时间等数据，并利用全球海上遇险和搜救系统(GMDSS)的 INMARSAT-C 或高频设备(high frequency, HF)以固定的时间间隔发送 LRIT 数据，通过计算机对数据进行处理，实现船舶的远程识别与跟踪。LRIT 的发展与 AIS 紧密相关。

(1) "9•11"事件以后，美国政府为了防止来自海上的潜在恐怖袭击，向 IMO 提出了加速 AIS 的装船进程，此提案得到通过。到 2004 年 7 月 1 日，所有 300 总吨及以上的 SOLAS 公约适用船舶均配备了 AIS。

(2) 为了进一步增强对沿海航船的识别能力，美国在其海岸及沿海的美国国家海洋大气局(National Oceanic and Atmospheric Administration, NOAA)浮标上安置了 AIS 设备，基本上实现了对航行于其沿海船舶的识别与跟踪。

(3) 美国担心其会遭到源于商船上的大规模杀伤性武器袭击，认为对船舶的沿海跟踪与识别不能满足反恐需要。在此背景下，美国于 2002 年向 IMO 提交了"引进船舶远程识别与跟踪系统"的提案。此后，LRIT 问题在历次海洋管理委员会(Marine Stewardship Council, MSC)会议上都是热点问题。

(4) IMO 海上安全委员会(以下简称"海安会")第 79 次会议，MSC79 以无线电通信与搜救分委会(committee on radio communications and search and rescue, COMSAR)关于 LRIT 技术的提案为基础，在 LRIT 的应用领域方面达成了共识(见 MSC79/23)，即赞同将原本只应用于反恐的 LRIT 扩展到海上安全和海洋环境保护等领域，同时也敦促 SOLAS 公约的缔约方应当加快利用 LRIT 加强海上保安的进程。MSC80 次会议对 LRIT 议题进行了广泛讨论，但仍然没有通过任何关于 LRIT 的 SOLAS 公约修正案草案。

(5) 2006 年 5 月，LRIT 议题在 MSC81 次会议上取得了实质性的进展。在该次会议上，海安会在对英国、美国、巴西、挪威等国家的提案进行了认真审议的基础上，同意在英国的提案(MSC81/3/5)基础上，参考挪威(MSC80/3/7)、巴西(MSC84/3/8 和 Corr.1)的建议并考虑到美国提案中比较敏感的问题，起草关于 LRIT 的 SOLAS 公约修正草案(包括其他相关的修正案)以及 LRIT 的性能标准和功能要求。最终，"关于 LRIT 的 SOLAS 公约修正案"、"LRIT 性能标准和功能要求"以及"及时建立 LRIT 系统的安排"获得了通过。

新增的 LRIT 条款被写入 SOLAS 公约第 V 章"航行安全"第 19-1 条，在缔约国政府间确立了旨在保安和搜救的多边协议，满足了缔约国政府在海上保安及其他相关方面的需求，并作为符合以下条件的从事国际航行船舶的强制性要求：300 总吨及以上的客船(包括高速船)、货船(包括高速船)和移动式海上钻井平台。

2. 主要功能

LRIT 由船上 LRIT 信息传输设备、通信业务提供者(communication service provider, CSP)、应用业务提供者(application service provider, ASP)、LRIT 数据中心(data center, DC)、LRIT 数据分发方案(data distribution plan, DDP)国际 LRIT 数据交换中心(international data exchange, IDE)组成。LRIT 由代表所缔约国的 LRIT 协调人对其特定方面进行检查和审核。

LRIT 船舶发送的 LRIT 信息由通信业务提供者通过船旗国指定的应用业务提供者传输给船旗国国家 LRIT 数据中心，然后由国家 LRIT 数据中心提供给 LRIT 数据用户。相关规定如下。

(1) 无论船舶位于何处，船旗国都有权获取其船舶的 LRIT 信息。

(2) 如果船舶意欲进入另一国管辖的港口设施，那么无论船舶位于何处，只要不处于另一国的领海内，该缔约国可以通过其国家 LRIT 数据中心通过国际 LRIT 数据交换调取船舶的 LRIT 信息。

(3) 如果船舶距离另一国的领海基线不大于 1000n mile，并且不处于船旗国或其他国家的领海内，那么无论船舶是否意欲进入该国管辖港口设施，该国的国家 LRIT 数据中心都可以通过国际 LRIT 数据交换从船旗国国家 LRIT 数据中心获取该船舶的 LRIT 信息。

(4) 上述"国家"均指 SOLAS 公约的缔约国，上述"船旗国国家 LRIT 数据中心"也可能是船旗国指定的其他 LRIT 数据中心，如协作性区域 LRIT 数据中心或国际 LRIT 数据中心。

(5) 除了船旗国、港口国和沿岸国以外，搜救机构也可以获取船舶的 LRIT 信息。通过获取船舶的 LRIT 信息，船旗国可以掌握其船舶的即时信息；港口国和沿岸国通过获取 LRIT 信息识别恐怖威胁；搜救机构也可利用 LRIT 信息迅速找到可以为海上搜救提供援助的船舶。

(6) 船舶自动发送的 LRIT 信息仅限于船舶身份、船位(经度、纬度)和提供船位时的日期与时间。不应要求船舶发送其他额外的信息。

(7) SOLAS 缔约国政府须在任何时候都认识到并尊重所收到的 LRIT 信息的机密性和敏感性；要采取措施防止这些信息未经授权的介入或泄密；任何缔约国政府使用 LRIT 信息必须符合国际法的要求。

同时相关法规还明确了以下内容。

(1) 船旗国有权基于其保安和其他关切(不需要详细说明理由)拒绝向沿岸国提供本国船舶的 LRIT 信息。

(2) 船舶在其登记国领海内不需要向公约中的沿岸国提供信息。

(3) 船长在特殊的情况下可以关闭 LRIT 设备或不提供 LRIT 信息。

此外，修正案还特别说明关于 LRIT 任何规定都不应影响各方在其他国际法律框架下关于公海、专属经济区、毗连区、领海和国际航行海峡的权利、义务及管辖权；船旗国根据规定拒绝向沿岸国提供信息时，其船舶的权利和义务不应受到影响等。

MSC81 次会议通过了 MSC.211(81)号决议，对及时建立 LRIT 做出了安排。要求在 2008 年 7 月 1 日之前，国际 LRIT 数据中心、国际 LRIT 数据交换以及需要报送 LRIT 信息的船舶完成 LRIT 系统的测试，以便缔约国政府从 2008 年 7 月 1 日开始着手为 LRIT 分发方案输入数据；还决定由 MSC82 次会议对 LRIT 协调人的工作职责做出安排，由 MSC83 次会议审议关于建立国际 LRIT 数据中心和国际 LRIT 数据交换等建议案。

3. 其他

SOLAS V/19-1 规定，LRIT 于 2008 年 1 月 1 日生效，2008 年 12 月 31 日起实施。该规定适应于从事国际航行的客船、300 总吨及以上的货船和海上移动钻井装置。船东应确保船舶设备能够发送 LRIT 信息，包括船舶身份、船舶位置(经度、纬度)和提供位置的日期与时间。

按照 MSC.211(81)决议关于及时建立 LRIT 系统，很多船旗国要求 2008 年 12 月 31 日前满足 LRIT 需求，绝大多数适应船舶已经安装了 INMARSAT-C 设备。

2009 年 7 月 1 日，我国交通运输部创建的 LRIT 国家数据中心正式运行。这标志着我国 LRIT 建设已经按时履约，并开始向运行维护阶段过渡。

SOLAS V/19-1 规定要求 LRIT 船载设备必须要经过船旗国当局授权的测试应用服务商进行测试。LRIT 船载设备符合性测试必须是船舶主管当局授权的应用服务提供商或认可的测试应用服务提供商来进行，测试通过后测试应用服务提供商代表船舶主管当局给船舶颁发 LRIT 符合性测试报告。在中国，LRIT 船舶主管当局是中华人民共和国海事局，中国交通通信信息中心是中华人民共和国海事局认可的测试应用服务提供商，中国交通通信信息中心提供的 LRIT 船载设备符合性测试完全符合 LRIT 测试要求。

3.3.2 卫星 AIS

卫星 AIS 通过低轨道(高度 600～1000km)的卫星接收船舶发送的 AIS 报文信息，卫星将接收和解码 AIS 报文信息转发给相应的地球站，从而让陆地管理机构掌握船舶的相关动态信息，实现对远海海域航行船舶的监控。

卫星 AIS 属于非实时通信系统。系统对船舶位置的覆盖不是一直持续的。要实现系统全球范围覆盖并保证一定数量地球站的使用，有必要使用存储转发技术来传输 AIS 数据。即用户发送的报文在卫星上解调/解码，若信宿站就在当前卫星覆盖范围内，文件就被立即转发到信宿站，否则文件将由卫星固态存储器保存。等待卫星飞临信宿站上空时再被转发。在卫星覆盖区内，系统用户间可以实时地进行通信并下载数据。

除此之外，人们对卫星探测 AIS 的性能要求与陆地系统也不同。传统 AIS 主要是为了实时、可靠、成功地接收和解码收到的报文，而对使用卫星探测 AIS 来监控船舶，不需要有那么高的可靠性与实时性，对于距离海岸几百海里的船舶，每小时更新一次位置已经足够。对于更远海域的船舶。每 4h 更新一次船位已经足够。

卫星探测 AIS 技术在国际上一经提出就引起了广泛的关注，在 MSC85 次和 MSC86 次会议上，许多代表团对任何人均可以接收并使用 AIS 信息，特别是信息被用作商业用途表示关注；同时还非常关注 A 类船载 AIS 设备的改造要求，需要专门在现有 VHF 频段内分配无线电频段，即与 GMDSS 遇险 16 频道相邻的频道；以及将该问题纳入 IMO 的电子航海战略的研究等问题；另有一些国家认为 IMO 正在建设 LRIT 系统，对发展卫星探测 AIS 是否存在重复建设表示质疑。

美国则认为卫星探测 AIS 的理念和技术仍在初始萌芽阶段，但应作为加强海上安全和保安的另一手段。美国强调卫星探测 AIS 不能代替 LRIT，而是对 LRIT 的补充、辅助。

国内相关研究者则认为应充分注意卫星探测 AIS 可能给船舶安全和保安带来的负面影响，提议需要进一步论证开展卫星探测 AIS 的可行性和必要性，尤其是卫星获得 AIS 信息用于商业目的的潜在危害，以及对 LRIT 系统的不利影响等。

3.3.3　自动识别搜救发射器与海上搜救定位

1. 概述

随着海洋经济的不断发展，海上交通情况变得越来越复杂，碰撞、搁浅、沉没等海上船难事故屡有发生。为了减少海难事故带来的损失，海上搜救工作显得更加重要。

海上搜救服务是政府协调一切公共和私有资源，履行遇险监测、通信职责，确定遇险人员位置，并展开搜寻工作，将其转移到安全地点的行动，是国家应急救援体系的重要组成部分。我国海上搜救平时以民间救助为主，战时以军队建制为主。

海上落水人员搜救的主要工作是确定落水的具体位置，传统依靠搜索人员的肉眼观察和红外成像仪进行搜寻，效率较低。海域的天气、洋流等自然环境的影响，给搜救工作带来了很大困难。随着科学技术的发展，各种搜救设备的更新给海上搜救提供了许多帮助。

目前，海上搜救先通过救生电台、卫星定位装置、固定翼飞机扫海寻找等手段，确定落水人员的大致方位，然后派搜救直升机或救助艇前去，确定其具体位置并实施救援。在落水人员的海上定位装备方面，从自身携带的装备来看，主要有卫星定位装置、救生电台、光烟信号管、救生信号枪、太阳反光镜、闪光标位器等装备。本节主要讨论搜救中的识别技术，关于搜救其他相关内容详见本书第6章。

随着救生电台和卫星定位装置功能的不断发展与完善，装备的性能也在不断提升，外观也逐步实现小型化。海上作业人员，包括舰船、海上飞行的飞行员和乘员等都应逐步配带救生电台与卫星定位装置。在海上落水人员的搜索装备发展上，还应着重利用好非接触式生命探测技术，辅助对海上落水人员进行搜索定位，提高效率。

本节主要讨论搜救中的识别技术，并于搜救远程通信及 GMDSS 相关内容详见第6章。

2. 搜救应答器

搜救应答器是一种常见的搜救技术方案，早期搜救应答器的主要形式是搜救雷达应答器(search and rescue transponder, SART)，它是 GMDSS 的重要组成部分，在海上搜救工作中发挥着关键的作用。搜救雷达应答器是一种 SOLAS 公约规定的所有从事国际航行的船舶必须配备的搜救用雷达应答器。它工作在 X 波段、水平极化方式。接通电源后，收到附近(至少在 5n mile 以内)的船用雷达(X 波段)脉冲询问后，延时约 0.5μm 发射至少 12 个短脉冲雷达信号。雷达收到后在荧光屏上的图像为应答器位置(台架回波)后 12 个短划信号(全长约代表 8n mile)，可用来加速发现遇险人员。

雷达应答器应存放在能迅速放入任何救生艇(筏)的位置处。或者，应在每一救生艇(筏)上存放 1 台雷达应答器。在至少配有 2 台雷达应答器以及配备自由降落救生艇(筏)的船上，其中的一台雷达应答器应存放在一艘自由降落救生艇(筏)内，另一台存放在紧邻驾驶室处，以便能在船上使用，并能方便地转移至任一其他救生艇(筏)上。

搜救雷达应答器是用来近距离确定遇难船舶、救生艇(筏)及幸存者位置的。搜救雷达应答器是遇险现场使用的设备，能引导搜救飞机或搜救船舶尽快地搜寻到遇险者，并可让持有搜救雷达应答器的幸存者知道是否有救助飞机或救助船舶在靠近他们。

3. AIS-SART

AIS-SART(automatic identification system search and rescue transmitter)是基于 AIS 技术发展而来的, 通常安装在救生装置上, 当船舶遇险时会在 AIS 的专有信道上发送 AIS 消息进行遇险位置报告和安全信息广播, 便于救援人员对搜救目标进行迅速准确的定位。AIS-SART 作为现场搜救定位装置之一, 比传统的搜救雷达应答器定位速度更快、更准, 作用距离更远, 特别是在恶劣海况环境下能够更迅速、更准确地对遇险人员进行定位, 大幅度提高了遇险人员的生还概率。

IMO 于 2008 年 5 月 16 日通过 MSC.256(84)号决议, 对 SOLAS 公约第三章进行了修改。根据 IMO 于 2008 年 5 月 16 日通过的 MSC.256(84)号决议, 2010 年 1 月 1 日及以后建造的船舶或在此日期后更换设备的船舶, 允许船上配备搜救雷达应答器或 AIS-SART 作为示位设备, 即 AIS-SART 可取代搜救雷达应答器, 满足 GMDSS 的示位功能的 AIS-SART 被称为搜救 AIS 应答器;同时强制要求 2010 年 1 月 1 日及以后安装的 AIS-SART, 其性能标准应满足海安会于 2007 年 10 月 8 日通过 MSC.246(83)号决议的要求。这就意味着 AIS-SART 正式成为 GM DSS 的一部分。

AIS-SART 的设计主要分为三部分。

(1)GPS 模块主要负责接收来自 GPS 卫星发送的射频信号,并将获取的位置、时间、速度等信息通过标准串口输出到通信控制模块进行处理。

(2) 通信控制模块负责对接收到的 GPS 信息进行解析, 并按照 IEC 61162-2 标准中规定的 AIS 数据协议对要发送的消息进行编码和封装, 同时完成 AIS 消息的发送控制, 并对启动、指示等信息进行综合处理, 该模块是整个设计的核心部分。

(3) 无线发射模块主要负责对通信控制模块编码完成的 AIS 消息进行无线发送。

3.4　其他标识技术

在船联网应用领域, 船只的身份识别与标识无疑是重要的, 但船联网涉及面广、航运和港口管理涉及要素包罗万象, 除了船只身份识别外, 还有如船员上岗、救生设施、通信设备、消防设施等日常监管也都需要标识的支持, 因此传统物联网意义的标识技术在船联网中也显得非常重要。

3.4.1　条码

1. 一维条码

条码技术是在计算机的应用实践中产生和发展起来的一种自动识别技术。其输入速度快、准确度高、成本低、可靠性强，因而发展十分迅速。条码技术不仅扩大了计算机的应用范围，而且使计算机技术的应用无论在深度上还是广度上都有了新的发展。一维条码是一种定长、无含义的条码，主要用于物品标识。一维条码由一组规则排列的条、空和相应的字符组成。这种用条、空组成的数据编码可以供机器识读，而且很容易译成二进制数和十进制数。这些条和空可以有各种不同的组合方法，从而构成不同的图形符号，即各种符号体系，也称码制，适用于不同的场合。

目前使用频率最高的几种一维条码码制是 EAN(european article number)、UPC(universal product code)、三九码、交叉二五码和 EAN-128 码。其中，UPC 条码主要用于北美地区；EAN 条码是国际通用符号体系。EAN-128 条码是由国际物品编码协会和美国统一代码委员会联合开发、共同采用的一种特定的条码符号，它是一种连续型、非定长有含义的高密度代码，用以表示生产日期、批号、数量、规格、保质期、收货地等更多的物品信息。

另有一些码制主要是适用于某些特殊场合，如库德巴码用于血库、图书馆、包裹等的跟踪管理；交叉二五码主要用于包装、运输和国际航空系统，对机票进行顺序编号；还有类似三九码的九三码，它的密度较高，可代替三九码。

1976 年美国和加拿大在超级市场上成功地使用了 UPC 系统，这给人们以很大的鼓舞，尤其是欧洲人对此产生了很大的兴趣。次年，欧洲共同体在 UPC-12 码的基础上，开发出与 UPC 码兼容的欧洲物品编码系统(european article numbering system)，并签署了《欧洲物品编码协议备忘录》，正式成立了欧洲物品编码协会。由于 EAN 组织已发展成为一个国际性组织，所以又被称为国际物品编码协会(International Article Numbering Association, IAN)。但由于历史原因和习惯，该组织至今仍被称为 EAN。

EAN 码由 13 位数字代码构成，因为 EAN 是在考虑与 UPC 码兼容的基础上设计的，因此，EAN 系统的扫描设备可以识读 UPC 条码符号。除早期安装在食品商店的 UPC 扫描设备只能识读 12 位数字的 UPC 条码外，近年来 UPC 开发的扫描设备也均能识读 EAN 码。因此，双方是兼容的。

现在 UPC 码主要流通于北美(美国、加拿大)地区。而 EAN 的会员已超过 80 个国家和地区。随着 EAN 组织的不断壮大和 EAN 条码在世界各国的普及，EAN 条码系统作为国际通用的商品标识体系的地位已经确定。

2. 二维条码

由于条码应用领域的不断拓展，对一定面积上的条码信息密度和信息量提出了更高要求。为了更好地满足这种需求，二维条码应运而生。从结构上讲，二维条码分两类：一类由矩阵代码和点代码组成，其数据是以二维形态编码的；另一类是由多行条码符号组成，其数据以成串的数据行显示。重叠的符号标记法有 CODE 49、CODE 16K 和 PDF 417。PDF 是便携式数据文件(portable data file)的缩写，417 则与宽度代码有关，用来对字符编码。矩阵代码如 Maxicode、Data Matrix、Code One 和 Dot Code A，标签可以做得很小，甚至可以做成硅晶片标签，因此可以用于小物件。

随着智能手机的普及，二维条码尤其是 QR 二维条码成为目前一种流行的数据采集、信息获取手段。

3. 识读与制作

目前在条码识读与制作方面，有很多商业的或开源的条码库，它们不仅支持开发独立的条码识读与制作系统，同时还支持把条码无缝地嵌入到网页、Office 文档中，极大地方便了数据与信息的交换。

许多人不了解物品条码系统的真正内涵，误以为物品条码只不过是物品的标识代码而已。其实，推广条码的真正意义在于感兴趣目标信息的电子数据交换(electronic data interchange, EDI)，可实现无纸张贸易。

条码关键技术主要包括自动识读与印制技术两方面。

1) 自动识读技术

条码符号的识读是条码系统的重要部分，是能否发挥条码技术优越性的关键因素之一，是降低拒读、误读、识读失败或识读错误的主要手段。该技术的关键在于如何将识读设备的识读误差控制在一定的范围之内，从而保证正确识读。

2) 条码印制技术

通常把用于直接印制条码符号的物体称为符号载体。常见的符号载体有普通白纸、铜版纸、不干胶签纸、纸板、木制品、塑料制品和金属制品等。

在物品标识中，常见到将条码符号印制在物品的外包装上，或者将条码符号印刷在白纸、不干胶签纸等符号载体上。这种标签可以事先大批量地印制。有的还可以将条码符号直接印制在物品上，但要求这些物品外形规则，并在生产现场对物品逐个进行印制。

不同的应用对符号载体的要求也不同，归纳起来主要有以下几点。

(1) 符号载体要有一定的强度。即在一定的受力条件下，或接触扫描时不至于破碎和发生明显的变形。

(2) 符号载体要有稳定的物理性能。即在一定的温度和压力下，物理形态不发生变化。

(3) 符号载体要有一定的几何尺寸和形状。印制条码的表面应为光滑的表面，能适应光电扫描器的扫描。

(4) 符号载体要有一定的涂料附着力,并要求快速干燥。

(5) 符号载体要有一定的光学特性。当直接利用符号载体的表面作条码的空(或条)时,要保证与涂料印制的条(或空)形成一定的光学对比度。否则,必须进行表面涂层处理,如用白色涂料涂层等。

此外还有一些具有特殊性能的符号载体,如利用耐火材料制成的符号载体、具有时效性的符号载体,即在所规定的时间内载体的光学特性将发生变化。

3.4.2　射频识别

RFID 俗称电子标签。RFID 是一种非接触式的自动识别技术,它通过射频信号自动识别目标对象并获取相关数据,识别工作无须人工干预,可工作于各种恶劣环境。RFID 技术可识别高速运动物体并可同时识别多个标签,操作快捷方便。

埃森哲实验室首席科学家弗格森认为 RFID 是一种突破性的技术:①可以识别单个具体的物体,而不是像条形码那样只能识别一类物体;②其采用无线电射频,可以透过外部材料读取数据,而条形码必须靠激光在视距内读取信息;③可以同时对多个物体进行识读,而条形码只能一个一个地读。此外,RFID 储存的信息量也非常大。

RFID 适用的领域包括物料跟踪、运载工具和货架识别等要求非接触数据采集和交换的场合,由于 RF 标签具有可读写能力,对于需频繁改变数据内容的场合尤为适用。

射频识别系统的传送距离由许多因素决定,如工作频率、天线设计等。对于应用 RFID 的特定情况应考虑传送距离,工作频率,标签的数据容量、尺寸、重量、定位、响应速度及选择能力等。

在船舶联网应用中,RFID 不仅可以用于渔业生产中的员工、货物及物品管理,同时由于 AIS 相对于小型船只而言,还有成本及对操作人员要求较高等缺点,一些研究人员还开展了基于 RFID 的内河船舶监管的研究。

第4章 定位与导航技术

定位与导航技术是涉及自动控制、计算机、微电子学、光学以及数学等多学科的技术，是航海、航空和测绘等领域研究的热点，在海、陆、空、天等各领域有着广泛的应用。

船舶定位是用导航仪表确定船在地球表面的坐标点，或不参考原先任何位置基准独立确定船的精确位置。实现实时船舶定位具有非常重要的商业价值：一方面船公司、租家等船舶经营人可以远程监控船舶的实时动态，从而对船舶的安全管理和船期的执行情况了然于心；另一方面对于港口管理机关而言，可以实现对港区内船舶的全部监控，便于更好地安排作业计划和保障港区安全。此外，船舶服务辅助行业如船舶代理公司、备件物料供应公司都可以通过掌握所在港口的船舶动态提前联系船东获得更多的业务机会。

船舶导航是一个很系统的工程，导航方式主要分为系统导航、雷达导航、惯性导航以及组合导航四种。

4.1 定 位 技 术

目前船联网的定位主要还是依赖卫星。在卫星定位建设方面，目前已得到广泛应用的主要是美国的 GPS。

回顾历史，1957 年 10 月，苏联成功发射了世界上第一颗人造地球卫星，从此人类跨入了空间科学技术迅速发展的崭新时代。1958 年年底，美国海军实验室着手研制美国军用舰艇导航服务的海军卫星导航系统，又称子午仪卫星导航系统。该系统于 1964 年 1 月研制成功，并用于北极星核潜艇的海上导航定位。1967 年 7 月，美国政府宣布子午仪卫星导航系统部分导航电文解密，从此卫星导航系统开始走向民间和商业应用的道路，同时也开辟了远洋船舶导航和海上定位服务的里程碑。

目前，不少国家不仅在 GPS 的应用研究与 GPS 信息资源开发中倾注了巨大的人力和物力，而且也在积极地研制自己的卫星定位系统。例如：①苏联自 1978 年 10 月开始，发射了自己的全球导航卫星系统(global navigation satellite system, GLONASS)试验卫星；②欧盟也在 1999 年开始建设伽利略导航卫星系统

(GALILEO)；③我国的北斗卫星导航系统也由原北斗 1 号的双星定位发展到目前的二代北斗系统。

在不远的将来，全球将至少有四套卫星定位导航系统提供服务，卫星导航定位接收机的发展趋势也将由单系统向多系统兼容转变，新一代的卫星导航定位接收机将能够同时兼容接收这些系统的信号，为用户提供更加稳定、可靠、精确的服务，多系统兼容接收机代替单系统接收机将成为必然。

4.1.1 GPS

GPS 是美国于 1973 年为军用定位而研制的，能做到在高速运动目标下的三维立体坐标定位，定位精度高于 1m，其主要用于武器的精确制导等方面。GPS 由 3 个段组成：卫星星座、地面控制/检测网络和用户接收设备。GPS 联合计划办公室对这些组成部分的正式计划性术语分别为空间、控制和用户设备区段。

GPS 信号有 P 码和 C/A 码之分，其中 P 码为精确码，只供美国军方、政府机关以及得到美国政府批准的民用用户使用；C/A 码为粗码，定位精度约为 300m，对民用有限的开放。航海使用的是 GPS 民用码。

美国还在 GPS 卫星上设计了选择服务功能和选择失效功能。选择服务是一种人为增加定位误差的手段，可以使用户接收机设计定位精度约为 100m。选择失效是在人工控制下，有选择地停止卫星在某些指定区域的服务。

为了防止敌对方把 GPS 用于武器的精确制导，在 GPS 问世后的相当长时间内未能对民用开放。但考虑到 GPS 巨大的民用市场，加上美国民用接收机开发商的呼吁，美国白宫新闻发言人于 2000 年 5 月 1 日宣布总统决定，为实现 1996 年克林顿总统竞选承诺，"鼓励世界范围内民间、商业和科学研究和平利用 GPS"，决定于当日午夜零点停止使用选择服务功能。这一决定使普通民用接收机定位精度提高到 10m。根据需要，美国政府随时可以再开启选择服务。

GPS 卫星采用码分多址(code division multiple access, CDMA)技术在 L1(1575.42MHz)和 L2(1227.6MHz)上广播测距码和导航数据。如图 4-1 所示，GPS 定位原理是系统利用单向到达时间测距的概念，每颗卫星的测距码与其他卫星不一样，测距码使用户接收机能够确定信号的传输(即传播)延时，导航数据为接收机提供了确定卫星在信号发射时刻位置的手段，这两个数据确定了卫星到用户的距离。

如上所述，GPS 卫星有两种测距码：P 码在 L1 载波、L2 载波上均有调制，目前只供美国军方、政府机关以及得到美国政府批准的民用用户使用；C/A 码为粗码，是一个 1023 码片的序列，其周期为 1ms，码速率为 1.023MHz，定位精度低于 P 码，对民用用户有限开放。

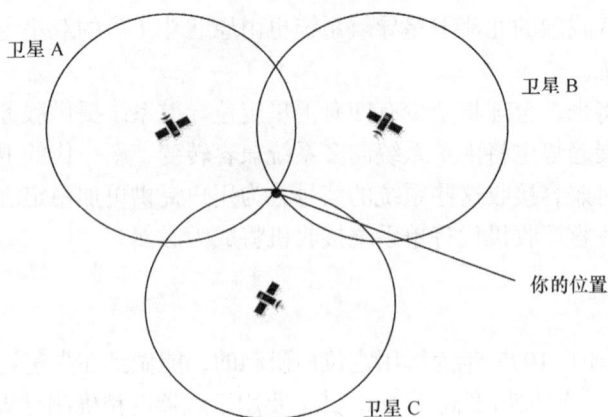

图 4-1　卫星定位原理图

4.1.2　北斗卫星导航系统

北斗卫星导航系统是卫星定位系统的一种，北斗卫星导航系统的主要特点如下。

(1) 组织结构。空间段：三个轨道面的 5 颗静止轨道卫星和 30 颗非静止轨道卫星；地面段：主控站、注入站及监测站；用户段：卫星接收机。

(2) 覆盖范围。北斗卫星导航系统覆盖中国本土的区域导航系统。覆盖范围为东经 70°～140°，北纬 5°～55°。

(3) 卫星数量和轨道特性。北斗卫星导航系统是在地球赤道平面上设置 2 颗地球同步卫星，卫星的赤道角距约 60°，轨道面之间间隔 120°均匀分布。5 颗静止轨道卫星定点位置分别为东经 58.75°、80°、110.5°、140°、160°，5 颗倾斜地球同步轨道卫星(均在倾角 55°的轨道面上)，4 颗中地球轨道卫星(均在倾角 55°的轨道面上)。

(4) 信号段。北斗卫星导航系统在 L 波段的 B1、B2、B3 频点上发送服务信号，包括开放的信号和需要授权的信号。B1 频点：1559.052～1591.788MHz。B2 频点：1166.220～1217.370MHz。B3 频点：1250.618～1286.423MHz。

(5) 定位原理。北斗卫星导航系统主要用于主动式双向测距二维导航。地面中心控制系统解算，提供用户三维定位数据。GPS 主要用于被动式伪码单向测距三维导航。由用户设备独立解算自己的三维定位数据。北斗卫星导航系统的这种工作原理带来两个方面的问题：一方面用户定位的同时失去了无线电隐蔽性，这在军事上相当不利；另一方面由于设备必须包含发射机，在体积、重量、价格和功耗方面处于不利的地位。

(6) 定位精度。早期北斗卫星导航系统三维定位精度约 25m，授时精度约 100ns。

(7) 用户容量。北斗卫星导航系统由于是主动双向测距的询问——应答系统，用户设备与地球同步卫星之间不仅要接收地面中心控制系统的询问信号，还要求用户设备向同步卫星发射应答信号，这样，系统的用户容量取决于用户允许的信道阻塞率、询问信号速率和用户的响应频率。因此，北斗卫星导航系统的用户设备容量是有限的。

(8) 生存能力。和所有定位卫星系统一样，北斗卫星导航系统基于中心控制系统和卫星工作，但是北斗卫星导航系统对中心控制系统的依赖性明显要大很多，因为定位解算不是由用户设备完成的。为了弥补这种系统易损性，GPS 正在发展星际横向数据链技术，万一主控站被毁后，GPS 卫星可以独立运行。而北斗卫星导航系统从原理上排除了这种可能性，一旦中心控制系统受损，系统就不能继续工作。

(9) 实时性。北斗卫星导航系统用户的定位申请要送回中心控制系统，中心控制系统解算出用户的三维位置数据之后再发回用户，其间要经过地球静止卫星的往返通信，再加上卫星转发，中心控制系统的处理，时间延迟就更长，因此对于高速运动体，就加大了定位的误差。

4.2 导 航 技 术

如前所述，导航方式主要分为系统导航、雷达导航、惯性导航以及组合导航四种。

4.2.1 系统导航

系统导航分为陆基导航和星基导航。

1. 陆基导航

陆基导航是利用无线电波传播的基本原理，无线电信号在自由空间中以直线方式、以光速传播，只要确定了无线电波从发射机到接收机之间的传播时间，便可以确定收发机间的距离(光速与传播时间之积)。

陆基导航是在第一次世界大战期间发展起来的，首先用于航海，后期逐渐扩展到航空领域。陆基导航主要是采用无线电信标，在航海范围内设置信号站，信号站不停地发射信号，船舶接收信标的发射信号，通过方向图调制测出与信标的方位，从而确定自身的航向。

典型的陆基导航罗兰(long range navigation, LORAN)系统曾在全球范围内得到广泛应用。其采用双曲线定位方式，具有作用距离大、覆盖面广、导航与定位精度高等特点。需要说明的是，当罗兰刚出现的时候，它比当时所有的无线电导航手段作用距离都远，人们将它称为远程无线电导航系统。但卫星导航系统出现后，它已经不是最远程的了，但名字仍然沿用以前的。

根据作用距离和信号体制的不同，罗兰系统分为罗兰 A、罗兰 B、罗兰 C 和罗兰 D。其中，罗兰 C 的应用最为广泛。目前随着 GPS 的出现，现在陆基导航的作用已日渐退化。

罗兰 C 是一种陆基、低频、脉冲相位导航体制的中远程精密无线电导航系统。其工作频率是 100kHz，分为四大部分：地面设施、用户设备、传播媒介和应用方法。

(1) 罗兰 C 地面设施包括形成台链的一组发射台、工作区监测站和台链控制中心。一个台链由若干发射台组成，其中一个发射台为主台(图 4-2 中 A 点)，其余各台为副台(图 4-2 中 B、C 点)。发射台发射无线电导航信号，工作区监测站和台链控制中心则监测和控制信号，使信号满足系统要求。

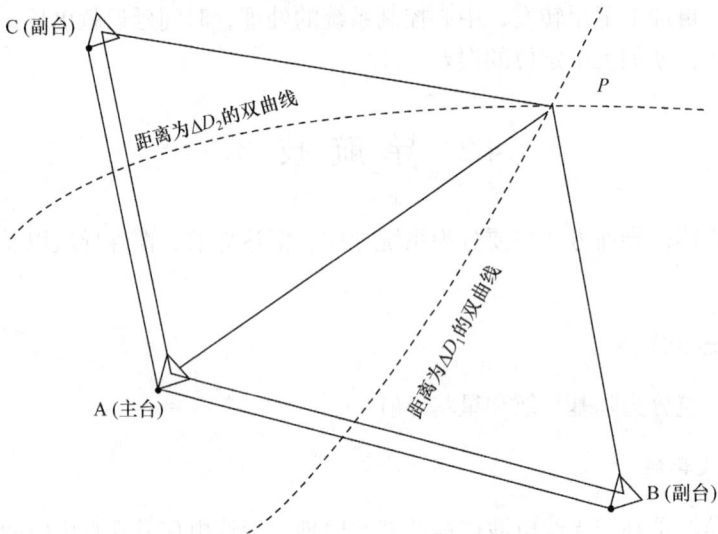

图 4-2　无线电双曲线定位原理图

(2) 用户设备指各种导航接收机，用户利用它们可以接收来自发射台的导航信号，进而获取他们需要的各种定位和导航信息。

(3) 传播媒介指无线电导航信号由发射台到用户接收机之间经过的地球表面和大气条件，包括可能受到的各种自然和人为干扰。

(4) 应用方法包括为获取定位信息所采用的几何体制、使用信号形式以及接收机的信号处理技术等。

罗兰 C 基本原理为：在双曲线的两个焦点上配置无线电发射台，发射无线电信号，船上接收机接收后，根据信号的时间差或相位差，测出船舶与发射台之间的差距。因此，系统由两组发射台确定船位。在工作区内，如图 4-2 中 P 点接收罗兰台链 A、B 的两个发射台的信号达到时间差(ΔD_1)，然后乘以电波传播速度，可换算为距两个台的距离差值。具有相同距离差的点的轨迹是以发射台为焦点的一条双曲线。可把用户位置确定到地球表面上某一条以两个发射台为焦点的双曲线上。再利用另外两个发射台 A、C 的时间差(ΔD_2)可把位置确定到另外一条双曲线上。这样，用户的位置就确定到双曲线的两个交点上，根据对位置的大致估计可排除其中的一个，这样，留下的一个交点即用户位置。

罗兰 C 不能确定高度，只能提供二维导航。应用领域包括飞机航线导航、终端导航和非精密进场的航空应用、陆上载体定位和车辆自动调度管理方面的陆地应用、海上和空中交通管制应用、高精度区域差分应用、精密授时和与其他导航系统组合应用等。

目前使用的罗兰 C 导航系统作用距离可达 2000km，定位精度优于 300m。

我国于 20 世纪 90 年代初步建成北中南沿海三处罗兰 C 导航系统。目前，我国国家授时系统的 BPL 长波授时就是采用罗兰 C 的授时体制。罗兰 C 信号稳定可靠、抗干扰性能好，但因固有技术特点也存在诸多局限，如授时信息单一、不能自主定时等。罗兰 C 的授时体制对保障我国 GSM、CDMA 等通信网的同步，避免依赖 GPS 等卫星导航定位授时系统可能造成的技术风险和安全风险有重要意义。

2. 星基导航

星基导航就是利用卫星导航，通过接收卫星发送的导航定位信号，并以导航卫星作为动态已知点，实时地测定运动载体的在航位置和速度，进而完成导航。卫星导航系统以美国的 GPS、俄罗斯的 GLONASS、欧洲的 GALILEO 和中国的北斗卫星导航系统为代表。

星基导航的频率资源、轨道资源是有限的。星基导航的资源是长期基础研究和技术进步的结果。40 多年来，通过对卫星轨道监控、传输误差、干扰与抗干扰、地面设备等问题的研究探索和综合论证，全世界星基导航界科学家几乎得出了相同的结论，建立了几乎相同的系统模式，即 2.4 万～2.6 万 km 中高度卫星轨道，频分多址(frequency division multiple access, FDMA)或 CDMA 数据编码调制，L 频段信号传输。目前，人们基本掌握了 L 频段电离层信号延迟、大气层信号折射等误差特性，基本掌握了中高度卫星轨道的变化特性，基本掌握了将卫星轨道误差控制在 3m 以内的技术，基本掌握了可能的干扰、欺骗方式并研究了相应的措施，基本掌握了被动式接收机的设计开发和应用技术。因此，中高度轨道、L 频段是星基导航的宝贵资源,必将受到星基导航大国的重视。

4.2.2　雷达导航

　　雷达导航(radar navigation)是在第二次世界大战期间发展起来的,也属于无线电导航的一种。雷达能够及时发现远距离的、能够反射雷达波的目标,如岸线、岛屿、船舶、浮标、海浪、雨雪、云雾等;精确测量本船相对目标的距离和方位,确定船舶位置,引导船舶航行。通过传感器的支持,雷达还具备目标识别与跟踪、地理信息参考显示等功能,能够更好地避免船舶碰撞,保障航行安全。

　　雷达导航的原理是雷达从船上发射台向物标反射器发射脉冲电波,由接收装置接收电波的反射波,经放大检波后作为图像信号在阴极射线荧光屏上显示。利用无线电波的直进性和等速性(电波传播速度等于 3×10^8m/s)可从荧光屏测得物标的方位和距离,从而测定船舰在海上的位置。

4.2.3　惯性导航

　　惯性导航系统是一种不依赖于外部信息,也不向外部辐射能量的自主式导航系统。其工作环境不仅包括空中、地面,还可以在水下。惯性导航的基本工作原理是以牛顿力学定律为基础,通过测量载体在惯性参考系的加速度,将它对时间进行积分,且把它变换到导航坐标系中,从而能够得到在导航坐标系中的速度、偏航角和位置等信息。图 4-3 为航向陀螺仪结构原理示意图。

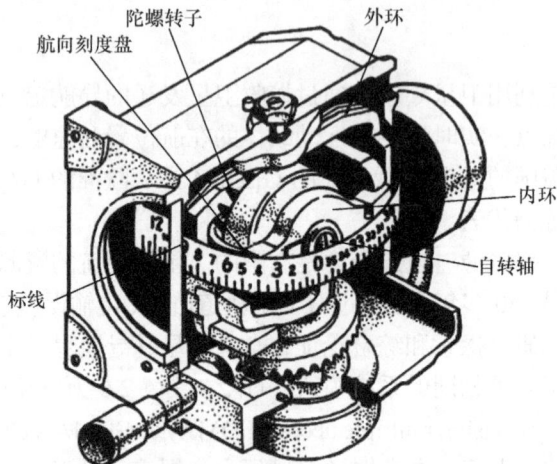

图 4-3　航向陀螺仪结构原理示意图

4.2.4　组合导航

组合导航是近代导航理论和技术发展的结果。每种单一导航系统都有各自的独特性能和局限性，组合导航把几种不同的单一系统组合在一起，利用多种信息源，互相补充，构成一种有多余度和导航准确度更高的多功能系统。

大多数组合导航系统以惯性导航系统为主，其原因主要是由于惯性导航能够提供比较多的导航参数，还能够提供全姿态信息参数，这是其他导航系统所不能比拟的。惯性导航最基本的组合方法是以推测定位为主，定期用更高准确度的设备进行校正。此外，惯性导航不受外界干扰，隐蔽性好，这也是其独特的优点。惯性导航系统定位误差随时间积累的不足可以由其他导航系统补充。图 4-4 为惯性-天文-多普勒组合导航系统的示意图。

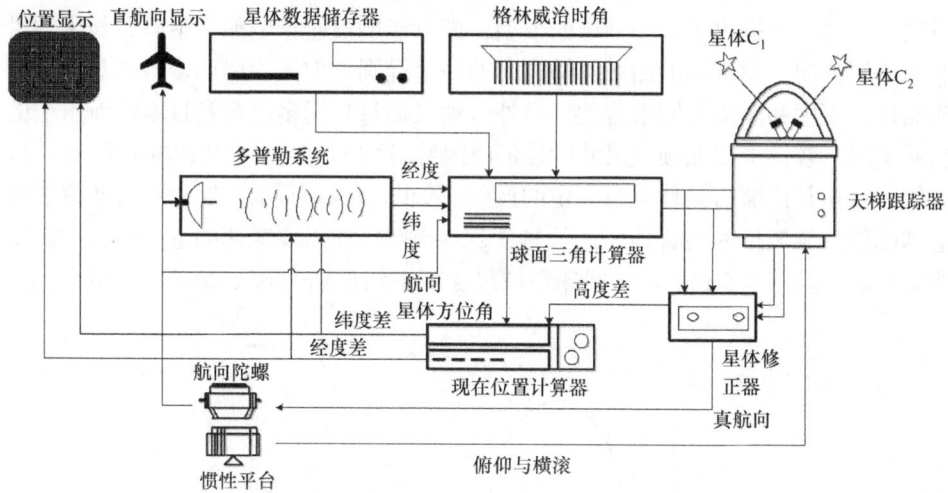

图 4-4　惯性-天文-多普勒组合导航系统的示意图

4.3　导航中船舶避碰策略研究

4.3.1　船舶领域模型

避碰专著普遍建议，大海上能见度良好时大船间的安全通过距离在白天不应少于 1n mile，夜间不能少于 2n mile，能见度不良时应大于 2n mile。但海上避碰实践的统计结果表明，对遇时 89.7%、交叉相遇时 77.4%、追越时 100% 的避碰行动是在 DCPA 小于 0.75n mile 的情况下采取的，而能见度不良时 73.3% 的避碰行动是在 DCPA 小于 0.25 n mile 的情况下采取的。安全通过距离的大小与驾驶员的心理因素、本船的条件、环境条件和他船情况密切相关。因此，避碰系统在确定安全通过距离时，必须综合考虑这些因素的影响。

海上交通工程学中对船舶领域的研究为安全通过距离的确定提供了一种较为可行的方法。船舶领域最早是 20 世纪 60 年代初由藤井弥平博士等日本学者提出的，后于 70 年代初传到欧洲。藤井弥平将船舶领域定义为绝大多数后继船舶的驾驶员避免进入的前一艘在航船舶周围的水域。目前船舶领域已广泛应用于船舶避碰、航道设计、危险度评估、航道疏浚的确定、港口锚地的设计及海上交通水域中离岸设施的建立等项目研究中。

1. 藤井模型

通过在日本沿海水域海上交通调查，并对船舶相对位置的二维频率分布分析研究，藤井弥平提出了船舶领域的模型，即以船舶被避让船舶为中心，长半轴沿船舶首尾方向、短半轴沿船舶正横方向的一个椭圆。他认为船舶领域的具体尺寸与船速、密度和潮流等因素有关。另外，他又通过长期多次观察日本沿海水道的交通实况，获得了船舶领域尺寸的数值(设船长为 L)，长轴为 7L、短轴为 3L，该数值可根据具体航行条件进行一定的调整。如图 4-5(a)所示，通常航行条件下被追越船舶的领域尺寸为长轴 8L、短轴 3.2L。当航行在需要减速的港口内部和狭窄的海峡时，如图 4-5(b)所示，船舶领域尺寸减小到长轴为 6L、短轴为 1.6L。

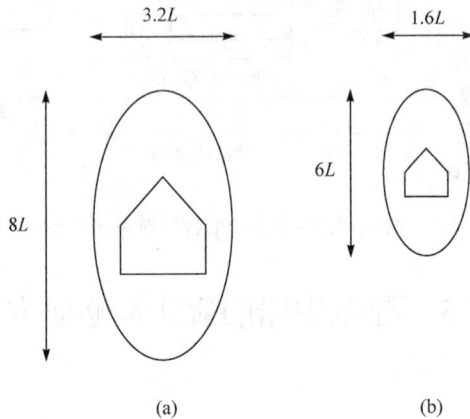

图 4-5　藤井模型

2. Goodwin 模型

在 1971 年藤井弥平等将船舶领域引入英国后，英国女学者 Goodwin 在北海南部水域进行海上交通调查，并在雷达模拟器上利用船员培训机做了大量的避碰试验,研究建立了开阔水域的船舶领域模型。并且Goodwin给出船舶领域的定义：一船驾驶员将其他船舶和固定物体保持在外的、围绕该中心船的有效水域。Goodwin 认为国际海上避碰规则对船舶避让行为有影响(对不同方位的来船规定不同的避让行动规则)，因此船舶领域的几何图形不会是对称的。如图 4-6 所示，Goodwin 将船舶领域按船舶的号灯范围划分成 3 个扇区。

在确定船舶领域的位置时，Goodwin 认为：如果不存在船舶领域，则给定均匀船舶密度时的他船船位分布(以离开中心船一定距离的他船数目表示)是一条直线，其斜率取决于船舶密度和扇形的大小。

3. Davis 模型

英国学者Davis 等在利用船舶领域模型模拟船舶会遇和避碰时,发现Goodwin的不等扇形领域模型边界不连续，很不方便，就开始了平滑 Goodwin 领域模型边界的研究。其具体做法就是将 Goodwin 领域模型的三个面积大小不同的扇形面积相加并用一个面积相同的圆代替原来的领域模型。为了保留原来扇形不同的优点，新模型不将本船置于圆的中心，而是向左下方偏移到能使新获得的三个扇形仍保留平滑边界的大小比例。如图 4-7 所示，为了描述这一船舶领域，将一艘假想的船舶置于圆心，真船的位置可根据相对于假想船的距离和方位来确定。

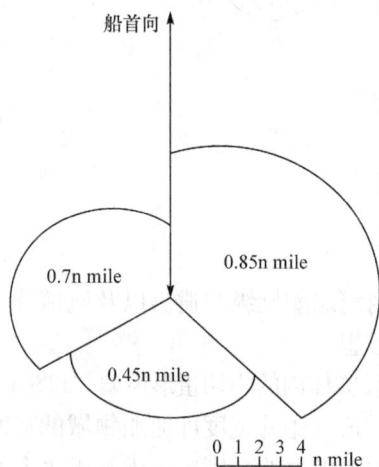

图 4-6　Goodwin 模型

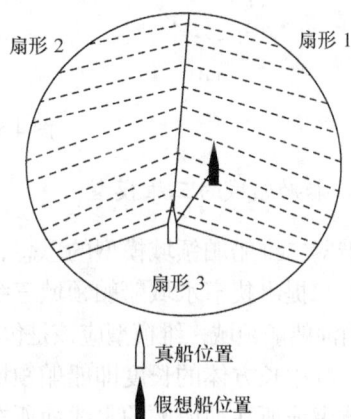

图 4-7　Davis 模型

4. Goldwell 模型

英国学者 Goldwell 在研究受限水域中的船舶行为时，建立了对遇情况的船舶领域模型。Goldwell 进行海上交通观测的水域是英国一个河口处海上航道，故多数的船舶会遇情况为对遇和追越。对所得大量数据进行处理之后，Goldwell 建立的对遇情况的船舶领域模型是中心船向左偏移的半个椭圆，而追越情况的船舶领域模型是中心船位于领域中心的椭圆，如图 4-8 所示(设船长为 L)。

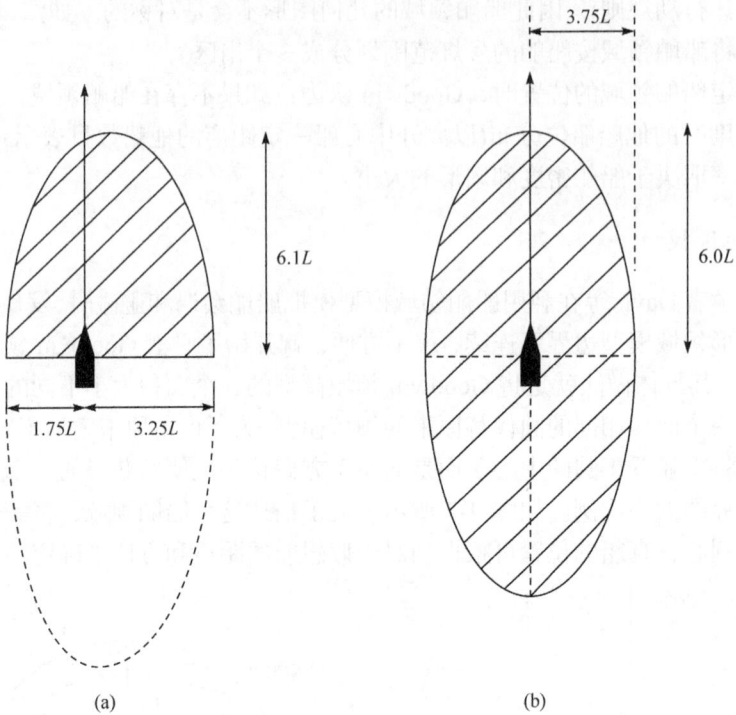

图 4-8　Goldwell 模型

5. 船舶领域的三维模型

借鉴二维船舶领域模型的思想，在结合内河船舶操纵与避碰以及航道特点的基础上，提出狭窄水域船舶领域三维模型的思想。

内河船舶领域三维模型应该是包容在一个长方体内的内切蛋形模型，如图 4-9(a)所示。其中长方体的长度即船舶领域的长度，长方体的宽度即船舶领域的宽度，长方体虚线所在即船舶的水线面所在位置，虚线以上的高度应大于等于水上的船舶，而虚线以下的深度也应大于或等于船舶的吃水加上安全航行必需的富余水深所得的值。根据内河航道自身的特点，同一艘船舶在不同的航向、季节或不同的航行区间，以及不同的驾引人员、不同的会遇态势下，相关参数也会发生变化，其三维的船舶领域模型也就随之变化。若船舶处于靠泊状态，则模型大小应基本接近实船大小；若船舶处于单锚泊状态，则模型的水平切面近似于圆形；若船在前进中，则模型就如图 4-9(b)所示的情况。

(a) 船舶领域三维模型的尺度

(b) 船舶领域蛋形模型的构想

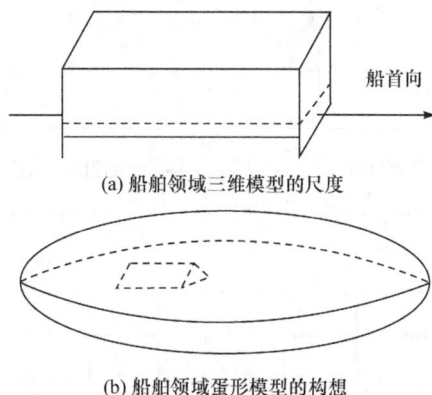

图 4-9　三维船舶领域模型

事实上，各类船舶领域模型以及改进的船舶领域的模型还有很多，影响因素不同、研究方法不同，得到的船舶领域的模型也有所差异。在选用船舶领域模型时，必须根据不同的水域类型和船舶分布的特点来选择合适的模型。

4.3.2　船舶避碰系统

近年来，专家系统、模糊控制、神经网络、人工势场等智能优化算法经过发展已日趋成熟，相继被应用于船舶智能避碰系统中，用于解决传统避碰中存在的各种问题。

1. 基于专家系统的智能避碰系统

专家系统是最先被应用到船舶避碰领域的智能算法。如图 4-10 所示，典型基于专家系统的船舶智能避碰专家系统的特点是知识库和推理机相互分离。专家系统的知识库加入了避碰知识库，国际海上避碰规则，航海专家、海事专家以及船舶驾驶员对避碰操作的经验和理解。

1) 基于 AIS 的避碰专家系统

近年来，大连海事大学、武汉理工大学等对基于 AIS 的避碰专家系统进行了比较深入的研究。如图 4-11 所示，基于 AIS 的避碰专家系统将 AIS 数据融合到专家系统的避碰知识库中，利用 AIS 提供的信息对数据库进行实时更新，利用专家系统的推理机结合船舶航行避碰规则和避碰经验等分析碰撞局面、求解避碰操纵。有学者在此基础上对单船避让、多船避让等不同会遇状态下的避碰细则进行了探讨和研究。

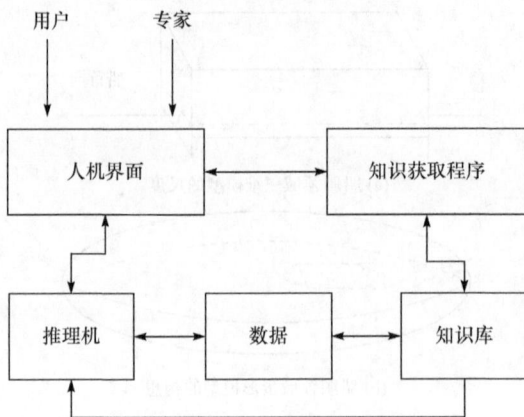

图 4-10　船舶智能避碰专家系统

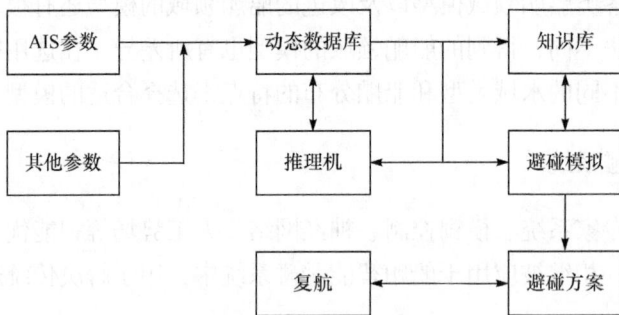

图 4-11　基于 AIS 的避碰专家系统

2) 基于 ARPA 和 AIS 融合避碰专家系统

　　AIS 和雷达数据具有互补性，雷达具有主动探测的优势，可以同时对静止和运动的目标进行探测，但雷达目标受到盲区限制，容易漏检丢失。AIS 受客观环境的影响较小，可以弥补这个缺陷。因此，如图 4-12 所示，将 AIS 数据和 ARPA 的数据进行融合，可以有效地提高避碰专家系统数据库的可信度。

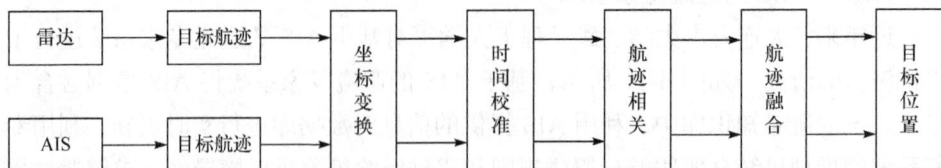

图 4-12　AIS 和 ARPA 数据融合模型

2. 基于模糊控制的避碰系统

传统的控制理论对于明确的参数化系统具有很好的控制效果，但船舶避碰环境复杂、难以精确描述，而模糊数学方法作为一种非线性控制系统，不依赖于被控对象，可以很好地用于内河船舶智能避碰中。在船舶避碰上的模糊推理一般步骤为：将输入系统的碰撞参数经过隶属函数映射成模糊输入变量，然后用模糊推理规则对模糊输入变量进行推理，并得到模糊控制变量，最后用隶属函数转换为实际控制的精确控制量。模糊系统控制方法适应性好，被广泛运用在 VTS 等预警模型的研究中。

3. 基于神经网络的避碰系统

利用神经网络可实现对避碰系统中不确定参数进行学习记忆，使基于神经网络的智能避碰系统成为智能避碰系统的重要发展方向。如图 4-13 所示，基于神经网络的避碰系统利用神经网络记忆训练后的样本形成经验，控制器以联想记忆方式使用这些经验，多和其他决策系统融合进行决策。目前，神经网络多与专家系统、模糊控制等避碰方法相融合实现智能避碰。

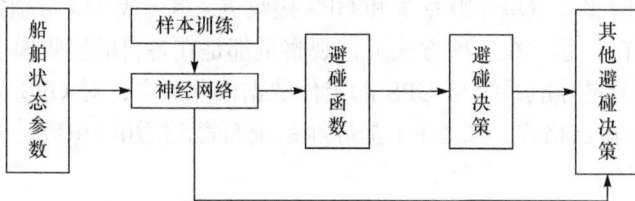

图 4-13　神经网络避碰系统

4. 基于人工势场的避碰系统

基于人工势场的智能避碰基本思想是用人造引力场和斥力场的运动模拟船舶在周围环境中的运动，航行目的地对船舶产生引力，障碍物对船舶产生斥力，船舶进入障碍物区域后，受到引力场和斥力场的叠加作用，引力和斥力分别为两个势场的负梯度，合成力控制船舶的运动。

基于人工势场的智能避碰系统具有模型简洁，结构清晰的优点，并且使用人工势场算法规划出来的避碰路径比较平滑，符合船舶在水面的运动特性。但人工势场固有的缺陷是容易陷入局部最优解。目前采取的措施是使用人工干预的方法、增加转向点的方法，或者与其他算法相结合。

4.4 应用构建实例：北斗与 GPS 组合导航定位

2014 年 11 月 23 日，IMO 海上安全委员会审议通过了对北斗卫星导航系统认可的航行安全通函，这标志着北斗卫星导航系统正式成为全球无线电导航系统的组成部分，取得面向海事应用的国际合法地位。中国的卫星导航系统已获得国际海事组织的认可。中国北斗卫星导航系统预计率先覆盖"一带一路"国家，2020 年覆盖全球。

北斗卫星导航系统作为新产物，要走民用终端的道路，就必须使用户接受该系统。这就需要经历从完全信任 GPS 到接受一个全新的导航系统这样一个过程。要把这个过程做好，就需要考虑北斗卫星导航系统与其他全球卫星导航系统的兼容性，发展双定位系统，以北斗卫星导航系统构架下的区域系统兼容 GPS。这样可以获得国内外稳定的用户，具有持续发展的活力。

可以将我国的北斗卫星导航系统与 GPS 的组合划分为如下两类。

1. 初级组合

利用完整的北斗卫星导航系统和 GPS 接收机，组合成 1+1 导航定位仪，即只是在结构上做在一起。在这种方式下，观察量都是在各自的接收模块计算好的定位信息。北斗卫星导航系统与 GPS 的定位数据彼此孤立，对 GPS 而言使用的是 NMEA.0183 的输出格式，对北斗卫星导航系统而言，使用的也应是一套统一的国际输出格式标准。

这种组合方式实际上是两部导航接收机，优点是简单可靠。缺点是没有充分发挥两种定位系统组合的优势，所以对提高定位精度作用不大。但却能保证可见卫星的数量，在 GPS 系统不能使用的情况下，可使用北斗卫星导航系统，这提高了用户导航的可靠性。北斗卫星导航系统是新生产物，这种组合是初期的产物，是北斗卫星导航系统走向成熟的过渡产品。

2. 基于信息融合技术的北斗卫星导航系统和 GPS 的一体化组合

这种组合的出发点是将北斗卫星导航系统和 GPS 原始的观测数据(定位数据、星历、伪距等)同时输入数据处理器中。将这些数据进行格式转换、时间转换、坐标转换、伪距组合等一系列的数据融合，然后统一求解。这就允许全部北斗卫星导航系统数据与全部 GPS 数据，及部分北斗卫星导航系统数据与部分 GPS 数据混合定位。这种数据融合式的组合定位将各自导航系统的数据互相配合和补充，最大限度地提高了定位的可靠性。这种一体化的组合方式是深层次的研究，需要后期花费更大精力和物力才能完成。

船用北斗/GPS 双星座体系，以 ECDIS、RADAR、AIS 等作为背景平台实现动态定位、导航和监控。体系的架构如图 4-14 所示。

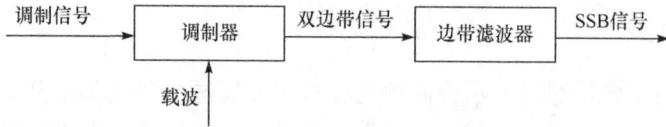

调制信号 → [调制器] → 双边带信号 → [边带滤波器] → SSB信号

载波 ↑

图 4-14　北斗/GPS 双星座体系架构

4.4.1　北斗/GPS 双星座导航系统组成

(1) 双模天线，分别工作在北斗卫星导航系统(2491.75MHz)和 GPS(1575.42MHz)频率的两个天线头布置在一个天线罩内，信号通过一根反馈线传送至接收模块，有效地消除了因天线位置误差带来的位置和授时误差。

(2) 北斗/GPS 一体机，包含北斗卫星导航系统解算模块和 GPS 解算模块，两者分别解算接收信号来进行自主定位。

(3) 数据融合单元，负责北斗卫星导航系统和 GPS 数据的选取，实现精准定位，当首选某种模式时，如果该模式下接收机正常工作，则工作在该模式，否则工作在另一模式。

(4) 显示控制单元，提供输入界面供用户输入控制信息，显示海图、本船和他船的实时状态、天气等信息，由此实现导航、监控和报警，同时也可编辑汉字信息，通过北斗终端与他船进行短报文通信。

4.4.2　北斗/GPS 双星座导航系统功能

1. 导航定位

北斗/GPS 双星座体系为船舶导航提供了更多的选择，用于实现实时定位和北斗卫星导航系统请求定位，并对其定位数据进行分析、过滤、验证等处理，通过显示控制单元实现综合导航。当北斗卫星导航系统由于覆盖的范围受限，或受客观条件制约不能够独立导航定位时，系统自动或由人工切换使用模式，可在全球任何地方实现导航定位的相关功能，保证用户定位的准确性。

2. 信息采集

运用北斗卫星导航系统的通信功能，将船舶与船公司、港口等监管部门紧密联结为一体，实现船舶公共服务与动态监控一体化。通过信息采集、打包、交换和处理技术，向用户提供所需信息，包括船舶数据、航行及货物信息。同时，可支持申办相关事项服务，如过闸申报、抵离港申报、船岸信息交互等。北斗卫星导航系统具有高强度的加密设计，既保障了船舶的航行与信息的安全，提高了运输和物流效率，同时增强了相关部门的航运监管能力。

3. 通信联络

通信路径主要是通过显示控制单元将短报文发送给船载北斗卫星导航系统终端，发送方式包括单呼、组呼、广播等。发送时，由船载终端或地面控制中心生成短报文发送至北斗卫星导航系统，以对应的方式播发给相应的接收终端并在其显示控制单元显示。可通过地面控制中心转发完成同日常应用的手持电话互通短信；远洋航行时可由地面控制中心转发。另外，船载终端从接收的卫星信号中提取标准时间，即可实现实时授时。

4. 紧急报警

北斗卫星导航系统的双向短报文功能拓宽了北斗/GPS 双星座体系的应用空间，通过设置一键报警按键，并与定位通信单元配合使用，实现点对点传递或广播形式的即时遇险信息发布。紧急报警功能近年来已经在南海、东海海域多次得到验证，在船舶防台(风)避险、搁浅救助及救援中发挥了重要作用。

第 5 章　船联网视频监控

视频作为物联网数据的重要来源,其相关技术的重要性日显突出。尽管目前视频技术在农业、工业、军事、安全、交通等领域已经有较为普遍的应用,但物联网视频技术仍有诸多问题亟须解决,如访问接口不统一、前端计算处理能力弱、不能向用户有针对性地提供数据等。

5.1　主 要 作 用

船联网视频监控分为岸上视频监控与船载视频监控两类。岸上视频监控主要用于港口管理,而本书着重介绍后者。

船载视频监控系统是一种先进、防范能力强的船用综合系统。通过装在船上各处的摄像头直接监视船舶内部及其四周监控范围内的相关情况,实时地把被监控场所的视频内容传送到主控单元,并可在特定情况下通过船舶局域网传送到安装有客户端软件的计算机。

船载视频监控系统能使操作与管理人员做到随时掌握和了解船舶内部及船舶周围重要操作空间和通道的实时情况并按要求存储和提供特定事件发生前、发生过程中与发生后的视频情景。

船载视频监控系统在航行安全、防碰撞、船舶保安、监控劳动安全,特别是进一步严格驾驶台值班制度和监控其他处所的违规现象等方面起到了较好的作用。视频监控系统的使用,可以解决船舶航行过程中的众多安全问题,并提高船舶的管理水平,具体体现在如下几方面。

1. 管理信息化

对船舶主要设备的视频监视可大大减少人力重复性劳动,从而最大限度地提高船舶航行的安全性、可靠性和经济性;另外,对船上操作人员的监视,也可以做到规范其工作流程,将操作失误降到最低,进而保证航运的安全。

2. 防灾减灾

尽早发现潜在隐患,提前做出预防方案,减少灾情的发生;在救助遇险船舶时，实时提供现场图像和周围过往船舶情况，为现场指挥决策提供有力依据，为海上救援赢得宝贵时间，达到防灾减灾目的，保障生命财产的安全。

3. 货物管理

保证运输与装卸过程中货物安全，避免货物丢失，以及在货物丢失后能够通过录像进行调查取证。在近年来发展起来的智能理货中，视频监控系统发挥着重要的作用。

4. 保证航行安全

视频监控系统与 AIS、ECDIS 等船载设备配合使用，为船舶交通管理和船舶事故应急处理提供辅助决策信息，以保证水域船舶航行安全等。

5. 防海盗、防入侵

在船舷或容易攀爬上船舶的区域，配置红外入侵摄像头，为船舶上的工作人员提供报警功能，从而保障船舶的通航安全。

5.2　主要技术组成

船载视频监控系统主要由以下几部分组成：前端的图像摄取部分、图像传输部分、后端的图像模式识别以及图像存储部分。

5.2.1　图像摄取

图像摄取部分主要用于采集监视区域的图像光信号，由内部处理器处理后输出图像模拟信号。该部分主要设备是安装在现场的摄像装置，包括各类摄像头、镜头、防护罩、支架。

摄像装置的任务是将现场的图像信号转换成电信号，是整个监控系统的基础，只有前端采集到良好的图像信号，才可能在后端进行高质量地回显与存储。

1. 摄像头分类

根据用途，可将船联网摄像头分为岸上摄像头、船载摄像头以及水下摄像头。岸上摄像头主要应用于码头区域，规划在码头主出入口、主干道路、堆场、仓库等重要场所。通常配置适当数量的红外防水摄像头和高速智能球形摄像头互相配合全面监控仓库、码头内部和周边地区。

　　船载摄像头主要应用于船上，用来观察船舶内部及其四周监控范围内的相关情况。水下摄像头则主要应用于海洋牧场远程监控管理系统。

　　根据工作原理，可将摄像头分为模拟摄像头和数字摄像头。

　　模拟摄像头前端采用隔行扫描感光器将光信号转换成模拟电信号，接着由数字信号处理器(digital signal processor, DSP)进行 A/D 转换与色彩处理后，再进行 D/A 转换，最后调制成 PAL/NTSC 制式电视标准视频信号并输出。模拟摄像头一般采用隔行扫描，隔行扫描的行扫描频率为逐行扫描时的 1/2，隔行扫描会带来许多缺点，如会产生行间闪烁效应、边沿锯齿化现象、运动画面清晰度降低等不良效应。

　　数字摄像头前端多数采用的是百万像素级别的 CMOS 感光器，同样使用 DSP 进行图像处理与压缩，最后将压缩视频通过网络传输。数字高清摄像头一般采用逐行扫描，每一帧图像均由电子束顺序地逐行连续扫描而成。

　　现阶段数字摄像头的价格要高于模拟摄像头，但由于传输与处理的便利性，在项目总体成本上，数字监控整体解决方案比模拟监控整体解决方案具有更大的优势。

　　2. 功能要求

　　对于船载摄像头，需要达到以下几个功能要求。

　　1) 防护功能

　　外壳材料采用防水密封型不锈钢护罩，防腐、防水、防爆，IP (ingress protection)等级 66(详细解释见表 5-1 和表 5-2)。

表 5-1　IP 代码第一个数字的含义

数字	身体接触的防护等级	固体外来物进入的防护等级
0	无防护	无防护
1	防止人体的大面积部分进入 (直径 50mm)	防止大的固体外来物进入(直径 50mm 或者大于 50mm)
2	防止手指进入 (直径 12mm)	防止中等尺寸的固体外来物进入 (直径大于等于 12.5mm 长度不大于 80mm)
3	防止工具和金属线进入 (直径大于等于 2.5mm)	防止小的固体外来物进入 (直径大于等于 2.5mm)
4	防止工具、金属线和细金属丝进入 (直径大于等于 1mm)	防止固体颗粒外来物进入 (直径大于等于 1mm)
5 K	金属线防护 (如同 IP4), 灰尘防护	灰尘堆积 (无害)
6 K	金属线防护 (如同 IP4), 灰尘封闭	灰尘不能进入

表 5-2　IP 代码第二个数字的含义

数字	防水保护
0	无防护
1	对垂直滴水有防护
2	对垂直方向 15° 内的直接喷溅水有防护
3	对垂直方向 60° 内的直接喷溅水有防护
4	对任何方向内的喷射水有防护，允许有少量水进入
4k	对任何方向的加压喷射水都有防护，仅应用于公路车辆
5	对任何方向的低压喷射水都有防护
6	对巨浪或者强力喷射水有防护(注水)
6k	对加压的强烈的喷射水有防护(注水)，仅应用于公路车辆
7	对短时间浸入水中有防护
8	对长期浸入水中有防护
9k	对高压蒸汽喷射有防护，仅应用于公路车辆

2) 功能要求

具有昼夜监控(带有红外功能)、自动增益、自动白平衡、背光补偿、低照度、广角、电子快门功能。

3) 设计要求

摄像头主板采用三级降压方式，超低电流设计，主板供电电流不超过 60mA；采用双环玻璃设计和散热设计，为用户提供清晰、细腻的画面并实现昼夜监控。

4) 安装要求

船上安装船舶视频监控系统通常须配备若干只摄像头，一个典型的摄像头安装方案如下(船只装配 12 只摄像头)。

(1) 1、2 号摄像头：安装于驾驶台内部左右，主要采集驾驶台内图像。

(2) 3、4 号摄像头：安装于船尾左右，主要采集船尾图像。

(3) 5 号摄像头：安装于集控室，主要采集集控室内部情况图像。

(4) 6 号摄像头：安装于机舱上层，主要采集机舱内部情况图像。

(5) 7、8 号摄像头：安装于主甲板梯口左右，主要采集梯口保安情况图像。

(6) 11、12 号摄像头：安装于大桅，主要采集船首左右图像。

另一种供参考的布置方案如下(船只装配 8 只摄像头)。

(1) 1 号摄像头：安装于罗经甲板，主要拍摄船舶正前方，包括船头及大部分主甲板。

(2) 2、3 号摄像头：分别位于驾驶室左右两翼，主要拍摄驾控台以及海图室。

(3) 4 号摄像头：安装于 c 甲板，主要拍摄船尾。

(4) 5、6 号摄像头：安装于驾驶甲板，分别位于驾驶甲板两翼，主要拍摄船左右两舷。

(5) 7 号摄像头：安装于机舱室，主要拍摄船舶主机、辅机。

(6) 8 号摄像头：安装于集控室，主要拍摄集控台。

实际应用中可根据实际需要，适当增减摄像头数量。

5) 维护保养要求

船载视频监控系统安装完成后，为保障设备能够长期正常工作，船舶管理人员要掌握正确的操作使用方法，应懂得对设备进行有效的保养和维护。

(1) 对设备进行定期除尘处理。由于船舶视频监控系统部分摄像头长期暴露在室外，防护罩及防尘玻璃上会很快蒙上灰尘等的混合物。这些混合物具有腐蚀性，影响收视效果，同时也会给设备带来损坏，因此需采取相应部位喷漆和经常清洁等措施来解决防潮、防腐的问题。

具体可进行以下措施：定期清除监控设备附着的尘土、定期擦拭个别镜头，给监控设备营造良好的运行环境。

(2) 定期检查设备，根据监控各部分设备的使用说明，每月监测系统的工作状态，及时发现故障隐患，确保各部分设备各项功能良好，能够正常工作。每天至少一次在显示器上查看每个摄像头摄取的监控画面，发现异常及时处理。部分摄像头长期暴露在室外，为防止设备进水出现故障，应定期检查摄像头后盖、摄像头电缆入口处的防水情况，如出现异常，应及时处理。

5.2.2　图像传输

图像传输部分完成对摄取图像的实时传送，同时传输具有损耗小、可靠性高、图像在录像控制中心能够清晰还原显示的特点。

良好的视频传输设计是监控系统的重要环节。要建设一套好的系统，需要选用高画质的摄像头、镜头、监视器、录像机，但是没有良好的传输系统，最终在监视器上看到的图像将无法令人满意。根据"木桶法则"，最终系统的图像质量取决于整个系统中最差的一环，而这最差的一环往往就是传输系统。系统设计人员必须根据实际需要选择合适的传输介质、传输方式、并按专业标准进行安装，才能达到理想的传输效果。

视频传输可分为有线传输和无线传输。有线传输主要有同轴传输、射频传输、双绞线传输和光纤传输。无线传输主要有 WiFi 传输、微波传输、CDMA 网络传输、卫星传输。

这里主要介绍与海洋远程图像、视频相关的卫星传输。BGAN(broadband global area network)是具有全球无缝隙的宽带网络接入、移动实时视频直播、兼容3G 等多种通信能力的新一代国际海事卫星(international maritime satellite,

INMARSAT)全球宽带局域网的简称。BGAN 实现了宽带、多业务融合、移动的完美结合，保持了全球任何地点、任何时间、随时接入的优势。重量约 1～2.5kg 的终端设备承载最高达 492Kbit/s 的高速 Internet 接入、话音、传真、ISDN、短信、语音信箱等多种业务应用模式，从而带给用户全球无所不在的移动办公能力、数据应用平台和综合应急通信系统。

BGAN 是世界上第一个能够通过单一、小巧的用户终端在全球范围内同时提供语音和宽带数据服务的移动通信系统。它还第一个能够按照需求提供有保证的数据传输速率。对于必须在偏远场地进行操作的工作人员来说，使用 INMARSAT 的 BGAN 服务，无论在这个星球的哪个角落，都能够在短短几分钟内建立起一个宽带移动办公室。凭借所发射的最尖端的商业通信卫星，BGAN 通过非常小巧的用户终端和简易的操作方式以合理的价位(表 5-3 供参考)为用户提供速率高达 492Kbit/s 的移动宽带服务。

表 5-3　BGAN 资费　　　　　　　　　单位：元

BGAN 资费						
服务项目	海事 R-BGAN 资费		海事 BGAN 资费			
			海事 BGAN		海事 BGAN 可选套餐方案	
	标准方式	无月租方式	标准方式	后付费方式	初级用户	中级用户	高级用户
SIM 卡	500	500	500	500	500	500	
月租费	260		250	350	820	3360	21600
最低使用年限	6 个月		12 个月	12 个月	3 个月	6 个月	12 个月
月租包含数据量(月)	3MB				20MB	100MB	750MB
数据流量资费(每兆：MB)	40	100	45	40	40	35	30
用户最少预交费用	2000	5000	4500				
语音资费(每分钟)							
BGAN-全球固定电话			6	6	6	6	6
BGAN-全球移动电话			8	8	8	8	8
BGAN-BGAN			6	6	6	6	6
ISDN 资费(每分钟)							
BGAN-固定线路			40		40	40	40
固定带宽资费(每分钟)							
32Kbit/s(加密 APN)			15		15	15	15
64Kbit/s			40		40	40	40
128Kbit/s			70		70	70	70
256Kbit/s			130		130	130	130

5.2.3　图像模式识别

近年来，随着人工智能、模式识别技术的发展，智能化的算法赋予计算机相关领域自主决策的能力，可实现计算机协助并代替人完成监控场景的监控任务，减轻工作人员负担。基于图像模式识别的视频监控与传统意义上的视频监控系统的主要区别在于：智能化的视频监控系统能够及时地检测并识别出监控场所的异常情况，可以节约大量的人力、财力和物力。

以智能视频监控系统中人的行为分析为例，监控系统可以对视频图像序列中监控场景内的人体进行检查识别、跟踪、并分析和描述人的行为。其数据处理流程是：①目标检测与分类识别；②目标的跟踪；③人体行为识别；④行为分析与描述。

按照 Marr 的计算机视觉理论框架，目标检测与分类是计算机视觉的低级处理阶段；目标跟踪属于中层处理的范畴；而人体行为识别、行为分析与描述为该理论框架下的高层处理。

简单来说，分类、定位和检测可以作如下区别：①分类——是什么？②定位——在哪里？是什么？(单目标)；③检测——在哪里？分别是什么？(多目标)。

智能视频监控系统目标检测是指检测监控场景内视频图像中是否出现目标物体，如果出现，则对目标物体进行检测并提取。目标检测包括运动目标检测和静态目标检测。目标检测的精确性直接影响后面的目标跟踪、分类识别、异常行为检测及识别处理精确。由于在实际的应用场景中存在光线、阴影、视角变换及成像芯片等噪声因素的影响，目标检测存在一定的难度。

1. 传统目标检测概述

目标检测任务可分为两个关键子任务：目标分类和目标定位。

目标分类负责判断输入图像中是否有感兴趣类别的物体出现，输出一系列带分数的标签表明感兴趣类别的物体出现在输入图像的可能性；目标定位则负责确定输入图像中感兴趣类别的物体的位置和范围，输出物体的包围盒，或物体中心，或物体的闭合边界等，通常方形包围盒是最常用的选择。

传统目标检测主要可以分为六个步骤。

(1) 预处理：预处理对待检测图像进行图像去噪、图像增强、色彩空间转换等操作。

(2) 窗口滑动：在待检测图像中滑动一个固定大小的窗口，将窗口中的子图像作为候选区。

(3) 特征提取：利用特定的算法对候选区进行特征提取。

(4) 特征选择：从特征向量中挑选具有代表性的特征，降低特征的维数。

(5) 特征分类：利用特定的分类器对特征进行分类，判断候选区是否包含目标及其类别。

(6) 后处理: 合并判断为同一类别的相交候选区, 计算出每个目标的边界框, 完成目标检测。

为了提高目标检测的效果, 研究者提出了多种形式的特征。如在行人检测领域, Wu 等首先提出了 Edgelet 特征, 使用该特征检测在复杂场景中的单幅图像行人, 获得了较好的检测效果。

Tuzel 等使用各种不同特征的协方差矩阵描述行人的局部区域, 将协方差矩阵视为联通的黎曼流, 在黎曼几何空间中对行人进行分类。

尺度不变特征变换(scale-invariant feature transform, SIFT)是由 Lowe 首次提出的一种检测局部特征的算法。该特征具有性能优越的鲁棒性, 对视频图像因外界光照、尺度、位移等产生的变化都具有良好的容忍性。SIFT 对计算机视觉(包括立体视觉、从运动结构恢复等)的几何方面研究都有着重要的影响, 后来还成为用于对象识别的流行的词袋(bag of words) 模型的基础。Haar 小波特征是由 Papageorgiou 和 Poggio 等提出的, Haar 特征最初用于人脸目标检测, 然后使用积分图计算 Haar 特征, 积分图是一个与原始图像相同尺寸的二维矩形查找表, 每一个元素是原始图像在对应位置左上角所有像素的和, 可以使用查表的方法快速找出指定区域的 Haar 特征。Viola 将该方法用于行人检测, 取得了较好的检测效果, 为行人检测技术的发展奠定了基础。

Dalal 等首先提出了使用 HOG(histogram of gradient)即方向梯度直方图进行行人检测, 方向梯度直方图将图像分成小的连通区域, 采集连通区域中各像素点的梯度的边缘或边缘的直方图, 最后将这些直方图组合起来构成特征描述。HOG 描述器对图像几何和光学的变化都能保持较好的不变性, 而且在粗空间采样、精细方向抽样和较强的光学归一化等条件下, 行人保持站立的姿态做一些轻微的肢体动作, 这些肢体动作可以忽略而不影响检测效果。HOG 特别适合于进行图像的行人检测, 其在 MIT(Massachusetts Institute of Technology)行人数据库获得了接近 100%的检测成功率; 在 INRIA 行人数据库上, 也获得了约 90%的检测成功率。Zhu 等使用积分直方图计算 HOG 特征, 加速 HOG 特征的提取速度, 然后训练了多个不同尺度的分类器, 构成了一个级联分类器用于检测行人; Qu 等在检测视频中的行人时, 将行人与背景分离出来后提取行人的 HOG 特征, 减少了背景对目标 HOG 的影响, 又加快了 HOG 特征的提取速度。

提取出良好的特征之后, 还需要分类器来对目标进行分类。具有代表性的分类器主要有 Adaboost、支持向量机(support vector machine, SVM)、RF(random forest)、可变形部件模型(deformable parts model, DPM)等。其中, DPM 的表现出类拔萃。

2007 年以前, VOC(visual object classes)挑战赛中最好的算法所取得的平均检测精度(average precision, AP)是 21%, 而到 2011 年, 这个数值达到了 41%, 其中

2/3 的贡献来自于 DPM 的使用。

2. DPM

DPM 是由 Felzenszwalb 等提出的基于 HOG 特征、滑动窗口检测和可变形部件的目标检测模型，在目标检测方面取得了良好的成果，连续获得 VOC 2007～2009 年的检测冠军，2010 年其作者 Felzenszwalb 被 VOC 授予"终身成就奖"。DPM 采用了 Dalal-Triggs 所提的 HOG 特征，采用了多层多尺度的特征金字塔和滑动窗口机制，并将单一模型扩展到多部件结合变形机制的 DPM，增强了模型在局部区域内对目标部件变化的适应能力。

图结构(pictorial structures)使用一系列部件以及部件间的位置关系来表示目标。每个部件描述目标的一个局部属性，通过部件间的弹簧连接(spring-like connection)表示模型的可变形配置。在图结构的基础上提出的部件模型是一种更加丰富的、可塑性更好的结构模型，Felzenszwalb 和 Mc Allester 详细阐述了目标检测语法，其基本思想是将目标类别细分为子类别，将目标对象分解为各个部件。为了进一步提高 DPM 的目标表示能力，实际中往往使用由许多单独的 DPM 组合而来的混合模型。

DPM 包含若干个单一星型模型的混合模型。其中，单一星型模型包含一个根滤波器和若干个部件滤波器，根滤波器描述了图像中目标的整体特征，部件滤波器描述了目标局部部件区域的更为精细的特征，用空间变形来描述根滤波器和部件滤波器之间的位置关系和变形信息；混合模型用于描述存在多种尺度类型的目标，包含若干个星型模型，每一个星型模型利用不同尺度的根滤波器描述目标的不同尺度形态。

基于 DPM 的目标检测主要在以下三方面进行了改进。

(1) 在整体模型和部件模型的描述上，采用增强 HOG 特征然后进行匹配，且采用了多层特征金字塔，以便于在目标的不同尺度上提取 HOG 特征。

(2) 利用模型滤波器匹配程度以及部件滤波器与根滤波器之间的位置变形关系，对于输入的目标图像进行检测时，滑动检测窗口的得分等于根滤波器和部件滤波器在该窗口下的匹配得分和同时减去部件模型的变形花费。

(3) 模型训练时采用了 Latent SVM 方法，将 DPM 的参数学习问题转换为一个分类问题。在训练过程中，将部件的位置分布作为隐藏变量，通过迭代计算的方式不断地更新，模型最终达到收敛。

Felzenszwalb 等提出面向丰富语法模型的 DPM 目标检测理论，并将它用于 VOC 挑战赛的所有 20 种目标类别的检测，取得了惊人的效果。

PASCAL VOC 2006 人体检测的最高 AP 得分是 0.16，是通过使用 HOG 特征的固定模板获得的。之前得分 0.19 的最好结果增加了一个基于分割的验证过程。只含有根滤波器的模型得到稍微高一点的性能 0.18AP。如果在模型中为每个正样本增加隐藏的位置和尺度变量，使用 Latent SVM 进行训练，性能会大幅度增加到 0.24AP。这表明 Latent SVM 即使对于固定模板模型也是非常有用的，因为增加隐藏变量可以允许训练数据中的检测窗口进行自我调整。加入 DPM 后，性能增加到 0.34AP——是之前最优结果的两倍。训练一个只含有部件滤波器没有根滤波器的模型，可以达到 0.29AP，这说明了使用多尺度表示的优点。

PASCAL VOC 2007 挑战赛有 20 个目标类别。DPM 系统的初始版本参加了官方的比赛，在 6 个类别上获得了最高得分。随后的改进系统可以在 10 个类别上获得最高得分，并在 6 个类别中获得第二高得分。系统在刚体目标(如车和沙发)和容易发生形变的目标(如人和马)上表现较好。同时系统在大量或少量训练样本的情况下都能成功。

基于 DPM 的目标检测算法在实时应用中还面临着一些困难和挑战。DPM 目标检测算法虽然有较高的检测精度，但是以较大的运算量为代价，故其运行速度不够理想。基于原始 DPM 的目标检测系统，在大小为 640×480 的图像中检测行人的耗时是 5s～1min(视软硬件环境而定)，这样的速度显然无法满足实时应用要求。使用级联结构的 DPM 算法——星级联算法，将一个拥有 n 个部件的部件模型构造为 $2(n+1)$ 级级联结构。级联算法提供了一种非常有效的搜索策略，将级联算法与滑动窗口技术结合，可以大大减少不必要的计算。

2004 年，来自法国的一个实验室团队，基于 CUDA(compute unified device architecture)实现了 DPM 算法的并行化，获得了 10 倍的加速比。通过对算法的并行化分析和实现，完成算法的 GPU 移植，使算法的执行效率得到显著提高，在某些特定情况下，结合其他算法，能够实现对小图像的实时检测的要求。

在没有 GPU 的普通多核系统上，经过 CPU 多线程加速后，DPM 性能也可得到大幅度提高，但要满足实时场景应用需要很高的计算机配置。在本书第 8 章的 Intel® Celeron 1037U 1.8GHz 双核处理器的无风扇系统上，DPM 算法大约每分钟只能处理 1～2 幅渔船驾驶舱的图像数据。

3. 深度学习时代的目标检测

从 1998 年到 20 世纪初，深度学习兴起用了 15 年，但当时成果乏善可陈，一度被边缘化。基于深度学习的目标检测发展起来后，其实效果也一直难以突破。例如，Szegedy 等的算法在 VOC 2007 测试集合上的 mAP 只有 30%多一点，OverFeat 在 ILSVRC 2013 测试集上的 mAP 只能达到 24.3%。

约从 2006 年开始, 随着互联网开始大量产生各种各样的图片数据, 以及 GPU

计算能力的增长，卷积神经网络结合大数据的训练成为可能，令深度学习在目标检测方面取得了非常好的成果。Hinton 等在 *Science* 上首次提出了深度学习的概念，其主要思想是通过深度神经网络模拟人脑学习认识目标的过程，依靠该神经网络从低到高逐层传递目标的特征，层次越高特征越抽象。

深度学习提出后，在诸多领域均取得了巨大成功，受到广泛关注。在 2012 年，Hinton 等采用深度学习赢得了 Image Net 图像分类比赛冠军，他们在原始的 RGB 像素空间训练了深度卷积神经网络模型，该模型包含 6000 万个像素，65 万个神经元构成的 5 层卷积网络。Su 等通过卷积神经网络学习人的脸部特征，将该特征用来训练贝叶斯分类器进行人脸识别，获得了 99.47% 的识别率，而非深度学习算法中，最好的识别率只能达到 96.33%。

深度学习在学术界受到了广泛关注的同时，在工业界也产生了巨大影响。百度和谷歌在 Hinton 等赢得 Image Net 图像分类比赛之后 6 个月就更新了自己的图像内容搜索引擎。他们将 Hinton 在比赛中的深度学习模型应用在各自的数据上，图像搜索的准确率都得到了大幅度提高。

2013 年 R-CNN(region-based convolutional neural network)诞生了，VOC 2007 测试集的 mAP 被提升至 48%，2014 年时通过修改网络结构又飙升到了 66%，同时 ILSVRC 2013 测试集的 mAP 也被提升到 31.4%。

鉴于深度学习在学术界和工业界的巨大影响力，2013 年深度学习被 MIT Technology Review 列为世界十大技术突破之首。

深度学习相关的目标检测方法可以大致分为两派：基于区域提名(region proposal)的，如 R-CNN、SPP-net、Fast R-CNN、Faster R-CNN、R-FCN；端到端(end-to-end)，无须区域提名的，如 YOLO、SSD。

目前来说，基于区域提名的方法仍然占据上风，但端到端的方法速度上优势明显，后续发展值得期待。

1) 区域提名

区域提名也就是找出可能的感兴趣区域(region of interest, ROI)。区域提名类似于光学字符识别(optical character recognition, OCR)领域的切分，OCR 切分常用过切分方法，简单来说就是尽量切碎到小的连通域(如小的笔画之类)，然后再根据相邻块的一些形态学特征进行合并。但目标检测的对象相比 OCR 领域变化更大，而且图形不规则，大小不一，所以一定程度上可以说区域提名是比 OCR 切分更难的一个问题。

区域提名可能的方法如下。

(1) 滑动窗口：滑动窗口本质上就是穷举法，利用不同的尺度和长宽比把所有可能的大大小小的块都穷举出来，然后送去识别，识别出来概率大的就保留。很明显，这样的方法复杂度太高，产生了很多冗余候选区域。

(2) 规则块：在穷举法的基础上进行了一些剪枝，只选用固定的大小和长宽比。这在一些特定的应用场景是很有效的，但是对于普通的目标检测来说，规则块依然需要访问很多位置，复杂度高。

(3) 选择性搜索：从机器学习的角度来说，前面方法的召回率(recall rate)不错，但精度却差强人意，问题的核心在于如何有效地去除冗余候选区域。其实冗余候选区域大多是发生了重叠，选择性搜索利用这一点，自底向上合并相邻的重叠区域，从而减少冗余。

区域提名并不只有以上所说的三种方法，实际应用中方法非常灵活，变种也很多。

选择性搜索的具体算法细节如表 5-4 所示。总体上选择性搜索是自底向上不断合并候选区域的迭代过程。

表 5-4　选择性搜索算法

算法　选择性搜索算法

输入: 一张图片

输出：候选的目标位置集合 L

算法：

1: 利用过切分方法得到候选的区域集合 $R= \{r_1, r_2, \cdots, r_n\}$

2: 初始化相似集合 $S = \phi$

3: for each 邻居区域对 (r_i, r_j) do

4: 计算相似度 $s(r_i, r_j)$

5: $S = S \cup s(r_i, r_j)$

6: while S not$= \phi$ do

7: 得到最大的相似度 $s(r_i, r_j) = \max(S)$

8: 合并对应的区域 $r_t = r_i \cup r_j$

9: 移除 r_i 对应的所有相似度：$S = S \backslash s(r_i, r^*)$

10:移除 r_j 对应的所有相似度：$S = S \backslash s(r^*, r_j)$

11:计算 r_t 对应的相似度集合 S_t

12:$S = S \cup S_t$

13:$R = R \cup r_t$

14:$L = R$ 中所有区域对应的边框

从表 5-4 不难看出，R 中的区域都是合并后的，因此减少了不少冗余，但是还需要继续保证召回率，因此算法中的相似度计算策略就显得非常关键。如果简单采用一种策略很容易错误合并不相似的区域，例如，只考虑轮廓时，不同颜色的区域很容易被误合并。选择性搜索采用多样性策略来增加候选区域以保证召回率，例如，颜色空间考虑 RGB、灰度、HSV 及其变种等，相似度计算时既考虑颜色相似度，又考虑纹理、大小、重叠情况等。

总体上，选择性搜索是一种比较朴素的区域提名方法。如下所述，被早期的基于深度学习的目标检测方法(包括 OverFeat 和 R-CNN 等)广泛利用，但被当前的新方法弃用。

(1) OverFeat。OverFeat 是用 CNN 统一来进行分类、定位和检测的经典之作，作者是纽约大学的 Yann Lecun 团队。OverFeat 也是 ILSVRC 2013 测试集任务 3(分类+定位)的冠军得主。

OverFeat 的核心思想包括如下三点。

① 区域提名：结合滑动窗口和规则块，即多尺度(multi-scale)的滑动窗口。

② 分类和定位：统一用 CNN 来进行分类和预测边框位置，模型与 AlexNet 类似，其中 1~5 层为特征抽取层，即将图片转换为固定维度的特征向量，6~9 层为分类层(分类任务专用)，不同的任务(分类、定位、检测)公用特征抽取层(1~5 层)，只替换 6~9 层。

③ 累积：因为用了滑动窗口，同一个目标对象会有多个位置，也就是多个视角；因为用了多尺度，同一个目标对象又会有多个大小不一的块。这些不同位置和不同大小块上的分类置信度会进行累加，从而使得判定更为准确。

OverFeat 的关键步骤包括如下四步。

① 利用滑动窗口进行不同尺度的区域提名，然后使用 CNN 模型对每个区域进行分类，得到类别和置信度。

② 利用多尺度滑动窗口来增加检测数量，提升分类效果。

③ 用回归模型预测每个对象的位置。

④ 边框合并。

OverFeat 是 CNN 用来进行目标检测的早期工作，主要思想是采用多尺度滑动窗口来进行分类、定位和检测，虽然是多个任务，但重用了模型前面几层，这种模型重用的思路也是后来 R-CNN 系列不断沿用和改进的经典做法。

当然 OverFeat 也有不少缺点，至少速度和效果都还有很大改进空间，后面的 R-CNN 系列在这两方面作了很多提升。

(2) R-CNN。以下是 R-CNN 的主要步骤。

① 区域提名：通过 Selective Search 从原始图片提取 2000 个左右区域候

选框。

② 区域大小归一化：把所有候选框缩放成固定大小(原文采用 227×227)。

③ 特征提取：通过 CNN 网络，提取特征。

④ 分类与回归：在特征层的基础上添加两个全连接层，再用 SVM 分类来进行识别，用线性回归来微调边框位置与大小，其中每个类别单独训练一个边框回归器。

OverFeat 可以看作 R-CNN 的一个特殊情况，只需要把 Selective Search 换成多尺度的滑动窗口，每个类别的边框回归器换成统一的边框回归器，SVM 换为多层网络即可。但是 OverFeat 实际比 R-CNN 快 9 倍，这主要得益于卷积相关的共享计算。

事实上，R-CNN 还有很多需要改进的地方。

① 重复计算：R-CNN 虽然不再是穷举，但依然有 2000 个左右的候选框，这些候选框都需要进行 CNN 操作，计算量依然很大，其中有不少其实是重复计算。

② SVM 模型：也是线性模型，在标注数据不缺失的时候显然不是最好的选择。

③ 训练测试分为多步：区域提名、特征提取、分类、回归都是断开的训练过程，中间数据还需要单独保存。

④ 训练的空间和时间代价很高：卷积出来的特征需要先存在硬盘上，这些特征需要几百 GB 的存储空间。

⑤ 速度慢：前面的缺点最终导致 R-CNN 特别慢，GPU 上处理一张图片需要约 13s，CPU 上则需要约 53s。

当然，R-CNN 是冲着效果来的，其中 ILSVRC 2013 数据集上的 mAP 由 OverFeat 的 24.3%提升到了 31.4%，第一次有了质的改变。

(3) SPP-net。SPP-net 是 MSRA 的何恺明等提出的，其主要思想是去掉原始图像上的 crop/warp 等操作，换成在卷积特征上的空间金字塔池化层(spatial pyramid pooling，SPP)。引入 SPP 层的主要原因是 CNN 的全连接层要求输入图片是大小一致的，而实际输入图片往往大小不一，如果直接缩放到同一尺寸，很可能有的物体会充满整个图片，而有的物体可能只占到图片的一角。传统的解决方案是进行不同位置的裁剪，但是这些裁剪技术可能会导致一些问题出现，crop 会导致物体不全，warp 会导致物体被拉伸后形变严重，SPP 就是为了解决这种问题的。SPP 对整图提取固定维度的特征，再把图片均分成 4 份，每份提取相同维度的特征，再把图片均分为 16 份，以此类推。可以看出，无论图片大小如何，提取出来的维度数据都是一致的，这样就可以统一送至全连接层。SPP 思想在后来的 R-CNN 模型中也被广泛应用。

SPP-net 进行目标检测的主要步骤如下。

① 区域提名：用 Selective Search 从原图中生成 2000 个左右的候选窗口。

② 区域大小缩放：SPP-net 不再进行区域大小归一化，而是缩放到 $\min(w, h)=s$，即统一长宽的最短边长度，s 选自 {480,576,688,864,1200} 中的一个，选择的标准是使缩放后的候选框大小与 224×224 最接近。

③ 特征提取：利用 SPP-net 网络结构提取特征。

④ 分类与回归：类似 R-CNN，利用 SVM 基于上面的特征训练分类器模型，用边框回归来微调候选框的位置。

SPP-net 解决了 R-CNN 区域提名时 crop/warp 带来的偏差问题，提出了 SPP 层，这使得输入的候选框可大可小，但其他方面依然和 R-CNN 一样，因而依然存在不少问题，这就有了后面的 Fast R-CNN。

(4) Fast R-CNN。Fast R-CNN 是要解决 R-CNN 和 SPP-net 2000 个左右候选框带来的重复计算问题，其主要思想如下。

① 使用一个简化的 SPP 层 —— RoI(region of interesting) Pooling 层，操作与 SPP 类似。

② 训练和测试时不再分多步：不再需要额外的硬盘来存储中间层的特征，梯度能够通过 RoI Pooling 层直接传播；此外，分类和回归用 Multi-task 的方式一起进行。

③ SVD：使用 SVD 分解全连接层的参数矩阵，压缩为两个规模小很多的全连接层。

Fast R-CNN 的主要步骤如下。

① 特征提取：以整张图片为输入，利用 CNN 得到图片的特征层。

② 区域提名：通过 Selective Search 等方法从原始图片提取区域候选框，并把这些候选框一一投影到最后的特征层。

③ 区域归一化：针对特征层上的每个区域候选框进行 RoI Pooling 层操作，得到固定大小的特征表示。

④ 分类与回归：然后再通过两个全连接层，分别用 softmax 多分类进行目标识别，用回归模型进行边框位置与大小微调。

Fast R-CNN 比 R-CNN 的训练速度(大模型 L)快 8.8 倍，测试时间快 213 倍，比 SPP-net 训练速度快 2.6 倍，测试速度快 10 倍左右。

(5) Faster R-CNN。Fast R-CNN 使用 Selective Search 来进行区域提名，速度依然不够快。Faster R-CNN 则直接利用 RPN(region proposal networks)网络来计算候选框。RPN 以一张任意大小的图片为输入，输出一批矩形区域提名，每个区域对应一个目标分数和位置信息。

Faster R-CNN 的主要步骤如下。

① 特征提取：同 Fast R-CNN，以整张图片为输入，利用 CNN 得到图片的特征层。

② 区域提名：在最终的卷积特征层上利用 k 个不同的矩形框(anchor box)进行提名，k 一般取 9。

③ 分类与回归：对每个 Anchor Box 对应的区域进行 object/non-object 二分类，并用 k 个回归模型(各自对应不同的 Anchor Box)微调候选框位置与大小，最后进行目标分类。

Faster R-CNN 抛弃了 Selective Search，引入了 RPN 网络，这使得区域提名、分类、回归一起共用卷积特征，从而得到了进一步的加速。但是，Faster R-CNN 需要先判断 20000 个 Anchor Box 是否是目标(目标判定)，然后再进行目标识别，分成了两步。Faster R-CNN 可以做到又快又好，在 VOC 2007 上检测 AP 达到 73.2，速度也大大提高。

2) 端到端

尽管 Faster R-CNN 表现已经足够出色，但是在检测速度方面仍不能完全达到实时的要求。此时，基于端到端的方法逐渐凸显出其重要性，这类方法主要使用了回归的思想，即给定输入图像，直接在图像的多个位置上回归出这个位置的目标边框以及目标类别。

(1) YOLO：Redmon 等在 CVPR 2016 上提出了 YOLO 网络模型，YOLO 的全拼是 You Only Look Once，顾名思义就是只看一次，进一步把目标判定和目标识别合二为一，所以识别性能有了很大提升。在挑战 PASCAL VOC 检测挑战数据集时，达到 45 帧/s，而在快速版 YOLO(Fast YOLO，卷积层更少)中，可以达到 155 帧/s，达到了完全实时。

从网络设计上，YOLO 与 R-CNN、Fast R-CNN 及 Faster R-CNN 的区别如下。

① YOLO 训练和检测均是在一个单独网络中进行的。YOLO 没有显式地求取区域提名的过程。而 R-CNN/Fast R-CNN 采用分离的模块(独立于网络之外的 Selective Search 方法)求取候选框(可能会包含物体的矩形区域)，训练过程因此也是分成多个模块进行的。Faster R-CNN 使用 RPN 卷积网络替代 R-CNN/Fast R-CNN 的 Selective Search 模块，将 RPN 集成到 Fast R-CNN 检测网络中，得到一个统一的检测网络。尽管 RPN 与 Fast R-CNN 共享卷积层，但是在模型训练过程中，需要反复训练 RPN 网络和 Fast R-CNN 网络(注意这两个网络核心卷积层是参数共享的)。

② YOLO 将物体检测作为一个回归问题进行求解，输入图像经过一次推断(inference)，便能得到图像中所有物体的位置和其所属类别及相应的置信概率。而

R-CNN/Fast R-CNN/Faster R-CNN 将检测结果分为两部分求解：物体类别(分类问题)与物体位置即 bounding box(回归问题)。

YOLO 简化了整个目标检测流程，速度的提升也很大，然而代价就是精度下降，在 155 帧/s 的速度下精度只有 52.7，45 帧/s 时的精度是 63.4。YOLO 还是有不少可以改进的地方，例如，$S \times S$ 的网格就是一个比较启发式的策略，如果两个小目标同时落入一个格子中，模型也只能预测一个；另一个问题是 Loss 函数对不同大小的 bbox 未作区分。

(2) SSD：针对 YOLO 存在的缺点，Liu 等提出了 SSD，其全称为 Single Shot Multibox Detector。SSD 是 YOLO 的改进版，其获取目标位置和类别的方法跟 YOLO 相同，都是使用回归，但是 YOLO 预测某个位置使用的是全图的特征，SSD 预测某个位置使用的是这个位置周围的特征。SSD 结合了 YOLO 中的回归思想和 Faster R-CNN 中的 Anchor Box 机制，使用全图各个位置的多尺度区域特征进行回归，既保持了 YOLO 速度快的特性，也保证了窗口预测的跟 Faster R-CNN 一样比较精准。SSD 在 VOC 2007 上 mAP 可以达到 72.1%，速度在 GPU 上达到 58 帧/s。

(3) YOLO v2：2016 年年底，Redmon 等又提出了 YOLO 的升级版模型 YOLO v2，其主要有两方面的改进。

① 使用一系列的方法对 YOLO 进行了改进，在保持原有速度的同时提升精度得到 YOLO v2。

② 提出了一种目标分类与检测的联合训练方法，同时在 Microsoft COCO(common objects in context)和 ImageNet 数据集中进行训练得到 YOLO9000，实现 9000 多种物体的实时检测。YOLO9000 提高训练图像的分辨率，引入了 Faster R-CNN 中 Anchor Box 的思想，对各网络结构及各层的设计进行了改进，输出层使用卷积层替代 YOLO 的全连接层，联合使用 COCO 物体检测标注数据和 Image Net 物体分类标注数据训练物体检测模型。相比 Faster R-CNN、YOLO、SSD、YOLO9000 在识别种类、精度、速度和定位准确性等方面都有极大提升。

5.2.4　图像存储

1. 存储容量

视频监控系统的主要特点是图像信息量巨大，要求具有足够的存储空间。硬盘录像机录像占用的存储容量与图像质量、摄像头的路数、需要保存录像时间、录像机图像压缩比(压缩采用的格式和图像变化情况)等因素有关。

目前，国内 DVR(digital video recorder)多数采用简化的 H.264 或 MPEG-4 压缩技术，在同等的图像质量时，H.264 的数据压缩比要比 DVD 系统中使用的 MPEG-2 高 2～3 倍，比 MPEG-4 高 1.5～2 倍。

当图像质量是 CIF(common intermediate format)水平时，采用 H.264 技术，硬盘消耗率大约为 100MB/(路·小时)，16 路硬盘录像机 1TB 的硬盘大约能连续录像 26 天。以目前基本的高清 720P 效果为例，正常录像需要的硬盘容量大约为 4～8GB/(路·小时)，出于经济性考虑，每小时视频录像可压缩到 3GB 左右。以此为例，按一个月保存时间计算，8 路监控大约 17TB 容量。因此多路高清监控对存储设备的容量、读写性能、可靠性提出了更高要求。

如上所述，数字化视频监控涉及巨量数据的采集、存储和使用。因此，一个高效能的视频监控系统必须具备高效能的数据存储系统，这关系着数据管理的效率、数据安全以及数据利用的效率。在电信级别的数字化监控系统中，对于数据存储系统的要求，一般说来要满足以下六方面的要求。

(1) 电信级数字监控系统的重要特点之一是大量集中的数据存储和分散化的前端应用。因此，存储系统必须具有较强的数据传输能力，否则将会影响数据存储和利用的效率。

(2) 海量数据存储需求和快速增长变化的特点，要求存储系统在必须在能够满足上述海量存储要求外，同时还必须具备良好的扩展性能。

(3) 由于监控系统一般要求实时的录像输入，所以对盘阵的数据写能力提出了较高的要求，否则数据大量集中在缓存中，最终将会导致缓存数据溢出以致主机死机。

(4) 监控录像需要在间隔一段时间后进行删除，会有一定时间的间隔，数据不能立即写入，这时数据都是保存在缓存中。因此较大的缓存可以保证更多的数据滞留在缓存中，等待向硬盘空间重新写入。

(5) 要求随时满足可能出现的监控录像调用和检索的要求，有时甚至是多个用户同时调用的要求。

(6) 电信级庞大的存储需求要求对存储采取严格管理。简单有序的管理可以帮助用户降低运营维护的成本，同时也是系统稳定性的重要保障。对于电信级别系统而言，良好的稳定性是必需的，如果缺乏稳定性，就会给众多用户带来巨大困扰，甚至带来巨大的损失。

作为图像数据和报警事件记录的载体，存储的重要性是不言而喻的，当前，存储已不仅是一个设备，而且已经提升到了一个解决方案的平台的层次。大容量的存储系统并不是存储设备的简单堆积，更需要解决存储机制的完备性、存储标准以及在时间(存储数据处理速度)和空间(存储容量)上的可使用性等问题，还有大容量存储系统的可管理性要求。

如表 5-5 所示，目前在应用环境中采用的主要存储方式有两种：DVR/DVS(digital video servers)本地存储模式和网络存储模式。

表 5-5　存储方式

存储方式

模式	连接方式	容量	扩展性	可靠性	每监控点平均成本	管理
DVR/DVS 本地存储	编码器内嵌硬盘，无 RAID 保护	容量小，受 2TB 空间大小限制，各编码器之间无法共享录像	差	低(数据可人为破坏)	低	编码器分散，环境复杂，维护困难
	编码器内嵌硬盘，有 RAID 保护或直连外接盘阵	容量中等，受 2TB 空间大小的限制，各编码器之间无法共享录像	差	低(数据可人为破坏)	中	编码器分散，环境复杂，维护困难
网络存储模式	编码器通过网络存储(NAS 或 IP-SAN 方式)集中存储	容量大，支持超 2TB 大小空间，录像集中存储，共享查看调用方便	强	采用 RAID 保护，数据集中存储在后端，安全性高	高	录像集中存储，管理方便

2. 防震技术

考虑到船上的特殊环境，还需对硬盘作防震处理。硬盘防震技术分为被动式防震技术和主动式防震技术。被动式防震技术无须任何电子元器件参与和软件的支持，只是在硬盘的周围填充一些海绵或橡胶材质的可以吸收振动的缓冲层，可避免偶尔、轻微的颠簸对硬盘造成损伤。一般在机身底部的硬盘挡板内设有两条防震胶带来吸收振动能量。考虑到橡胶材质属于热的不良导体，因此往往还会在硬盘表面覆盖一层导热性更好的铝箔确保硬盘的散热，保证长时间运行的稳定性。

主动式防震技术在被动式防震技术的基础上还需加入加速感应芯片，判断硬盘是不是处于振动或跌落状态，还需要预装在系统中的特殊软件对硬盘进行管理，也就是所谓的软硬结合，可以最大限度地保证计算机在频繁的振动或颠簸下硬盘的安全。当计算机出现了振动、撞击或者跌落，主动式防震技术会以毫秒为单位迅速将硬盘的磁头从工作状态收回到磁头停止区，从而减小撞击对硬盘的损害，保护硬盘及硬盘内的数据。

5.3　应 用 实 例

5.3.1　系统概述

本节以 http://www.machoin.com/product/29.html 给出的应用实例为背景，来分

析一个船舶动态视频监控系统的组成。

　　示例系统综合利用计算机技术、网络视频技术、CDMA 无线网络带宽叠加通信技术，通过 CDMA 无线传输网络，在监控中心实现船舶视频的远程实时监控和高效调度管理，在保证船舶安全航行的同时，尽早发现与预防灾情或隐患，减少灾情发生；当救助遇险船舶时，实时提供现场图像和周围过往船舶情况，为现场指挥决策提供有力依据，为海上救援赢得宝贵时间，达到防灾减灾的目的，保障生命财产的安全。

　　系统由三部分构成：视频监控系统、无线传输系统、监控中心。

5.3.2　系统功能

　　(1) 实现音频、视频的同步传输和监控，通过系统能可视化地与船舶进行实时通话。

　　(2) 实时监控：提供 1/4/9 等多画面的分屏多路显示。

　　(3) 采用 MPEG-4 图像压缩编码方式的网络视频服务器设备。

　　(4) 可远程控制镜头、云台、球机等设备。

　　(5) 提供多种形式的用户和权限管理，安全可靠。

　　(6) 提供各种录像方式：连续(计划)/移动侦测/报警，可按每天、每周或选择某天/时间段进行录像，可动态设置显示或录像图像的质量。

　　(7) 多种录像查询方式、具有功能强大的录像回放功能。

　　(8) 功能强大的系统管理工具、友好的用户操作界面。

　　视频监控系统将极大地提高船舶和公司的管理水平，将船舶情况随时通过传输信道传到岸基，使船舶和公司的管理跃上一个新台阶，更有效地促进船舶的安全生产管理，从而提高企业的核心竞争力。

5.4　接口示例代码

　　以下给出一个 C 代码读取海康网络摄像头(威视 IPCamera)视频流的接口示例，该接口嵌入 DPM 模式识别软件中，可以用来支持对船舶驾驶室工作人员值班进行智能监控。

```
int main(int argc, char * argv[])
{
    int num=0;        // 初始化
    ifstream in("ip.txt");
```

```
        ifstream thr("threshold.txt");
string filename;
string line;
string txtthr;
char ip[20];
float threshold;
if(in)                  // 有该文件
{
    getline (in, line);
    strcpy(ip,line.c_str());
}
Else                    // 没有该文件
{
    cout <<"no file" << endl;
}
if(thr)                 // 有该文件
{
    getline (thr, txtthr);
    threshold=atof(txtthr.c_str());
}
Else                    // 没有该文件
{
    cout <<"no file" << endl;
}
NET_DVR_Init();
NET_DVR_SetConnectTime(2000, 1);  //设置连接时间与重连时间
NET_DVR_SetReconnect(10000, true);
HANDLE h;
int i=10;
double scale=0.5;
LONG lUserID;
NET_DVR_DEVICEINFO_V30 struDeviceInfo;
char buf[20];
int j=0;
```

```
lUserID=NET_DVR_Login_V30(ip, 8000, "admin", "12345",&
struDeviceInfo);
if (lUserID < 0)
{
    printf("Login error, %d\n", NET_DVR_GetLastError ());
    NET_DVR_Cleanup();
    return -1;
}
if(lUserID==-1)
{
    cout<<"请先登录";
    return -1;
}
IplImage* frame;
//定义 JPEG 图像质量
LPNET_DVR_JPEGPARA JpegPara=new NET_DVR_JPEGPARA;
JpegPara->wPicQuality=2;
JpegPara->wPicSize=4;

char * Jpeg=new char[200*1024];
DWORD len=200*1024;
LPDWORD Ret=0;

if(!NET_DVR_SetCapturePictureMode(BMP_MODE))
{
    cout<<"Set Capture Picture Mode error!"<<endl;
    cout<<"The error code is "<<NET_DVR_GetLastError
    ()<<endl;
}
Vector<char>data(200*1024);
FastDPM PM("model.txt");
DWORD len1;
while(1)
{
```

```
SYSTEMTIME m_time;
GetLocalTime(&m_time);
int year=m_time.wYear;
int month=m_time.wMonth;
int day=m_time.wDay;
int hour=m_time.wHour;
int minute=m_time.wMinute;
int second=m_time.wSecond;
cout<<hour<<":"<<minute<<":"<<second<<endl;
cout<<"A";
if(hour==8&&minute==0)
{
    std::ifstream ifile;
    ifile.open("iplist.txt");
    std::string line;
    while(std::getline(ifile,line)){
        LONG newlUserID;
        NET_DVR_DEVICEINFO_V30 newstruDeviceInfo;
        std::cout<<line<<endl;
        char list[20];
        strcpy(list,line.c_str());
        newlUserID=NET_DVR_Login_V30(list,800 0,
        "admin", "12345",&newstruDeviceInfo);
        if (newlUserID < 0)
        {
            printf("Login error, %d\n", NET_DVR
            _GetLastError());
            NET_DVR_Cleanup();
            return -1;
        }
        if(newlUserID==-1)
        {
            cout<<"请先登录";
            return -1;
```

```
            }
            NET_DVR_TIME CurTime;
            CurTime.dwYear=year;
            CurTime.dwMonth=month;
            CurTime.dwDay=day;
            CurTime.dwHour=hour;
            CurTime.dwMinute=minute;
            CurTime.dwSecond=second;
            BOOLret=NET_DVR_SetDVRConfig(newlUserID,
            NET_DVR_SET_TIMECFG, 0, &CurTime,
            sizeof(NET_DVR_TIME));
            if(ret)
                    cout<<"校时成功!";
            }
            ifile.close();
    }
    char buf[100];
    ZeroMemory(&buf, sizeof(buf));
    cout<<"B";
    boolcapture=NET_DVR_CaptureJPEGPicture_NEW(lUserI D,
    1,JpegPara,Jpeg,len,Ret);
    if(!capture)
            {
        printf("Error: NET_DVR_CaptureJPEGPicture_NEW
            =%d", NET_DVR_GetLastError());
        return -1;
            }
    for(int i=0;i<200*1024;i++)
            data[i]=Jpeg[i];
    j=j+1;
    Mat img=imdecode(Mat(data),1);
    cout<<"C";
    while(j%5==0)
    {
```

```
        num=0;
        j=1;
        Size dsize=Size(img.cols*scale,img.rows*
        scale);
        Mat imgsize ;
      resize(img,imgsize,Size(img.cols/1.5,img.row
      s/1.5),(0,0),(0,0),3);
        Mat imgs=PM.prepareImg(imgsize);
        PM.detect(imgs,threshold , true, true);
        num=PM.count_num;
        cout<<num;
        cout<<"D";
}
itoa(num,buf,100);
const char* pipename="\\\\.\\pipe\\testpipe";
if(WaitNamedPipe(pipename, NMPWAIT_WAIT_FOREVER)==FALS E){
    while(WaitNamedPipe(pipename, NMPWAIT_WAIT_FOREVE R)
    ==TRUE ){
      break;
    }
} ///**xcend
h=CreateFile(pipename, GENERIC_READ|GENERIC_WRITE, FILE
_SHARE_READ| FILE_SHARE_WRITE,NULL, OPEN_EXISTING,FILE_
ATTRIBUTE_ARCHIVE|FILE_FLAG_WRITE_THROU GH,NULL);
if (h!=INVALID_HANDLE_VALUE){
    if( WriteFile(h, buf, sizeof( buf ), &len1, NULL)
    ==0)
    {
        printf("WriteFile failed with error %d/n",
        GetLastError());
        return 0;
    }
```

```
CloseHandle(h);
h=CreateFile(pipename,GENERIC_READ|GENERIC_WRITE, FILE
_SHARE_READ| FILE_SHARE_WRITE,NULL, OPEN_EXISTING,
FILE_ATTRIBUTE_ARCHIVE|FILE_FLAG_WRITE_THROUGH,NULL);
    cout.flush();
    cout<<"E"<<endl;
}
else
    continue;
CloseHandle(h);
waitKey(1);
}
return 0;
}
```

第三篇　传　输　层

第6章 卫星通信及其应用

卫星是一种重要的通信基础设施，可广泛地应用于海、陆、空交通运输通信，地质勘探、资源调查、海上搜救等各项领域。海运和水运作为全世界最广泛的运输方式之一，也是卫星通信最早的应用领域之一。在世界各大洋和江河湖泊行驶的各类船舶大多都安装了卫星通信终端设备，海上和水路运输更为高效和安全。

卫星通信能实现对全球"无缝"覆盖，其在海洋远距离通信中拥有不可替代的地位。在世界范围内，典型的海洋卫星通信系统包括 INMARSAT 系统、铱星(Iridium)系统、北斗卫星导航系统和我国近期发射的"天通一号"卫星移动通信系统等。船舶在进行海上作业时，依靠卫星系统进行通信与导航更为有效，其作用范围广、通信容量大、信息质量高、通信速度快等优点都促进了卫星系统在海洋远距离通信方面的发展。

6.1 卫星系统的发展

6.1.1 概述

自 20 世纪 90 年代以来，卫星移动通信迅猛发展。通常人们把利用人造地球卫星在地球站之间进行通信的通信系统称为卫星通信系统；把用于现实通信目的的人造卫星称为通信卫星，其作用相当于离地面很高的中继站，因此，可以认为卫星通信是地面微波中继通信的继承和发展，是微波接力向太空的延伸。

卫星通信具有覆盖范围广、通信容量大、传输质量好、组网方便迅速、频带宽、适用于多种业务、性能稳定可靠、机动灵活、不受地理条件限制、成本与通信距离无关、便于实现全球无缝链接等众多优点，被认为是建立全球通信必不可少的一种重要手段。多年来，它在国际通信、国内通信、军事通信、移动通信和广播电视等领域得到了广泛应用，特别是在船舶航行的通信、急救等方面发挥了不可替代的作用。

卫星通信主要包括卫星固定通信、卫星移动通信和卫星直接广播三大领域，主要使用无线电波频率为微波频段(300MHz～300GHz，即波段 lm～1mm)。如图 6-1 所示，卫星通信利用人造地球卫星作中继站，在地球上(包括地面、水面和低层大气中)的无线电通信站之间利用人造地球卫星作中继站转发或反射无线电波，在两个或多个地球站之间进行通信。

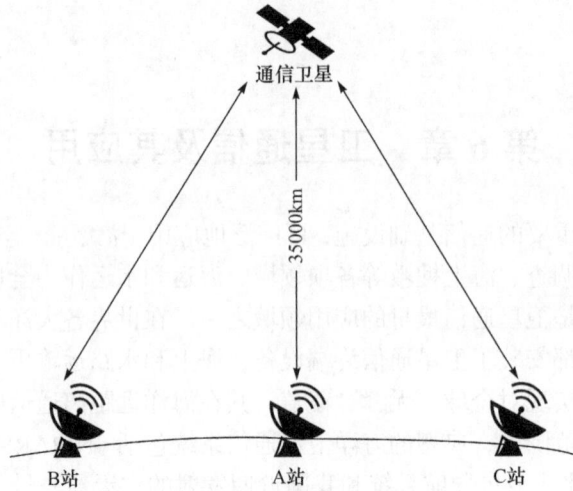

图 6-1　卫星通信系统

　　根据对无线电信号放大的有无、转发功能，人造地球卫星分为有源人造地球卫星和无源人造地球卫星。由于无源人造地球卫星反射下来的信号太弱，无实用价值，于是人们致力于研究具有放大、变频转发功能的有源人造地球卫星——通信卫星来实现卫星通信。其中绕地球赤道运行的周期与地球自转周期相等的同步卫星具有优越的性能，利用同步卫星的通信已成为主要的卫星通信方式。不在地球同步轨道上运行的低轨卫星多在卫星移动通信中应用。

　　同步卫星通信是在地球赤道上空约 36000km 的太空中围绕地球的圆形轨道上运行的通信卫星，其绕地球运行周期为 1 恒星日，与地球自转同步，因而与地球之间处于相对静止状态，故称为静止卫星、固定卫星或同步卫星，其运行轨道称为地球同步轨道(geostationary earth orbit，GEO)。

　　我国国土面积辽阔、地理环境复杂、地质灾害频繁，当发生自然灾害和重大事件时，普通的通信手段很难确保通信的可靠性。而卫星通信技术采用按需分配带宽多址连接方式，具有覆盖面广等优点，所以受到了越来越多，特别是一些偏远地区和远洋方面用户的青睐。另外，在一些专用数据传输现场、直播应急事故中，卫星通信技术更是发挥着传统通信所不能代替的作用。

6.1.2　卫星通信发展历程

1. 卫星通信理论的提出和早期试验

　　1945 年 10 月，英国科学家阿瑟·克拉克发表文章，提出利用同步卫星进行全球无线电通信的科学设想。20 年后这一设想才变成现实。通过不断研究和试验，

1964 年 8 月美国发射的第三颗"新康姆"卫星定位于东经 155°的赤道上空，通过它成功地进行了电话、电视和传真的传输试验，并于 1964 年秋用它向美国转播了在日本东京举行的奥林匹克运动会实况。至此，卫星通信的早期试验阶段基本结束。

2. 第一代卫星通信——模拟信号阶段

20 世纪 60 年代中期，卫星通信进入实用阶段。1965 年 4 月，西方国家财团组成的"国际卫星通信组织"将第一代"国际通信卫星"(INTELSAT-I，简记 IS-I，原名晨鸟)发射至西经 35°的大西洋上空的静止同步轨道，正式承担欧美大陆之间商业通信和国际通信业务。两周后，苏联也成功地发射了第一颗非同步通信卫星"闪电-1"进入倾角为 65°、远地点为 40000km、近地点为 500km 的准同步轨道(运行周期 12h)，对其北方、西伯利亚、中亚地区提供电视、广播、传真和一些电话业务。这标志着卫星通信开始了国际通信业务。

1972 年，加拿大首次发射了国内通信卫星"ANIK"，率先开展了国内卫星通信业务，获得了明显的规模经济效益。地球站开始采用 21m、18m、10m 等较小口径天线，用几百瓦级行波管发射级、常温参量放大器接收机等使地球站向小型化迈进，成本也大为下降。此间还出现了海事卫星通信系统，通过大型岸上地球站转接，为海运船只提供通信服务。

1976 年，由 3 颗静止卫星构成的 MARISAT(marine communication satellite)系统成为第一个提供海事移动通信服务的卫星系统(舰载地球站 40W 发射功率，天线直径 1.2m)。

1982 年，INMARSAT-A 成为第一个海事卫星移动电话系统。

3. 第二代卫星通信——数字信号阶段

20 世纪 80 年代，甚小口径终端(very small aperture terminal，VSAT)卫星通信系统问世，卫星通信进入突破性的发展阶段。VSAT 是集通信、电子计算机技术为一体的固态化、智能化的小型无人值守地球站。VSAT 技术的发展，为大量专业卫星通信网的发展创造了条件，开拓了卫星通信应用发展的新局面。

1988 年，INMARSAT-C 成为第一个陆地卫星移动数据通信系统。

1993 年，INMARSAT-M 和澳大利亚的 Mobilesat 成为第一个数字陆地卫星移动电话系统支持公文包大小的终端。

1996 年，INMARSAT-3 可支持便携式的膝上型电话终端。

20 世纪 90 年代，中、低轨道移动卫星通信的出现和发展开辟了全球个人通信的新纪元，大大加速了社会信息化的进程。

4. 第三代卫星通信——手持终端

1998 年，铱星系统成为首个支持手持终端的全球低轨卫星移动通信系统。

2003 年以后，集成了卫星通信子系统的全球移动通信系统(UMTS/IMT-2000)开始运营。

5. 我国卫星通信的发展

20 世纪 70 年代初，我国开始进入卫星的研究和使用阶段。1970 年 4 月 24 日 21 时 35 分，我国成功用"长征一号"运载火箭从甘肃酒泉卫星发射场发射中国第一颗人造地球卫星"东方红一号"，21 时 48 分卫星进入预定轨道。虽然由于化学电池寿命有限，"东方红一号"设计的工作寿命只有 20 天，实际在太空中工作了 28 天，但在运行期间，卫星做到当时预计的"上得去、抓得住、测得准、看得见、听得到"，并把"东方红"乐曲和遥测参数及各种太空探测资料传回地面，为中国航天事业后来的发展奠定了扎实的基础，并提供了宝贵的经验。

1972 年我国租用国际第 4 代卫星(IS-IV)，引进国外设备，在北京和上海建立了 4 座大型地球站，首次开展了商业性的国际卫星通信业务。1984 年 4 月 8 日，我国成功发射了第一颗试验通信卫星(STW-1)，定点于东经 125°，赤道上空。1988 年 3 月 7 日和 12 月 22 日，我国又相继成功发射了 2 颗经过改进的实用通信卫星，分别定点于东经 87.5°、110.50°赤道上空。1990 年 2 月 4 日，我国成功发射了第 5 颗卫星，定点于东经 98°赤道上空，同年春又将"亚洲一号"卫星(24 个转发器)送入了预定轨道。1997 年 5 月 12 日，中国成功发射了第三代通信卫星"东方红三号"(DFH-3)卫星，主要用于电视传输、电话、电报、传真、广播和数据传输等业务。2016 年 8 月 6 日零时 22 分，我国在西昌卫星发射中心用"长征三号"乙运载火箭成功将"天通一号 01 星"发射升空，这是我国卫星移动通信系统的首发星，填补了我国没有自主卫星移动通信系统的空白，意味着我国在海洋远距离通信方面将有进一步的发展。

6.1.3　卫星通信中的主要技术

卫星通信涉及很多技术，包括信号设计、信号处理、多址技术等，本节仅就目前比较流行的卫星移动通信及与海洋远程通信密切相关的抗干扰技术展开讨论。

1. CDMA

CDMA 系统通过采用话音激活技术、前向纠错(forward error correction，FEC)技术、功率控制技术、频率复用技术、扇区技术等使系统容量大幅度扩大；同时，

CDMA 还具有抗多径干扰能力、更好的话音质量和更低的功耗以及软切换等优点。CDMA 正是由于其本身所具有的特点及优越性而广泛应用于数字卫星通信系统中。特别是近年来，小卫星技术的发展为实现全球移动通信和卫星通信提供了条件，利用分布在中、低轨道的许多小卫星实现全球个人通信，已在国际上逐渐形成完善的体系。

CDMA 移动卫星通信系统根据导频信号的幅度实现功率控制，减少用户对星上功率的要求从而增加系统的容量，减少多址干扰；CDMA 移动卫星通信系统可利用多个卫星分集接收，大大降低了多径衰落的影响，改善了传输的可靠性。此外，CDMA 多址方式具有优越的抗干扰性能、很好的保密性和隐蔽性、连接灵活方便等特点，它在海洋卫星通信上具有重要的意义。

2. 抗干扰技术

卫星通信中干扰和抗干扰一直是关注的焦点，研究在复杂电磁环境下卫星通信抗干扰技术已成为提高海上通信能力、确保海事活动顺畅的关键。未来电磁环境将变得越来越复杂；在现代军事斗争中，敌我双方对卫星通信干扰与抗干扰技术对抗也越来越激烈。通信卫星始终暴露在太空中，且信道是开放的，易于受到攻击。因此，卫星通信因其固有的特点而面临极大的外来干扰威胁。

卫星通信抗干扰主要通过传输链路抗干扰、软硬件设备抗干扰以及建立综合智能抗干扰体系等措施实现。传输链路抗干扰主要有 DS/FH 混合扩频、自适应选频、自适应频域滤波、猝发通信、时域适应干扰消除、基于多用户检测的抗干扰、跳时(time hopping，TH)、自适应信号功率管理、自适应调零天线、多波束天线、星上 Smart AGC、分集抗干扰、变换域干扰消除、纠错编码和交织编码抗干扰等技术。软硬件设备抗干扰主要有光电隔离、硬件滤波、屏蔽、数字滤波、指令冗余、程序运行监视等技术。建立综合智能抗干扰体系可通过建立软件化抗干扰硬件平台、建立智能化抗干扰软件应用系统，如智能抗干扰系统、网络监测控制系统、专家策略支持系统等措施实现。这些措施的实施可以提高复杂海洋环境下的通信质量。

6.2　国际海事卫星通信系统

6.2.1　概述

国际海事卫星组织(International Maritime Satellite Organization)又名国际移动卫星组织。它是一个有 79 个成员方的国际卫星移动通信组织，约在 143 个国家和地区拥有 4 万多台各类卫星通信设备，目前已成为唯一的全球海上、空中和陆地商用及遇险安全卫星移动通信服务的提供者。中国作为创始成员国之一，由中国交通运输部和中国交通通信信息中心分别代表中国参加了该组织。

海事卫星是用于海上和陆地间无线电联络的通信卫星，是集全球海上常规通信、遇险与安全通信、特殊与战备通信于一体的实用性高科技产物。其特点是通信质量高，容量大，可全球、全天候、全时通信。海事卫星通信系统通过国际海事卫星接通船与岸、船与船之间的电话业务，可进行通话、数据传输和传真。在没有移动通信信号覆盖的海域，可以使用国际海事卫星电话通信。海事卫星通信系统覆盖了太平洋、印度洋、大西洋东区和西区。但海事卫星电话收费较高，一分钟需要几元钱。

国际海事卫星组织旨在为海上船舶提供全球、全时、全天候的海事卫星安全和商务通信服务，从而有助于改进与提高海上救助、船舶指挥调度、海上公众通信的效率和管理水平。

INMARSAT 系统由船站、岸站、网络协调站和卫星等部分组成。岸站是卫星通信的地面中转站。船站就是海上用户站，设置在航行的油船、客轮、商船和海上浮动平台上。船站的天线均装有稳定平台和跟踪机构，使船只在起伏和倾斜时，天线也能始终指向卫星。海上船舶可根据需求由船站将通信信号发射给地球静止卫星轨道上的海事卫星，经卫星转发给岸站，岸站再通过与之连接的地面通信网络或国际卫星通信网络，实现与世界各地陆地上用户的相互通信。海事卫星除广泛用于电话、电报、电传和数据传输业务外，还兼有救援和导航业务。这个系统把船只航向、速度和位置等数据随时传送给岸站，并存储在岸站控制中心的电子计算机中，因此船只一旦在海上遇难或船上发生紧急事件，岸站就可迅速确定船只所在海域的具体位置并及时组织营救。

6.2.2　发展与应用

1. 发展历程

20 世纪 60 年代末，IMO 考虑利用卫星为船舶提供可靠的海上遇险安全和商务通信，从而改变无线电短波通信受天气影响严重的状况。当时，海事卫星通信系统处于发展初期，设备复杂、造价较高，采用范围没有完全延伸，但是发展很快。

经过多次国际会议的研究、论证，1976 年 IMO 通过了《国际海事卫星组织公约》和《国际海事卫星组织业务协定》。当年，美国先后发射了 3 颗静止轨道的海事卫星，各自定点在西经 15°(大西洋)、东经 176.5°(太平洋)和东经 72.5°(印度洋)，组成了全球海事卫星通信网。1976 年世界上有 34 个船站和 2 座岸站。

1979 年,《国际海事卫星组织公约》和《国际海事卫星组织业务协定》生效。1979 年 7 月成立政府间经济合作机构"国际海事卫星组织",总部设在伦敦。国际海事卫星组织成立后迅速发展,业务遍及全球,其成员方数目从最初的 20 多个发展到 89 个。

1981 年 12 月欧洲空间局发射了更大容量的"欧洲海事通信卫星"。1982 年,国际海事卫星组织,接管了原属美国的海事卫星系统的业务,到 1982 年底已拥有 37 个成员方。已使用"欧洲海事通信卫星"和具有海事通信转发器的"国际通信卫星"Ⅴ号(见"国际通信卫星")。

到 1982 年国际海事卫星组织发展到 1650 个船站和 7 座岸站。1983～1984 年,国际通信卫星组织发射了装有海事通信分系统的"国际通信卫星"Ⅴ号。

从 1985 年起,海事卫星通信的使用范围逐步扩大到航空及陆上领域,成为海陆空全能的通信系统,并于 1994 年更名为"国际移动卫星组织"(英文简称不变)。该组织公约规定成员方指定一个实体参加该组织的业务管理和经营活动。

1999 年国际海事卫星组织改制为股份制公司,原国际组织保留一个小规模的机构,负责监督改制后的公司履行公益职能。

2005 年初,国际海事卫星组织公司成功上市,至今运转良好。正是国际海事卫星组织承担的不可替代的遇险安全通信的义务,使得该系统能够以此为基础,拓展商用市场,使公益通信与商务市场同步发展、相得益彰,从而得以从众多的卫星通信系统中脱颖而出,成为业界的佼佼者。2013 年,全球海事卫星通信市场在用终端数量增长 4.5%,海事卫星运营商的销售收入增长 10%。

目前渔业用户主要使用国际海事卫星的 C、F、Mini-M 和 FB 系统,这四个系统分别满足了渔业用户遇险通信和日常通信的需要。为渔业用户提供的服务功能主要分为日常通信和遇险通信两类。遇险通信主要包括遇险报警和遇险级别通信,日常通信服务主要包括语音、船站、数据和视频等满足船岸间日常通信的手段。

由于海事卫星使用的 L 频段为俗称的黄金频段,它的通信费用昂贵,国内卡接打电话约 1.8 元/min,国际卡打电话约 7 元/min,使许多用户望而却步。然而它的种种优点,在移动卫星通信中有着不可替代性。尤其是在突发事件应用中,海事卫星系统在国内外都占有首要地位。

2. 在抗灾救灾中的作用

通信在抢险救灾工作中起着关键的作用,是确保灾区信息及时反馈的重要手段,是救灾工作指挥、协调、组织的重要保障。目前,海事卫星通信系统是全球最稳定可靠的移动卫星通信系统,是世界上唯一可以提供全球、全天候、全方位卫星移动通信和遇险安全通信的通信手段，海事卫星电话为应急而生，在急、难、险、重领域特别是常规通信手段受到破坏时，海事卫星不受气候、地域的影响，能够为人们迅速搭建起"应急指挥部""新闻第一线"，满足人们高速数据传输、图像和话音的需求，用于指挥抗灾，对外顺畅披露灾情。作为现有公众网络的延伸和应急通信系统，海事卫星通信系统十几年来在边远地区通信和应急通信方面发挥了巨大作用。

例如，在汶川地震灾害中，震中地区的常规通信手段全部中断。海事卫星作为卫星通信系统的一种，以其便捷、可靠、不受当地地面条件影响的特点，在受灾地区成了主要通信手段，在抗震救灾的指挥联络、新闻信息的传递等领域发挥了不可替代的作用，主要表现在：

一是各级政府用于抗震救灾的组织、指挥、协调、管理；

二是各种救援队伍直接的救援活动的通信联络与保障；

三是灾难现场与外部必要信息管理的各种传递；

四是各种新闻媒体和现场及时的采访报道，包括电话连线、传送文稿、照片和视频图像等，凸显了海事卫星通信设备在急、难、险、重等特殊条件和环境下可实现随时随地通信的独特优势。

3. 在新闻媒体通信保障方面的作用

随着各种新媒体的快速发展，新闻媒体间的竞争局面越来越激烈，面对众多的时政、灾害、战争等各种新闻事件，如何培养自己独特的、深入的新闻切入点，进行深入的追踪报道，已经成为众多新闻单位考虑的重点。传统的新闻传输较多采用 SNG(satellite news gathering)卫星设备，虽然装载全套 SNG 设备的专用车具有一定的机动性，但设备较复杂、不易操作，需要特别技术人员的专业支持，甚至常常受到条件限制，不能及时到达新闻事件现场，无法实现及时的新闻传送，实效性较低。海事卫星系统以其移动、便捷、高速、可靠的特性，满足了新闻媒体的行业通信需求，尤其是新一代的宽带 BGAN 业务，其高达 492Kbit/s 的传输速率和多种可保障带宽的业务，非常适用于媒体对大量图片、视频传输的需求，已经在媒体界得到了广泛使用。

4. GMDSS 方面的作用

GMDSS 是 IMO 利用现代化的通信技术改善海上遇险与安全通信，建立新的海上搜救通信程序，并用来进一步完善现行常规海上通信的一套庞大的、综合的、全球性的通信搜救系统。该系统以现代先进通信技术为基础，依靠国际协作，组成全球统一的遇险安全通信网，保证以最小的时延自动发送/接收遇险报警，同时为紧急与安全通信提供有效的通信手段。海事卫星因其性能稳定可靠，满足GMDSS 的要求，成为按 GMDSS 要求船舶必需配备的通信设备，海事卫星是目前唯一被 IMO 认可的 GMDSS 卫星通信服务系统，它具有遇险安全通信功能，其优先级为所有通信中的最高级，其遇险报警的成功率可达 99%。当船舶发生遇险事件时，可在第一时间将遇险信息发送至地面接收站，并通过专线通知搜救协调中心(rescue coordination center，RCC)。RCC 可根据船位信息快速调用周围救援船舶和飞机等展开救助行动，从而使得我国海上搜救效率提高到 90%以上，可最大限度地保证船舶和人员的生命财产安全。

5. 在补充常规通信方面的作用

日常情况下，海事卫星可以作为常规通信的补充，用于商务服务。它可以根据不同类型的用户需求，提供多种通信解决手段，从普通的话音传输、传真、低速数据、短信、电子邮件、FTP(file transfer protocol)到高速的视频传输。应该说，海事卫星经过几十年的运营，已经是一个非常成熟的全球移动商业卫星系统，其覆盖范围广、通信手段齐全，尤其适用于远洋的船舶通信，早已成为船舶通信的主流传输手段。同时对于陆地和航空通信，海事卫星通信也已成为常规通信的主要补充手段。

6.2.3　INMARSAT 系统的组成

INMARSAT 系统是一个 GEO 卫星系统，由空间段、地面段及移动终端三部分组成，如图 6-2 所示。

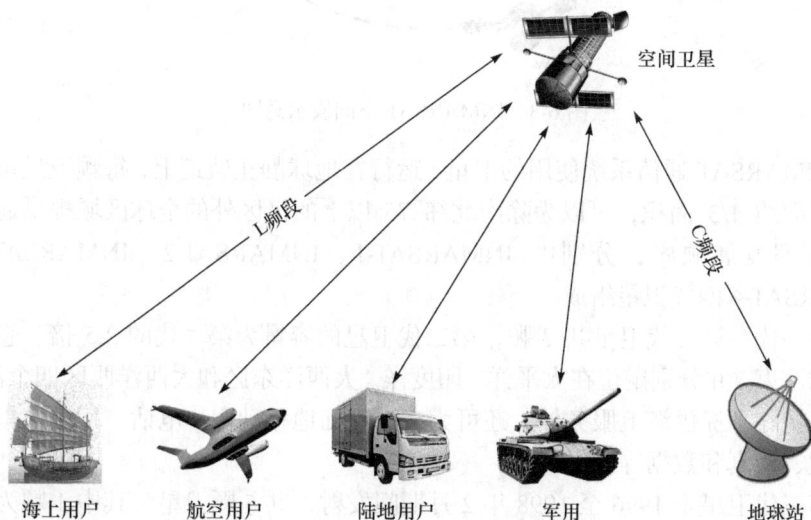

图 6-2　INMARSAT 系统组成框图

1. 空间段

空间段由通信卫星、网络控制中心和网络协调站组成。INMARSAT 分布在地球同步轨道上，距地球约为 35700km。卫星收发采用 L 波段和 C 波段，天线采用圆极化方式，如图 6-3 所示。

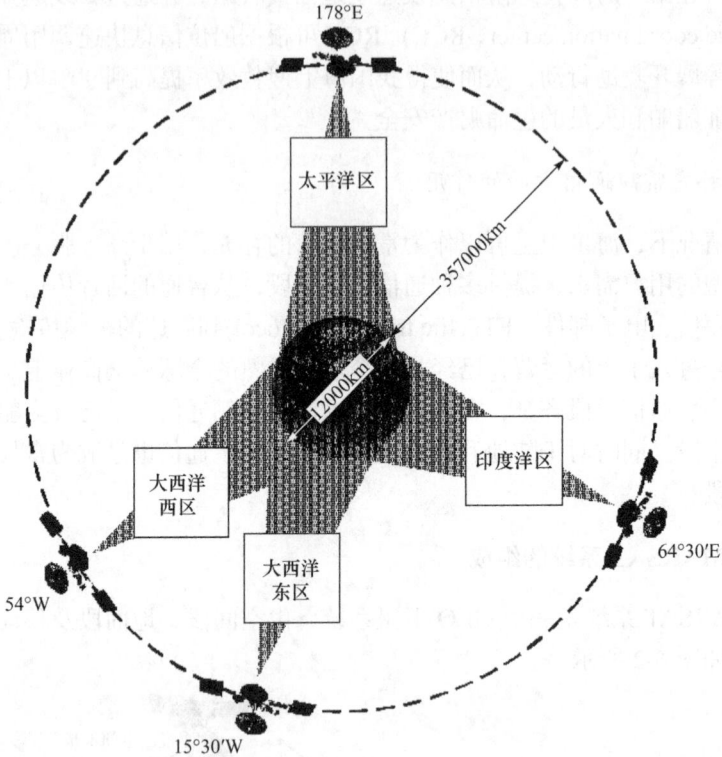

图 6-3　INMARSAT 空间段示意图

INMARSAT 通信系统使用的卫星，运行在地球静止轨道上，每颗卫星可覆盖地球表面约 1/3 面积，可以为除南北纬 75°以上的极区外的全球区域提供通信服务。按照发展顺序，分别由 INMARSAT-1、INMARSAT-2、INMARSAT-3、INMARSAT-4 四代卫星组成。

第一代、第二代卫星共 7 颗，第二代卫星的容量为第一代的 2.5 倍。它们均属全球波束，并分别定位在太平洋、印度洋、大西洋东区和大西洋西区四个洋区。这些卫星除了提供海上服务外，还可为空中、陆地移动用户电话、用户电报、电子邮政、传真和数据等提供服务。

第三代卫星于 1996 至 1998 年 2 月期间发射，共 5 颗卫星，其中 1 颗为备份星，其容量为第二代卫星的 8 倍。除全球波束外，每颗卫星具有 5 个可控制的点波束能对某些特定区域提供更高的功率和更大的容量；第三代分别定点在印度洋区、大西洋东区、大西洋西区和太平洋区上空。

第四代卫星于 2005 年至 2008 年 8 月期间发射，共 3 颗卫星，其容量为第三代卫星的 60 倍，是迄今为止世界上最大、能力最强的商业卫星，第四代卫星通信业务量绝大部分是作为 IP 分组交换数据进行传输的，扩展了 INMARSAT 网络，提供增强的数字移动通信服务能力，同时也支持传统的电路交换服务，例如，语音和 ISDN，支持现有后台管理系统，同时提供清晰的 IP 路由；第四代卫星分别定点在亚洲和太平洋、欧洲和非洲、南北美洲区域上空。表 6-1 列出了 INMARSAT 参数的性能对比。

表 6-1　INMARSAT 参数性能对比

	INMARSAT-2	INMARSAT-3	INMARSAT-4
卫星颗数	4	5	3
覆盖方式	全球波束	1 个全球波束 5 个宽点波束	1 个全球波束 19 个区域点波束 228 个窄带点波束
EIRP	39dBW	49dBW	67dBW
信道	4 个信道 带宽 4.5～7.3MHz	46 个信道 带宽 0.9～2.2MHz	630 个信道 带宽 200kHz
设计寿命/年	10	13	15
卫星净重/kg	700	1000	3100
是否支持导航	不支持	支持	支持

第三代卫星以前的在轨卫星虽然还能工作，但目前主要起备份作用，目前主要由 INMARSAT-3、INMARSAT-4 两代卫星提供国际海事卫星通信服务，其中第三代卫星主要为 B、C、D、M、Mini-M、M4、F 系列等类型终端提供服务，第四代卫星主要为 BGAN、FleetBGAN、ISATPhone 等类型终端提供服务。

2. 地面段

地面段由设在英国伦敦总部的卫星控制中心(satellite control center，SCC)、网络控制中心(network control center，NCC)、遍布全球的跟踪遥测指控站(telemetry，track and command，TT&C)、网络协调站(network coordination station，NCS)、地面关口站(land earth station，LES)等组成。地面关口站设在海岸附近的地球站，它既是卫星系统与地面系统的接口，又是一个控制和接入中心。

1) 卫星控制中心

卫星控制中心设在伦敦国际海事卫星组织总部，负责监视 INMARSAT 卫星的运行情况，保证卫星的正常运行。卫星控制中心接收从全球测控站发来的数据，将这些数据加以处理，并通过测控站对 INMARSAT 卫星进行控制和管理。

2) 网络控制中心

网络控制中心位于伦敦国际海事卫星组织总部，负责对整个 INMARSAT 通信网的运营和管理。具体表现为：监测、协调和控制网络内所有卫星的操作运行，同时对各地球站(岸站)的运行情况进行监督，并协助网络协调站对有关运行事务进行协调。

3) 跟踪遥测指控站

跟踪遥测指控站直接对 INMARSAT 卫星进行控制和管理。全球设立了四个测控站，加拿大的考伊琴湖(Lake Cowichan)、彭南特角(Pennant Point)、意大利的福希诺(Fucino)和中国的北京(Beijing)。

4) 网络协调站

网络协调站是整个系统的重要组成部分。每个洋区各设有一个网络协调站，直接归国际海事卫星组织总部控制运营，负责管理各自洋区的网络核心资源(如通信和信令信道)的分配。大西洋区的网络协调站设在美国的南玻利(Southbury)，太平洋区的网络协调站设在日本的茨城(Ibaraki)，印度洋区的网络协调站设在日本的纳玛古池(Namaguchio)。

5) 地面关口站

陆地地球站简称地面站，基本作用是经由卫星与移动站进行通信，并为移动站提供国内或国际网络接口。各地面站分别由各国政府指定的签字者建设和经营。现在大约有 40 个地面站分布在 31 个国家。INMARSAT 系统的每个地面站都有一个唯一的与之关联的识别码。INMARSAT 系统中的陆上地球站，在海事卫星系统中称为岸站(coast earth station，CES)，航空卫星系统中称为航站。

地面关口站既是卫星系统与地面系统的接口，又是一个控制和接入中心。该站采用天线口径为 11~14m 的抛物面天线，工作方式为双频段(C 频段和 L 频段)。

地面段主要功能如下。

(1) 对从船舶或陆上来的呼叫分配和建立信道。

(2) 信道状态(空闲、正在受理申请、占线等)的监视和排队的管理。

(3) 船舶识别码的编排和核对。

(4) 登记呼叫，产生计费信息。

(5) 遇难信息监收。

(6) 卫星转发器频率偏差的补偿。

(7) 通过卫星的自环测试。

(8) 在多岸站运行时的网络控制功能。

(9) 对船舶终端进行测试。

3. 移动终端

移动终端又称为船站，船站信号上达卫星，再经地面站，通过国际或国内的邮电公众通信网与其他的用户通信。反过来，公众网用户也可以通过卫星与卫星移动终端联系。常用的移动终端如海事卫星电话。

INMARSAT 系统为航海、航空与地面用户提供全球移动卫星通信业务，业务系统从 1982 年开始的模拟体制 A 标准业务，发展到 B、C、D、E、M、Mini-M、M4、F 系列，到 2003 年推出 RBGAN 业务、2005 年推出陆上宽带 BGAN 业务、2007 年推出 FleetBroadband 和 SwiftBroadband 等业务。表 6-2 列出了 INMARSAT 常用终端的主要特征。

表 6-2　INMARSAT 常用终端的主要特征

	B	M	Mini-M	M4	F77	BGAN
语音/(Kbit/s)	16	6.4	4.8	4.8	4.8	4
电传	√	√	√	√	√	×
传真/(Kbit/s)	9.6	2.4	2.4	9.6	9.6/64	64
数据/(Kbit/s)	9.6	2.4	2.4	2.4	64	492
高速数据/(Kbit/s)	64	×	×	64	128	×
群呼	√	√	√	√	√	×
调制方式	O-QPSK BPSK	O-QPSK BPSK	O-QPSK BPSK	O-QPSK BPSK 16QAM	O-QPSK BPSK 16QAM	QPSK π/4QPSK 16QAM
编码方式	卷积码	卷积码	卷积码	Turbo 码	Turbo 码	Turbo 码
启用时间	1993 年	1993 年	1996 年	1999 年	2002 年	2005 年

1) INMARSAT-B

INMARSAT-B 系统采用的设备，其结构与性能基本与 INMARSAT-A 相同。但技术上作了数字化处理。数字化以后可以充分利用卫星功率和频带，提供高质量的通信，并使空间段费用和服务费降低。表 6-3 列出了 INMARSAT-B 系统船载站的主要特性。所需的 G/T 值大于-4dBK，等效全向辐射功率(equivalent isotropically radiated power，EIRP)从 36dBW 减小到 33dBW 或者更低。为了适应第三代卫星的点波束通信，系统采用了 3dB 步进跟踪。

表 6-3　INMARSAT-B 系统船载地面站的主要特性

主要特性	说明	
工作频段	1626.5～1645.5MHz	SES→CES　SES：船载站
	1525.0～1545.0MHz	SES←CES　CES：岸站
极化	右旋圆极化	
天线增益	正常值 24dBi	天线直径 80cm
EIRP	33dBW，29dBW，25dBW	HPA：30W
G/T	≥-4dBK	LNA 噪声温度：100K

2) INMARSAT-C

INMARSAT-C 系统是一种低速率、双向全球卫星移动数据通信的系统，其通信速率为 1200bit/s，其主要的业务包括存储转发报文、遇险呼叫、增强型组呼、数据报告和询呼。目前 INMARSAT-C 系统在远洋船舶和渔船监控等领域都得到了大范围的应用。

INMARSAT-C 移动地面站采用了一种小而简单，无跟踪能力的全向天线，目的是使用小到可以手提或安装在任何船只、飞机或车辆上的小型终端，以提供数据/信息通信。由于重量轻，天线易于安装在车辆、船只或手提终端上。这种终端的主设备结构紧凑，重量只有 3～4kg。这些终端有些具有信息传播和显示功能，有些具有标准接口，使用户能够接上自己的计算机设备。表 6-4 是这种系统的主要特性。

表 6-4　INMARSAT-C 系统移动地面站的主要特性

主要特性	说明	
工作频段	1626.5～1646.5MHz	MES→LES　MES：移动站
	1530.0～1545.0MHz	MES←LES　LES：地面关口站
极化	右旋圆极化	
天线增益	正常值 0dBi	全向天线
EIRP	16dBW	HPA：20W
G/T	≥-23dBK	LNA 噪声温度：100K

INMARSAT-C 一般采用四线螺旋天线、交叉倾斜耦极子和微带天线。船上使用最广的是四线螺旋天线，因为在船舶运动的情况下它具有良好的宽波束覆盖性能。微带天线是手提式终端所采用的最好的一种天线。

3) INMARSAT-M

INMARSAT-M 系统所用的天线类型取决于终端的使用场合，海上、陆上移动与手提设备按各自需要采用不同类型的天线。短背射(short back fire，SBF)天线是最适合船上应用的 INMARSAT-M 终端天线。这是一种结构简单、紧凑且效率高的船载天线，但带宽较窄，只有 3%，这对于要求有 8%的带宽来讲太窄了。通过将主反射器由平板状圆盘改为圆锥或阶梯状板，并增加第二个反射器可改善普通短背射天线的电性能。经改进后的短背射天线的电压驻波比(voltage standing wave ratio，VSWR)低于 1.5，孔径效率达 80%，带宽可达 20%，并且在旁瓣电平改变的情况下，可将增益提高 1dB。短背射天线是一种简单而紧凑的天线，适合用于小型船只。该天线的直径为 40cm，天线(包括稳定器)重 40kg。天线增益为 15dBi。这种天线通常为两轴(Az-El)稳定，采用步进跟踪。除了短背射天线外，INMARSAT 终端中有时也采用阵列天线。INMARSAT-M 系统的移动站主要性能如表6-5所示。

表 6-5　INMARSAT-M 系统的移动站主要性能

主要性能	说明	
工作频段	1626.5～1646.5MHz	MES→CES　MES：移动站
	1530.0～1545.0MHz	MES←CES　CES：岸站
极化	右旋圆极化	
天线增益	正常值 14dBi	天线直径 40cm
EIRP	27.21dBW	HPA：20W
G/T	≥-10dBK(海上)；≥-12dBK(陆地)	LNA 噪声温度：100K

4) INMARSAT Mini-M 系统

Mini-M 系统是 M 系统的微型化，使用 INMARSAT 第三代卫星的点波束(功率控制技术，这样可以更有效地利用卫星资源)，提供 4.8Kbit/s 的话音，2.4Kbit/s 的 G3 传真和 2.4Kbit/s 的数据，它是目前卫星通信中除手机之外技术最新、体积最小、重量最轻的、使用最方便、价格最低廉的便携式终端，重量只有 2kg 左右，与一个笔记本计算机大小相同。

INMARSAT Mini-M 采用数字技术，拥有清晰的通话质量、最短的接通时间、可以忽略的时延和高度的保密性。

INMARSAT Mini-M 业务功能包括 4.8Kbit/s 语音电话业务、2.4Kbit/s 传真业务、2.4Kbit/s 数据传输、缩位拨号和拨号上网等，还可以利用该终端实现使用 Rydex 高效数据信息通信系统。

5) INMARSAT-Aero

国际海事卫星组织于 1991 年开始提供全球商用航空卫星系统。其主要用于飞机之间及飞机与地面用户之间的通信。系统由空间段、地基站(ground earth station，GES)、网络协调站和机载站(aircraft earth station，AES)组成。

机载站的工作类型可分为四类：第一类只能提供低速数据服务，AES 包括航空操作控制(airplane operating control，AOC)和航空管理通信(airline administrative control，AAC)，采用低增益天线(0dBi)，这类 AES 将来主要用于空中交通管制(air traffic control，ATC)；第二类只能提供话音业务，主要服务于乘坐飞机的旅客——航空旅客通信(aeronautical passenger communications，APC)，采用高增益天线(12dBi)；第三类可以提供话音和高速数据业务，与第二类 AES 所不同的是，增加了数据系统；第四类是将第一类与第三类结合在一起，同时使用高增益与低增益天线，能够提供各种航空通信。

INMARSAT 系统 AES 的主要性能如表 6-6 所示。

表 6-6　INMARSAT 系统 AES 的主要性能

主要性能	说明	
工作频段	1626.5～1660.5MH	AES→GES
	1525.0～1559 .0MHz	GES→AES
极化	右旋圆极化	
	高增益天线	低增益天线
天线增益	12dBi	0dBi
天线型式	阵列天线	螺旋天线
EIRP	25.5dBW	15.5dBW
HAP	60W(A 类)	40W
G/T	−13dBK	−26dBK
LNA 噪声温度	150K	150K

目前世界上许多航空公司使用 INMARSAT 航空通信系统，如美国、日本、英国、德国、意大利、澳大利亚、中国、西班牙等 30 多个国家的 40 多个航空公司。这些公司的飞机上都装有 AES。当前，有无 AES 及能否提供卫星电话业务，已成为航空公司服务水平的一个标志。

6) INMARSAT-F

INMARSAT-F 系统是一种增强型的海用全球区域网络，其自身是 mini-M 的一种发展。INMARSAT-F 系列终端包括 F77、F55、F33 等类型，是航海者工作、生活中不可缺少的一部分，能够提供范围空前广泛的语音、传真和数据服务，适应所有类型和吨位的船只需求，从小型游艇到大型的远洋船只，使航海人员在船上进行通信时，也能如同在岸上通信那样有效。在提供安全服务方面其卫星服务构成了 GMDSS 的核心，这一系统能立即将全球的船员与最近的援救协调中心连接起来。

INMARSAT-F 系统使用增强型新一代信令系统，以确保兼容 INMARSAT 第四代卫星以及新型呼叫优先级划分计划，改善遇险呼叫处理功能。除此之外，INMARSAT-F 使用改善后的卫星连接插线，以及更先进的 EIRP 控制和点波束选择，以在海事环境下实现更高的通信安全性和效率。

利用 INMARSAT-F 系统的终端可以实现导航、船到船通信、G4 传真(四类传真机)、电报、船员呼叫、电视会议、通过 INMARSAT-F 收发电子邮件和 GPS 校正等日常工作。同时，该系统可以用作导航海图更新、天气预报、万维网(WWW)接入、货物/船舶遥测、NetMeeting、文件传送、远程参与、远程教育和语音及数据复用等扩展应用，也可以满足安全、遇难、海上救援协调中心(maritime rescue coordination center，MRCC)、海岸警备队通信等船舶安全通信的需要。

7) BGAN 终端

BGAN 是国际海事卫星组织所主导的宽频全球区域网络系统的第四代卫星通信系统。

BGAN 是一个 3GPP 包交换和电路交换的网络，兼容第 3 代(3G)手机系统，其所有提供的服务都基于 UMTS(universal mobile telecommunication system)技术。BGAN 能够提供 IP 数据业务，数据速率最高达 492Kbit/s，可以提供视频会议、数据图像传输、信息浏览、办公网络接入等应用，满足用户对新一代卫星高速数据通信的需求。

BGAN 终端轻便易携、功能齐全，便于操作，设备重量为 1～2.2kg，最大的如 A4 纸大小，适合各种专业和商务用户，其全球覆盖、高速率传输的特性，使得用户可以在任何时间、任何地点快速地建立移动办公室、应急指挥部、新闻采集直播、科考大本营等。2007 年，INMARSAT 进一步完善了其海上产品组合，推出 FleetBroadband(海用 BGAN 终端)。它在每个共享频道上以最高 432Kbit/s 的速率同时提供语音和宽带数据服务，此外还能确保有需要的用户拥有高达 256Kbit/s 的数据传输速率。

8) IsatPhone 终端

INMARSAT 于 2007 年 7 月 16 日推出新的卫星电话服务，宣告进入手持和固定卫星电话市场。新服务包括手持、固定和海用卫星电话——IsatPhone、LandPhone 和 FleetPhone。该卫星移动电话通过 INMARSAT 位于印度洋地区上空的第四代卫星可在亚洲、非洲和中东地区获得服务。

6.3 北斗卫星导航系统

6.3.1 概述

北斗卫星导航系统(BeiDou navigation satellite system，BDS)是中国自行研制的全球卫星导航与通信系统，是继美国全球卫星定位系统和俄罗斯全球卫星导航系统之后第三个成熟的卫星导航系统。它是基于"东三"平台开发设计的，其卫星在供配电能力、热控能力指标、卫星姿态控制技术、采用 S 频段测控体制等方面，均比其他的"东三"平台卫星要求高。图 6-4 是北斗卫星导航系统的标志。

图 6-4　北斗卫星导航系统的标志

2012 年 12 月 27 日，北斗系统空间信号接口控制文件正式版 1.0 正式公布，北斗卫星导航业务正式对亚太地区提供无源定位、导航、授时服务。北斗卫星导航系统最初规划由 35 颗卫星组成，包括 5 颗静止轨道卫星、27 颗中地球轨道卫星和 3 颗倾斜同步轨道。北斗卫星导航系统覆盖范围：东经 70°～140°，北纬 5°～55°，目前，北斗卫星导航系统已经对东南亚实现全覆盖。

北斗卫星导航系统可独立为全球用户提供卫星定位、测速和授时服务，并为我国及周边地区用户提供广域差分定位服务和 120 个汉字/次的短报文通信服务。北斗卫星导航系统的建设、发展和应用将对全世界开放，为全球用户提供高质量的免费服务，促进各卫星导航系统间的兼容与互操作。

北斗区域导航卫星有效载荷包括上行接收设备、精密测量设备、时频设备、导航信号生成设备、放大发射设备等部分。导航卫星有效载荷是实现卫星导航功能和确保服务性能参数的直接设备，其技术水平和质量可靠性直接影响着系统的服务精度水平。

在北斗卫星导航系统研制过程中，有效载荷实现了星载铷原子钟国产化、高精度测量技术、复杂导航电文形成技术、星载器件抗空间环境影响技术、平面阵天线和多通道大功率抑制微放电及无源互调技术，实现了多种业务的有效集成。

北斗卫星导航系统的主要功能和性能指标如下。

(1) 快速定位：为服务区域内用户提供全天候、高精度、快速实时定位服务。

(2) 短报文通信：卫星定位终端和北斗卫星或北斗地面服务站之间能够直接通过卫星信号进行双向的信息传递。

(3) 测速精度: 优于 0.2m/s。

(4) 授时精度: 20ns。

将短信和导航结合是北斗卫星导航系统的特点之一, 在远洋渔业这个充满危险的行业应用中, 短报文通信服务是北斗卫星导航系统最大的优势。所谓短报文, 是指卫星定位终端和北斗卫星或北斗地面服务站之间能够直接通过卫星信号进行双向的信息传递, 其他卫星导航系统只是向终端提供地点与时间信息, 而北斗卫星导航系统除了向终端提供地点与时间信息外, 还可以让终端将位置信息发送出去, 从而告知其他人获知发送者的情况。短报文意味着信息传递的效率更高, 如在渔船救险方面, 遇到险情后一键求救, 终端会自动把附带定位信息的求救短信通过卫星发给岸上的救援队, 实现了 GPS+海事卫星电话的功能。

6.3.2　北斗卫星导航系统的组成

在海洋船舶领域中, 北斗卫星导航系统由三大分系统组成, 主要包括卫星导航运营中心、岸端监控中心和船载北斗定位导航终端设备。海洋船舶北斗卫星导航系统总体框图如图 6-5 所示。

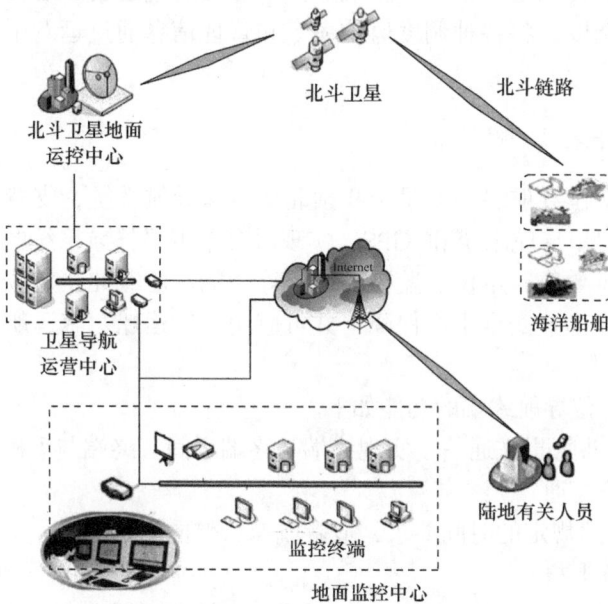

图 6-5　系统总体框架图

海洋船舶北斗卫星导航系统整合了移动通信网络、北斗卫星通信网络和互联网等通信网络, 实现信息的无缝转发, 向海上生产作业者及其关联者提供多种通信网络间的船岸、船间报文互通信服务。

1. 卫星导航运营中心

卫星导航运营中心也称为北斗卫星民用网管中心,是北斗卫星导航系统地面中心站的延伸部分,负责民用用户的注册、管理和运营,由具备服务资质的单位提供服务,它与北斗地面运控中心连接,实现北斗信息收发。可从北斗地面运控中心获得入网北斗终端的数据信息,并可通过运营中心向入网北斗终端发送数据信息。

通过与地面移动网络连接,实现北斗短消息和地面移动网络之间的信息互通、实现地面运控中心和运营中心系统内部数据之间的格式转换,并对所有经过运营中心系统发送和接收的数据进行存储,记录时间、发送方、接收方、内容等信息。

2. 岸端监控中心

岸端监控中心是海洋船舶监控、调度指挥中心,船载终端通过北斗通信卫星,把终端采集到的经纬度、时间、速度、方向等定位信息、报警求助信息和船舶状态信息上传到运营中心;岸端监控中心可通过运营中心实现对船载终端设备的监控和调度,将各种调度监控命令和管理信息通过运营中心下发给船载终端。

3. 船载北斗定位导航终端

船载北斗定位导航终端立足于我国北斗卫星导航系统,支持北斗短报文通信,兼容北斗卫星导航系统和 GPS,实现对多个卫星导航系统的兼容及综合利用,为船舶提供导航、定位、监控、通信等功能。船载北斗定位导航终端目前大量应用于海洋渔业安全生产保障,并可应用于货运船、客运船、执法船等各类船舶。

船载北斗定位导航终端的功能如下。

(1) 支持北斗短报文通信,实现终端与终端之间、终端与手机之间、终端与平台之间的短信互通。

(2) 能够按照规定的时间要求,或者航速、航向变化情况,进行动态的定位数据采集和位置上报。

(3) 能够接收北斗运营服务中心以单播、组播和通播方式,发送给本终端的短报文通信信息。

(4) 具有紧急报警功能,一旦按下"紧急"按钮,终端可连续向监控平台进行报警,发出声音提示,通过北斗监控平台监测到紧急报警信息。

(5) 可设置 100 个禁渔区报警、越界报警等报警区域,船舶违反区域规定时自动发出报警，向船上人员发出报警提示，同时向所属的管理部门发出区域报警信息。

6.3.3 北斗应用构建实例

1. 北斗船载遇险报警系统

目前船载遇险报警系统已发展得比较成熟，但因我国绝大部分船载遇险报警系统依赖国外卫星导航系统，具有一定的局限性。在海上运输日渐普及的背景下，航运的安全受到高度威胁。一旦遇到紧急情况，如海盗袭击和持械抢劫，船舶能否及时、隐蔽、有效地将遇险和海盗劫持等信息发送给岸基就显得尤为重要。北斗船载遇险报警系统利用北斗自身优势，使遇险船舶及时得到岸基的帮助和支持，从而减少人员伤亡、降低财产损失及提高海上航行安全。

一个典型的北斗海上遇险报警系统主要由北斗卫星导航系统、船载北斗定位导航终端、短报文手机以及岸上指挥中心等部分组成，为船舶提供实时全天候的应急报警服务。北斗船载遇险报警系统具有以下特点。

(1) 隐蔽性。当船舶遇到紧急情况时，发出"遇险报警"信息，通常，也会发出一定的声光等信号，以起到警示作用。现有的船载报警设备发出报警信息时，其上面的指示灯亮、蜂鸣器工作，但这会给船舶带来一些麻烦。例如，当船舶遇到恐怖袭击或者海盗劫船，他们会故意破坏此类船载报警设备，即使报警设备没有被破坏，且向外界发送了报警信息，一旦被海盗或者劫持者发现，那么报警系统也会失去它原本的意义。因此，当船舶遇到危险、紧迫状态时，北斗短报文系统可以在不产生任何声光报警信号的情况下，尽可能隐蔽地将遇险信息发送出去。另外，如果有需要还可以将报警终端外观做成航行灯等样式，具有很好的隐蔽性。

(2) 保障信息安全。目前，不管是陆上还是海上应用最广泛的卫星导航定位设备都基于 GPS，核心技术依赖国外。虽然现阶段 GPS 对外是开放的，但 GPS 并没有承诺永久和免费开放，一旦遇到紧要关头，势必成为极大的安全隐患。例如，发生战争时，美国关闭 GPS 对我国开放，或者在 GPS 信号中加入干扰信息影响正常接收信息，其后果不堪设想。而北斗卫星导航系统由我国自主研制，摆脱了受制于他人的局面，且在设计时，考虑了特殊的保密性，有效地保障了信息的安全性和可靠性。

(3) 遇险信息播发的持续性。根据相关文件的要求，为了保证报警设备报警信息更加可靠地、及时地被岸上相关部门收到，报警终端在遇险报警启动后，可以连续进行报警。当报警终端的报警按钮被按下后，通过相关软硬件的设置保证了报警电路可以连续工作，持续进行报警，同时不会对原有 GMDSS 中的其他设备功能产生影响。

北斗船载遇险报警系统将北斗卫星导航系统与海上运输相结合，能够大幅度提升海运的遇险管理能力，最大限度地降低航运事故造成的损失。

2. 北斗渔业数据采集系统

渔业数据、信息匮乏一直是制约渔业发展的重要瓶颈。

(1) 海洋渔业资源过度开采。近年海洋捕捞业的主要增长点为低值鱼类，而主要经济鱼类不能形成渔讯，严重影响了渔民的出海作业天数和收入。

(2) 海洋渔业产业的投入高、效率低。庞大的产业规模并非与产业效率正相关。而海洋渔业信息直接关系到渔业生产的效率、成本和能耗，对渔业生产起关键性作用。

(3) 造成渔业数据、信息匮乏的主要原因是缺乏有效的数据传输手段。传统的海洋渔业数据系统要么采用传统的人工码头采集方式，要么采用海事卫星方式。前者费时、费力并且获取信息有限；而后者面临设备体积较大，且费用昂贵等问题。

基于上述分析，作者进一步提出了一种基于北斗卫星导航系统的海洋渔业数据信息系统。该系统由两个重要部分组成：便携式船载终端和地面数据接收处理中心。

(1) 便携式船载终端：该便携式终端以微处理器为核心搭建，由显示模块、键盘模块、北斗接口模块几部分组成。其中北斗船载定位通信模块是北斗星通公司的产品，采用标准的 RS-232 接口与系统相连。

(2) 地面数据接收处理中心为了确保报文信息传输的可靠性，整个系统采用了"传输—应答—重传"机制，地面数据接收中心需要及时响应每条报文信息，而北斗卫星导航系统每条报文信息发送间隔需要 60s，可能会导致地面数据接收中心无法及时应答报文信息，从而导致报文信息的多次重发或发送失败。为避免该情况的出现，地面数据接收中心由 12 个北斗数据传输终端组成一个北斗发送阵列，用来快速、及时、安全和可靠地响应报文信息。同时对通过北斗卫星导航系统发来的各渔区渔业数据信息进行分析处理，形成各渔区的渔业信息报告，并根据用户请求实时反馈。地面数据接收中心数据处理流程如图 6-6 所示。

北斗海洋渔业数据信息系统可实时、可靠地进行渔业信息的采集、分析及精确处理，将渔业数据、信息输入便携式数据采集终端，然后通过与之相连的北斗船载定位通信模块将此报文信息经北斗导航卫星传回地面数据接收中心，地面数据接收中心同时应答该报文信息，完成一次报文信息的通信，同时地面数据接收中心对采集的数据进行分析处理，并通过 Internet 将处理后的信息与各地授权用户分享。渔业信息发送流程如图 6-7 所示。

接收报文信息

解密、解压

确定报文类型

渔业信息

渔汛申请信息

系统保存信息

生成鱼汛、预警信息

生成响应信息

北斗发送阵列发送消息

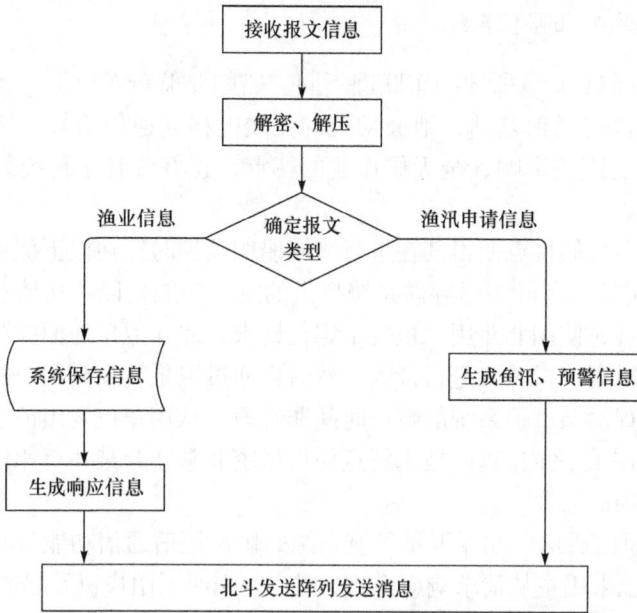

图 6-6　地面数据接收中心数据处理流程

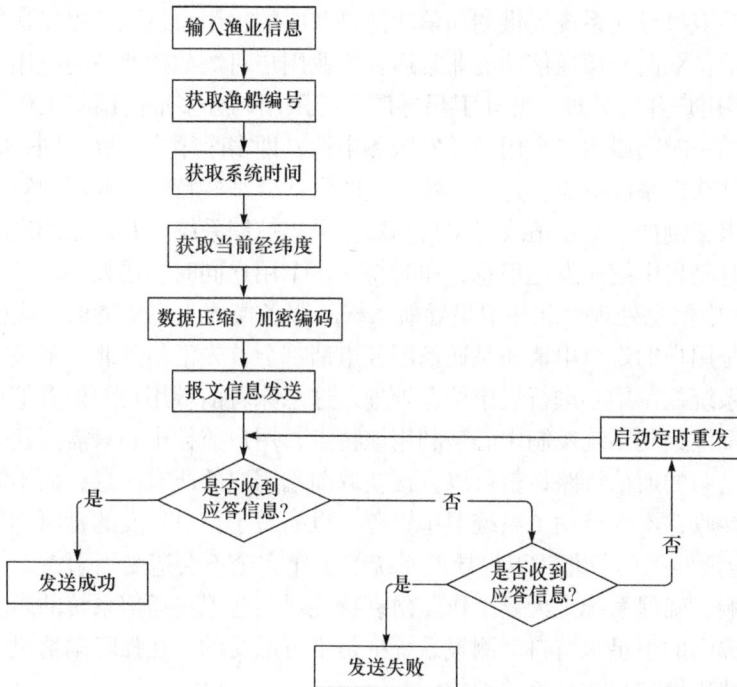

输入渔业信息

获取渔船编号

获取系统时间

获取当前经纬度

数据压缩、加密编码

报文信息发送

启动定时重发

是否收到应答信息?

是

否

发送成功

是否收到应答信息?

否

是

发送失败

图 6-7　渔业信息发送流程

3. 北斗海域船舶监控系统

船舶监控同第 1 章所述的车联网不同，船舶要航行在海上，尤其是远洋航行，海洋周围没有通信基站，地面常规的无线电移动通信信号无法到达。而卫星通信具有不受距离影响、全天候作业的特点，正好弥补了传统无线电移动通信的缺点。

北斗系统本身的特点使得其在进行海域船舶监控时存在以下优势。

(1) 快速定位。北斗卫星导航系统提供的定位功能是以主从请求响应模式进行的，即用户首先使用北斗用户机发出定位请求，北斗卫星地面控制中心在接收到用户请求后对用户机位置进行计算，然后再通过卫星转发到用户机。尽管系统的定位服务流程复杂，但系统的响应时间非常短，从用户机发出请求到其接收到定位结果通常在 1s 之内。这一技术特点使得系统非常适合某些行业用户对移动目标进行实时监控的需要。

(2) 双向短信通信。北斗卫星导航系统的快速短信通信功能与其快速定位功能基本相似，也采用主从请求响应模式，用户首先使用用户机发起通信请求(含通信电文内容)，地面控制中心在完成必要的鉴权后对通信报文进行转发处理。系统响应时间非常短，通常用户机以点对点方式完成电文通信仅需要 1s 左右的时间。此外，北斗卫星导航系统提供的通信功能是双向的，用户机既可以发送短信也可以接收短信。双向短信通信功能非常适合行业用户对短数据业务的应用。

(3) 多用户并发处理。北斗卫星导航系统采用码分多址的调制工作方式，系统支持在同一时间段内多个用户并发服务申请，即多个用户可以在同一时刻发起服务申请并获得系统响应。这一系统特点非常适合某些特殊行业用户对数据集中并发的要求，例如，对水情或气象自动数据采集控制系统，其设定的定时报通常是在整点时刻集中统一发送信息，届时将有多个用户同时发送数据。

(4) 集中信息处理。北斗卫星导航系统的服务模式为主从请求响应模式，这使得无论是用户的定位申请还是通信服务申请都会首先汇集到北斗卫星地面控制中心，由系统控制中心进行集中信息处理，这意味着前端用户的位置信息以及通信电文全都汇集到系统控制中心。利用该特点，用户监控中心只需要建立与系统控制中心之间的通信链路，就可以直接获取前端用户的所有信息，而不需要经过卫星转发接收，不仅节约了系统卫星资源，也缩短了信息转发的延时。

(5) 全天候工作。北斗卫星导航系统的工作完全不会遭受因雨雪天气所带来的雨衰影响，确保系统全天候工作。雨衰特性对某些卫星通信系统的影响，在如水利水电部门的卫星水情自动测报系统中是不可忍受的，在强降雨情况下，对水文数据的搜集处理往往是最关键的。

北斗海域船舶监控系统利用北斗卫星的定位及其独特的双向数字报文通信能

力，实现船只在航行中的监控与通信问题，进而建立船只监控、船只导航、船只报警等综合船只管理系统。船只监控中心通过船载卫星信号收发装置和北斗卫星系统回传得到船只位置信息，将船只的行驶轨迹显示在电子海图上，实现对船只位置、运行状态的监控。北斗海域船舶监控系统框架图如图 6-8 所示。

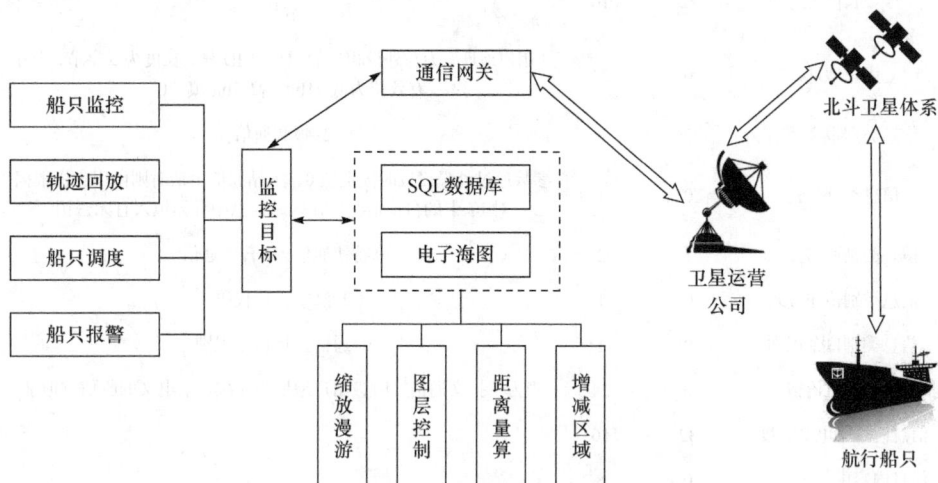

图 6-8　北斗海域船舶监控系统框架图

船只的监控是监控系统功能的一个核心。通过消息机制和船载终端连接，然后通过客户端通信模块将控制指令下发到中间件，再通过中间件下发到船载终端，完成船只的监控调度功能。船只监控调度模块接收到船载信息后，通过船只跟踪实现船舶的监控。船只监控分为单船监控和分组监控。单船监控是对单个船只的跟踪监控，分组监控是某一组的所有船只监控，实现了全局到局部的统一监控管理。

目前，我国的辽宁、广东、上海、浙江、江苏等地已有北斗海域船舶监控系统投入使用，该系统通过北斗卫星导航系统实现船舶和陆地上信息的畅通，实现船只和管理部门监控平台、船只和手机网络、船只和因特网之间的双向互通，打破海上信息孤岛的局面。同时，基于畅通的北斗通信网络，不仅可实现远洋海域作业船舶的全面管理，降低船舶海难事故的发生，而且提升了相关部门的管理水平，有效地提高船员和航运企业的综合素质。

6.3.4　北斗编程实例

1. 通信申请格式与解析代码

通信申请格式见表 6-7。

表 6-7 通信申请格式

名称	值	bit 数	描述
指令	$TXSQ	40	向北斗用户机发送通信申请
长度	22	16	表示从指令或内容起始符$开始到校验和(含校验和)为止数据总字节数
用户地址	0	24	"用户地址"为与外设相连的用户机 ID 号,长度为 3 字节,其中有效位为低 21bit,高 3bit 填 "0"
信息类别报文通信	2	3	2=报文通信
信息类别密钥	0	1	参数通过外设设置时固定填 0,入站通信申请时则由用户机根据对 IC 卡的自检情况,在入站信息中具体填入有无密钥
信息类别通信类别	1	2	0 特快通信,1 普通通信
信息类别传输方式	0	1	0=汉字,1=代码
信息类别口令识别	0	1	0=通信,1=口令识别
用户地址(信宿)	0	24	当为"报文通信"时,用户地址为此次通信电文的收信方地址
信息内容中电文长度	32	16	
信息内容中是否应答	0	8	
信息内容中电文内容	测试	32	最长 120 个汉字
校验和	0x16	8	校验和是指从指令或内容起始符$起到校验和前一字节,按字节异或的结果

参照表 6-7 可以得到通信申请的 C#解析示例代码如下:

```
public override byte[] TXSQEncoder(byte[] content, byte[]
SenderDeviceID, byte[] targetDeviceID, bool isAscii = false)
    {
        byte[] byteInstructor=Encoding.Default.GetBytes
        (TXSQ);
        //Beidou//内容
        byte[] byteContent=content;//内容
        short packetLen=(short)((40 + 16 + 24 + 3 + 1 + 2 + 1+
        1 + 24 + 16 + 8 + 8) / 8 + byteContent.Length);
        short contentLen=(short)(byteContent.Length * 8);
        byte[] result=new byte[packetLen];
        byte[] xxlb=new byte[1];
        xxlb[0]=(byte)(isAscii ? 0x46 : 0x44);// 010|0|01|0|0
```

```
        byte[] isAns={ 0x0 };
        byte[] btyePacketLen=BitConverter.
        GetBytes(packetLen);
        byte[] byteContentLen=BitConverter.
        GetBytes(contentLen);
        ShortToBigEndian(btyePacketLen);
        ShortToBigEndian(byteContentLen);
        int offset=0;
        copyByte(result, byteInstructor, ref offset);//指令
        copyByte(result, btyePacketLen, ref offset);//长度
        copyByte(result, SenderDeviceID, ref offset);//用户地址
        copyByte(result, xxlb, ref offset);//信息类别
        copyByte(result, targetDeviceID, ref offset);
                                        //用户地址(信宿)
        copyByte(result, byteContentLen, ref offset);
                                        //信息内容中电文长度
        copyByte(result, isAns, ref offset);//信息内容中是否应答
        copyByte(result, byteContent, ref offset);
                                        //信息内容中电文内容
        byte crc=CRC(result, offset);
        result[offset]=crc;//校验和
        return result;
    }
    public static void ShortToBigEndian(byte[] data)
    {
        if (BitConverter.IsLittleEndian && data.Length==2)
        {
            byte temp=data[0];
            data[0]=data[1];
            data[1]=temp;
        }
    }
    public static void copyByte(byte[] src, byte[] des, ref
int offset)
```

```
{
    for (int i=0; i < des.Length; i++)
    {
        src[offset + i]=des[i];
    }
    offset+=des.Length;
}
```

2. 通信信息格式与解析代码

通信信息格式如表 6-8 所示。

表 6-8　通信信息格式

名称	值	bit 数	描述
指令	$TXXX	40	
长度	24	16	表示从指令或内容起始符$开始到校验和(含校验和)为止数据总字节数
用户地址	0	24	"用户地址"为与外设相连的用户机 ID 号，长度为 3 字节，其中有效位为低 21bit，高 3bit 填 "0"
信息类别通信	1	2	通信
电文形式	0	1	0=汉字，1=代码
是否回执	0	1	固定填 0
通信方式	0	1	0 通信，1 查询
密钥	0	1	0 无，1 有
余量	0	2	固定填 0
发信方地址	0	24	发信方地址
发信时间时	0	8	时
发信时间分	0	8	分
电文长度	32	16	电文长度同通信申请中的电文长度
电文内容	测试	32	最长 120 个汉字
CRC 标志	0	8	CRC 标志，00H 表示用户机收到此次信息的 CRC 核验正确；01H 表示不正确
校验和	0x1E	8	校验和是指从指令或内容起始符$起到校验和前一字节，按字节异或的结果

参照表 6-8 可以得到通信信息的 C#解析示例代码如下。

```
public override SuperPacketClass TXXXEncoder(byte[] content)
    {
        byte crc=CRC(content, content.Length-1);
        bool isCRCCorect=(content[content.Length-2]==0);
        if (isCRCCorect && crc==content[content.Length-1])
        {
          try
          {
            byte[] bytecontenLen={ content[16], content[17] };
            ShortToBigEndian(bytecontenLen);
            short  contentLen=(short)(BitConverter.
            ToInt16(bytecontenLen,0)/8);
            byte xxlb=content[10];
            bool isAsciiEncoding=((xxlb&(1 << 5))==1);
                                          //0汉字, 1代码
            string  packetHead=Encoding.ASCII.
            GetString(content, 18, 4);
            byte[] deviceid={ content[11], content[12],
            content[13] };
            int deviceID=GetDeviceID(deviceid);
            switch (packetHead)
            {
            case  TextMsgPacketClassBitConverter.packetHead:
                  returnTextMsgPacketClassBitConverter.
                  ToTextMsgPacketClass(content, 18,
                  contentLen,deviceID);
            case  BytePacketClassBitConverter.packetHead:return
                  BytePacketClassBitConverter.ToPacketClass
                  (content, 18);
            default: return
                  TextMsgPacketClassBitConverter.ToDefaultMsg
                  PacketClass(content,18,contentLen,deviceID);
            }
        }
    }
```

```
    catch
    {
        return null;
    }
    }
    else
    {
        return null;
    }
}

public static void ShortToBigEndian(byte[] data)
{
    if (BitConverter.IsLittleEndian && data.Length==2)
    {
        byte temp=data[0];
        data[0]=data[1];
        data[1]=temp;
    }
}
```

3. 北斗短报文通信

本节以北斗短报文通信实现为例介绍北斗卫星导航系统应用的开发。北斗短报文是北斗卫星导航系统的特色功能，即可为用户机与用户机、用户机与地面中心站之间提供每次最多 120 个汉字或 1680bit 的短报文双向通信服务。北斗一代的两颗静止轨道的卫星，可以与国际通信卫星一样完成通信任务。但是北斗卫星导航系统的主要任务是定位导航，通信的信道资源很少，无法完成实时的语音通话，只能完成数量较少的短信功能。在没有通信和网络的远海，安装了北斗卫星导航系统终端的用户，可以定位自己的位置，并能够向外界发布文字信息。简单来说，北斗短报文其实可以看作人们平时用的短信息，每个用户机都有唯一的一个 ID 号，并采用一户一密的加密方式，通信均需经过地面中心站转发。具体流程如下。

(1) 短报文发送方首先将包含接收方 ID 号和通信内容的通信申请信号加密后通过卫星转发入站。

(2) 地面中心站接收到通信申请信号后，经脱密和再加密后加入持续广播的出站广播电文中，经卫星广播给用户。

(3) 接收方用户机接收出站信号，解调解密出站电文，完成一次通信，与定位功能相似，短报文通信的传输时延约 0.5s。

下面是对北斗短报文的部分关键源码的解释。

1) 波特率的配置

波特率也就是单片机或计算机在串口通信时的速率，是指每秒传输符号的个数，也就是每秒调制状态变化的次数，9600 就是每秒能传输 9600bit，一个字节有 8bit，那么，每秒能传输 9600/8 个字节。下面是波特率 9600 的配置。

```
P10SEL |= BIT4+BIT5;
UCA3CTL1 |= UCSWRST;//USCI 状态机复位
UCA3CTL1 |= UCSSEL_1;//ACLK
UCA3BR0 = 0x03;//9600
UCA3BR1 = 0x00;
UCA3MCTL = 0x06;//波特率微调
UCA3CTL1 &= ~UCSWRST;//初始化 USCI 状态机
UCA3IE |= UCRXIE;  //使能 BD 串口 RX 中断
```

2) 通信指令初始化

在通信指令初始化的时候，不采用 memcpy 等库函数，提高指令执行效率，只有涉及大量数据赋值复制时才考虑用库函数。

```
void create_txsq(unsigned char *src_user_addr, unsigned
char *dst_user_addr,unsigned char transfer_format,
unsigned char *payload,unsigned int payload_len,unsigned
char *send_ txsq_data)
{
    send_txsq_data[0]='$';
    send_txsq_data[1]='T';
    send_txsq_data[2]='X';
    send_txsq_data[3]='S';
    send_txsq_data[4]='Q';
    /*初始化包长度，先传高位，再传低位*/
    send_txsq_data[5]=(TXSQ_FIRM_SIZE+payload_len)/256;
    send_txsq_data[6]=(TXSQ_FIRM_SIZE+payload_len)%256;
    /*初始化原用户地址*/
```

```
        send_txsq_data[7]=*src_user_addr;
        send_txsq_data[8]=*(src_user_addr + 1);
        send_txsq_data[9]=*(src_user_addr + 2);
        /*初始化信息类别*/
         if (transfer_format==0)//汉字
        {
            send_txsq_data[10]=TXSQ_PAYLOAD_CHINESE;
                                                //0b01000100;
        }
        else//代码、混发
        {
            send_txsq_data[10]=TXSQ_PAYLOAD_BCD;
                                                //0b01000110;

        }
        /*初始化目的用户地址*/
        send_txsq_data[11]=*dst_user_addr;
        send_txsq_data[12]=*(dst_user_addr+1);
        send_txsq_data[13]=*(dst_user_addr+2);
        /*初始化电文净荷长度-单位是 bit*/
        send_txsq_data[14]=(payload_len*8)/256;
        send_txsq_data[15]=(payload_len*8)%256;
        /*是否应答，1为应答，0为否*/
         send_txsq_data[16]=0;
        /*初始化电文内容*/
memcpy(&send_txsq_data[17] , payload, payload_len);
/*初始化校验和*/
send_txsq_data[TXSQ_FIRM_SIZE+payload_len-1]=xor_check
sum(send_txsq_data,(TXSQ_FIRM_SIZE+payload_len-1));
printf("\r\n xor_checksum=0x%x\r\n",xor_checksum
(send_txsq_data,(TXSQ_FIRM_SIZE+payload_len-1)));
}
```

3) 接收报文

```
__interrupt void USCI_A3_ISR(void) {
...
```

```
if ((iv_temp & 0x02)!= 0)
{
  bd_rx_char=UCA3RXBUF;
  if (bd_rx_char=='$') //开始接收报文
  {
            bd_buf_pointer=0;
  }
  bd_shared_rx_buf[bd_buf_pointer]=bd_rx_char;
  if (bd_buf_pointer==6)//接收到报文中长度字段的第 2 个字节
  {
      rx_packet_len=bd_shared_rx_buf[5]*256+bd_
      shared_rx_buf[6];
  }
  else if(bd_buf_pointer==(rx_packet_len-1))
                          //接收到报文最后一个字节
  {
      copy_packet_from_shared_buf();
  }
  if (bd_buf_pointer!=(rx_packet_len-1))
      bd_buf_pointer=(bd_buf_pointer+1) % RX_BD_
      MAX_DATA_SIZE; //指针自增
  else
      bd_buf_pointer=0; //收到最后一个字节后
  }
}
```

6.4　GMDSS

GMDSS 是 IMO 利用现代化的通信技术改善海上遇险与安全通信，建立新的海上搜救通信程序，并用来进一步完善现行常规海上通信的一套庞大的综合全球性的通信搜救网络。

IMO 明确了四个海区，即 A1、A2、A3、A4。GMDSS 的四个海区是互不重叠的，并且以岸基为参照，以电波覆盖的有效范围为标准，因此海区的概念是相对的。

　　A1 海区：指至少有一个 VHF 海岸电台可以覆盖的区域，在此区域可以进行连续的 DSC 报警和值守，距岸台 25n mile 为半径的海域范围。船对船和船对岸报警用 VHF DSC。

　　A2 海区：指除了 A1 海区以外，MF(中频)岸台覆盖的海域，距岸台 30n mile 外的约 150n mile 为半径的海域范围。船对船和船对岸报警用 VHF DSC 和 MF DSC。

　　A3 海区：指 A1、A2 海区之外，INMARSAT 同步卫星所覆盖的海域，一般指南北纬 70°以内的海域。

　　A4 海区：指 A1、A2、A3 海区以外的海域，即南北纬 70°以外到两极之间的海域。A3、A4 海区的船对船报警用 VHF DSC 和 MF DSC，船对岸报警用卫星船站或 HF DSC。

　　在所有的航行海区中，若船舶发生紧急情况，要求使用连续的 DSC 报警。另外，在 A1~A4 海区，船对岸报警发射可使用卫星紧急无线电示位标(emergency position indicating radio beacon，EPIRB)(A1 海区也可用 VHF EPIRB)。

6.4.1　GMDSS 的构成及工作原理

　　该系统主要由卫星通信系统——INMARSAT 和 COSPAs/SARSAT(低极轨道卫星搜救系统)、地面无线电通信系统(即海岸电台)以及海上安全信息播发系统三大部分构成。

　　1. 卫星通信系统

　　1) INMARSAT

　　INMARSAT 主要由海事通信卫星、移动终端(船舶地球站)、海岸地球站以及协调控制站构成。

　　2) COSPAs/SARSAT

　　COSPAs/SARSAT 是由加拿大、法国、美国和苏联联合开发的全球性卫星搜救系统，由示位信标、空间段(低极轨道通信卫星)和地面部分 3 个分系统组成。

　　COSPAs/SARSAT 系统采用由近地轨道卫星(LEOSAR)和静止轨道卫星(GEOSAR)组成的网络，该系统还包括地面接收站和控制与协调中心。其任务在于提供准确可靠的求救信号和定位数据，协助搜寻和救援机构援救遇险人员。COSPAs-SARSAT 系统自 1985 年运作以来，已经拯救了 26000 多人的生命。

　　2. 地面无线电通信系统

　　地面无线电通信系统用于遇险报警、搜救协调通信、搜救现场通信及日常公众通信，主要由 MF/HF/VHF 通信分系统组成。

3. 海上安全信息播发系统

海上安全信息播发系统由岸基 NAVTEX 系统及 INMARSAT 系统中的强化群呼(enhanced group call，EGC)系统、VTS 等组成。

6.4.2　GMDSS 的功能

GMDSS 具有以下七大功能。

1. 遇险报警

遇险报警是指遇险者迅速并成功地把遇险事件提供给可能予以救助的单位。报警包括船对岸、船对船和岸对船报警 3 个方向，其中船对岸报警是主要的。

2. 搜救协调通信

RCC 通过岸台或岸站与遇险船舶和参与救助的船舶、飞机以及与陆上其他有关搜救中心进行有关搜救的直接通信。

搜救协调通信是双方进行有关遇险与安全内容的信息交换，即具备双向的通信功能，与报警功能中只具有向某一方向传输特定信息不同。

3. 救助现场通信

在救助现场参与救助的船舶之间、船舶与飞机之间的相互通信称为现场通信。它包括救助指挥船与其他船、船与救生艇、指挥船与救助飞机之间的现场通信。通常，这种通信的距离比较近。

4. 定位

定位是指遇险船舶和救生艇所发出的一种无线电信号，便于救助船舶与飞机去寻找遇难的船舶及救生艇。

5. 海上安全信息的播发

海上安全信息的播发是指本系统能够提供各种手段发布航行警告、气象预报和其他各种紧急信息，以保证航行安全。

6. 常规的公众业务通信

常规的公众业务通信是指 GMDSS 要求船舶配备的通信设备不但能进行遇

险、紧急和安全通信，还能进行有关的公众业务通信，也就是船舶与岸上管理部门之间进行管理、调度等方面的通信以及船舶与船东、用户等通信。

7. 驾驶台对驾驶台的通信

驾驶台之间的通信是有关航行安全等避让信息的传递，属于 VTS 方面的通信，这种通信在狭长的水道和繁忙航道航行中是非常重要的。

6.4.3　GMDSS 在中国的发展与应用

我国主管部门早在 20 世纪 70 年代末期就开始注意 GMDSS 的重要发展动向，并向有关单位传达了海上遇险与安全通信方面的主要构想，1986 年我国交通运输部向下属各有关单位进行了部署。为了进一步改善我国航运业的通信状况，进一步保障海上航行安全，我国从 1987 年开始在北京建造 INMARSAT 卫星通信地面站(岸站)，同时在我国沿海部署建立海上安全信息播发(NAVTEX)系统覆盖区，并加速对岸台(站)的通信设施进行技术更新，扩大电路数，增宽覆盖区域，以适应 GMDSS 的需要。

1992 年，我国主管部门开始我国的全球海上遇险与安全系统规划，按该规划要求，我国沿海的海岸电台形成链状的 A2 航区 DSC 覆盖区，同时对 A3 航区进行区域性 DSC 值守，在北京建成 COSPAS/SARSAT 本地用户终端(local user terminal, LUT)和搜救任务控制中心(mission control center, MCC)，并把北京 INMARSAT 卫星岸站扩建成具有 B/M 系统能力的岸站，并服务于我国船舶航行密度较大的印度洋区和太平洋区，以适应我国远洋运输事业的需要，最近又开始建设更加先进的 INMARSAT-F 系统，从而进一步保障海上航行安全。

1. INMARSAT 系统的发展与应用

INMARSAT 系统在我国的发展始于 20 世纪 70 年代后期，为了更好地贯彻 INMARSAT 组织的宗旨，从 20 世纪 80 年代初我国便开始建立太平洋和印度洋两个洋区的 A/C 标准海事卫星地球站(岸站)的准备工作。

1991 年，我国在北京建成了海事卫星地球站(岸站)，覆盖太平洋和印度洋两个洋区，为这两个洋区内的海上和陆上用户提供移动卫星通信业务。我国的 INMARSAT-A 标准地球站于 1991 年 6 月 3 日正式开通，INMARSAT-A 系统稳定可靠，满足 GMDSS 的要求；1993 年 7 月 1 日，我国的 INMARSAT-C 标准地球站也正式开通，可以提供双向存储转发电文和数据信息通信业务，满足 GMDSS 的要求，成为按 GMDSS 要求配备船舶的必备终端设备。这样我国便可以为太平洋和印度洋两个洋区内的国内外用户提供移动卫星通信服务，业务范围包括电话、电传、传真、数据通信、遇险专线等。

1997 年 7 月，我国的 INMARSAT-B/M 标准海岸地球站投入运行，同时满足 GMDSS 的要求，服务于我国船舶航行密度较大的印度洋区和太平洋区；且 A/B/M 标准站不但可以提供太平洋和印度洋两个洋区内的数字电话、电传、传真、遇险专线、低中高速数据通信业务，还可以提供大西洋东区和大西洋西区两个洋区的 A/B/M 标准站通信业务，从而实现了全球移动卫星通信服务。1997 年年底，我国的 Mini-M 标准站正式开通，Mini-M 标准终端可以随身携带、车载或海用，广泛地应用于各个领域。2002 年 6 月，北京海事卫星地面站开始建设符合最新颁布的全球海上遇险与安全系统标准的、最先进的 Inmarsat-F 卫星通信系统。

2. COSPAs/SARSAT 系统的建设与应用

我国由交通运输部中国交通通信中心负责在北京建设卫星搜救 LUT 和 MCC，负责对中国服务区的实时覆盖和报警数据的处理分配。北京 LUT 的覆盖区域包括我国全部陆域和大部分海域，香港特别行政区也建设了 COSPAs/SARSAT 系统 (LUT 和 MCC)，由香港特别行政区海事处负责运行和管理。北京的 LUT 无法实时覆盖的我国南部海域，由香港的 LUT 实时覆盖。

LUT 采用了冗余备份系统，可以对同时飞过的两颗卫星分别进行跟踪。当搜救卫星通过北京 LUT 的共视区时，LUT 的天线就会锁定与跟踪这颗卫星，并由几个 DSP 对卫星的下行信号中的 121.5MHz、243MHz、406MHz 信号进行实时处理或对 406MHz 信号进行延时处理。

我国的 MCC 通过专用的通信接口与国际 MCC 通信网络相连接。根据系统的数据分配计划，各国的 MCC 间实时交换定位数据及卫星轨道参数等系统信息。

我国的 COSPAs/SARSAT 卫星搜救系统的 LUT 和 MCC 除在航海领域外，同时也在其他领域发挥了其应有的作用。1999 年 11 月至 2002 年 5 月，我国的载人航天实验飞船"神舟一号""神舟二号""神舟三号"进行了多次实验，应航天实验飞船指挥部的要求，我国的低极轨道卫星搜救系统参加了载人航天飞船返回舱的回收定位任务，在飞船返回舱到达预定降落地点的关键时刻，我国的低极轨道卫星搜救系统及时准确地捕捉到返回舱发出的定位信号，并迅速计算出当时返回舱的降落位置，为现场搜寻人员及时找到返回舱提供了可靠的支持。

3. 地面无线通信系统的发展与应用

初期的海上遇险与安全通信中以中、高频收发信机和紧急无线示位标为主，采用莫尔斯电报、无线电话等通信方式进行，在一般情况下，发送遇险报警信息要人工启动和人工操作。

从 1996 年开始，我国交通运输部按 IMO 的要求对全国各海岸电台按 GMDSS 要求对通信设施进行了大规模的更新与改造，在上海建立了 2MHz、4MHz、6MHz、8MHz、12.16MHz 和 VHF 70 频道国际国内 DSC 值班台及相应的窄带直接印字电报(narrow band direct printing telegraph，NBDP)和单边带无线电话电路；在广州、天津建立了 HF DSC 国内值班台；在大连、秦皇岛、海口等建立了 15 个 MF 和 VHF DSC 值班台以及相应的 NBDP 和单边带无线电话电路。各海岸电台根据其功能分别配置了相应的收发信机、DSC、NBDP 和 SSB(single side band)终端设备。

船舶则根据 GMDSS 的要求，按其所航行的"航区"配备了执行 GMDSS 功能的设备。

船舶配备的无线电设备应至少能在两种无线电分系统中工作，以提供两种以上的通信方式，每种通信方式应能采用独立的设备并执行连续的报警功能。

4. 海上安全信息播发系统的发展与应用

为了保证航行安全，需要及时有效地由岸上向航行的船舶提供有关海上航行的安全信息，海上安全信息包括航行警告、气象警告、气象预报和其他海上紧急信息。

全球航行警告业务(world wide navigational warning service，WWNWS)是由 IMO 和 IHO(国际航道组织)为协调发射区域性无线电航行警告业务和其他紧急信息而设置的。WWNWS 的区域界限不是按国家所有权海域划分的，而是按地理位置和电波可能覆盖的范围划分的，称为 NAVAREA(navigation area)区域，把世界划分为 16 个航行警告区，每个区域都由一个指定的协调国负责。

WWNWS 有 3 种不同的业务，即远海域、岸基和本地业务。国际协调的航行警告有两种不同的业务：远海域的 NAVAREA 业务和岸基的 NAVTEX 业务。本地警告业务完全由本国主管部门协调完成。

我国在上海、广州、大连、福州、三亚建设了 NAVTEX 播发台，链状覆盖了我国沿海 400n mile 以内的海域，已经开始在 518kHz 频率上播发航行警告和安全信息。我国自 1986 年开放用于船舶自动接收的 NAVTEX 业务，至 1999 年 2 月 1日，所有从事国际国内航运的 300GT 以上的船舶均已安装了 NAVTEX 接收机，自动接收并打印出海岸电台播出的有关海上安全航行警告信息。

我国在上海、广州、大连、深圳、秦皇岛、烟台、营口等许多港口均已建立并开通了 VTS，我国的船位报告系统可以覆盖渤海、黄海、东海和北纬 4°以北的南中国海海域。

第7章　近海与船上通信

近海与船上通信指在通过通信技术在近海海域内以及在本船上进行信息的获取与传输，其中应用较为广泛的有短波单边带、VHF、船上无线、有线通信等，本章将对这些通信技术进行介绍和分析。

7.1　短波单边带通信

7.1.1　短波通信概述

短波通信又称高频通信，指利用短波进行无线通信的方式，按照国际无线电咨询委员会(International Radio Consultative Committee，CCIR)的划分，短波为频率 3～30MHz 的电磁波(表 7-1 为各频段用途无线电波划分)。

表 7-1　各频段用途无线电波划分

波段	用途
甚低频(VLF)	海岸潜艇通信；远距离通信；超远距离导航
低频(LF)	越洋通信；中距离通信；地下岩层通信；远距离导航
中频(MF)	航用通信；业余无线电通信；移动通信；中距离导航
高频(HF)	远距离短波通信；国际定点通信
甚高频(VHF)	电离层散射(30～60MHz)；流星余迹通信；人造电离层通信(30～144MHz)

近年，虽然卫星通信和移动通信发展迅速，但短波通信由于它固有的特点，仍拥有不可替代的地位，与卫星通信、地面微波、同轴电缆、光缆等通信手段相比，短波通信的优点如下。

(1) 不需要建立中转站，就可实现远距离通信。

(2) 设备简单，可以进行定点固定通信，也可以装入舰船、飞行器中进行移动通信。

(3) 电路调制容易，临时组网方便、迅速，具有很大的使用灵活性。

(4) 抗毁能力强且通信设备体积小，容易隐蔽，便于改变工作频率以躲避有敌意者的干扰和窃听，破坏后容易恢复。

正是由于短波通信的这些优点使得短波通信多年来一直广泛地用于政府、外交、气象、商业等各个部门，用以传送语言、文字、图像、数据等信息，同时，它也是高空飞行和海上航行的必备通信方式，尤其在军事部门，短波通信始终是军事指挥的重要通信手段之一。

7.1.2 单边带

短波单边带通信技术在海上无线电通信中占有十分重要的地位，现代船舶对通信保障的要求越来越高，要求有多个通信网络和快速反应能力，随着船舶通信设备的日益增多，海上通信相互干扰越来越严重。采用单边带通信技术，不仅增加了发射功率增益，缩小了设备，减轻了重量，而且提高了通信容量和电磁兼容性，使船舶通信网络具有多路同时工作的能力。

海事卫星通信的出现曾一度使人们对短波单边带通信的继续存在和发展产生怀疑，似乎短波单边带通信可完全由海事卫星通信来代替。实践表明海事卫星通信虽然具有通信容量大、可靠性高、通话质量好等优点，但卫星通信与短波单边带通信相比，技术相对复杂、成本也较高，尤其是战时易于被摧毁，修复困难。而短波单边带通信既可用于近距离通信，又可用于远距离通信；既可用于点对点或点对面的固定通信，又可用于移动通信。其用于远距离通信时不需要很大的发射功率，设备简单，成本低，最突出的优点是其信道以电离层为媒介，不易被摧毁。

单边带调制是由振幅调制发展而来的。如图 7-1 所示，在振幅调制方式中，从天线辐射出去的电磁波包含三个从部分：一是原来的载波 f_c；二是上边频，其

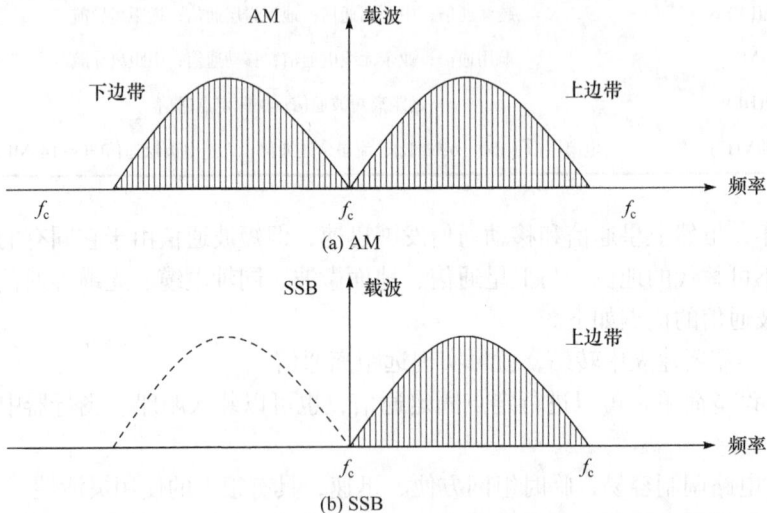

图 7-1 单边带的概念

频率等于载波频率与音频之和，即 $f_c + f_s$；三是下边频，其频率等于载波频率与音频之差，即 $f_c - f_s$。由于语言、音乐等往往都不是一个单频信号，而是不同频率的振动组合成的频带，其不只是上、下两个边频，而是上、下两个边频带，称为上边带和下边带。这种包括载波和上、下两个边带的无线电波称为双边带调幅波，用 DSB(double side-band)表示。

显然，载波本身并不反映调制信号的任何消息，信号的内容都包含在边带之中。而且，两个边带是以载波频率为中心，对称分布于上下两边，两个边带所包含的内容完全相同，其中一个边带中就包含了所要传递的信息。

因此，如果在调幅以后把载波和一个边带去掉，然后把剩下的一个边带加以放大发送出去(图 7-2)。这种仅保留一个边带的调幅波就称为单边带调幅波，用 SSB(single side-band)表示。在 SSB 方式中，利用上边带的称为 USB，利用下边带的称为 LSB。在航道生产通信中，9MHz 以上各频段多使用上边带，9MHz 以下各频段多使用下边带。

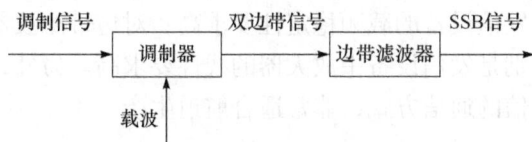

图 7-2　单边带信号的产生

取得单边带的方法有直接滤波法、移相法和移相滤波法等多种，在业余电台中常用的是直接滤波法。这种方法的原理框图如图 7-3 所示。它采用平衡调幅器和带通滤波器组成的电路，把载波和单频信号一起送到平衡调幅器。在平衡调幅器中，载波振荡电压被音频信号所调制。由于平衡调幅器的特殊结构形式，载波能够被抑制，在平衡调幅器的输出端得到载波被抑制的双边带信号，再用带通滤波器滤出所需要的边带分量(USB 式 LSB)。

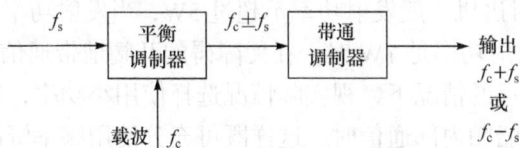

图 7-3　直接滤波原理框图

7.1.3　单边带通信的特点

与调幅制比较，单边带通信有下列一些特点。

1. 节约频带

单边带通信只含有调幅信号的一个边带，因此节约了频带，如果最高调制频

率为 $F_{\max}$ ，调幅信号所占频带宽为 $B_{AM} = 2F_{\max}$ ，而单边带信号频带宽为 $B_{SSB} \approx F_{\max}$ ，约省了一个半频带。频带节省意味着在可利用的通信波段中，同时工作的电台数目可以增加。

2. 节省发信机功率

用双边带调幅波通信时，发信机需要把整个调幅波(包括载波和两个边带)一起发送出去，其中不代表任何信号的载波功率要占调幅波功率的一大半，而两个有用的频带信号仅占整个调幅波功率的一小半。当采用单边带发送时，载波被抑制掉，只发送一个边带信号，并且没有信号时边带也不存在，所以没有信号时也就没有输出。显然，达到同样通信效果，单边带通信节省了发射功率。反之，若发射同等功率，则单边带通信的通信距离可以更远，通信质量可以更好。

3. 单边带通信对收发信设备技术要求高

主要是对收、发信设备的载频稳定性要求高；对边带滤波器的性能要求高；对收、发信设备特别是发信设备中放大器的线性要求高。另外，单边带通信是一种最适宜于保密通信的通信方式，非常适合航道生产。

7.2　VHF(甚高频)通信

7.2.1　VHF 通信的特点

VHF 无线电波主要靠空间波传播，传播范围为视距范围。地面上的 VHF 对讲机通信距离与天线高度和发射功率有关，天线越高、发射功率越大，VHF 电波传播范围越广。船载 VHF 对讲机一般发射功率是 25W，传播范围正常值约 25n mile；便携式手持 VHF 对讲机一般发射功率不超过 5W，当发射功率是 5W 时，传播范围约 3n mile；当发射功率是 1W 时，在无障碍的开阔地带通信距离大于 1n mile。所以在通信距离不远的情况下，视实际情况选择使用小功率，特别是在靠离泊、进出坞、过船闸和船舶内部通信时，这样既可充分使用频率资源，避免在同一频道影响他人使用，又可延长便携式手持 VHF 对讲机电池的使用时间。

VHF 的频率范围为 156～160.5MHz(甚高频即超短波范围为 30～300MHz)，波长 λ 约为 1.9m，其 $1/4\lambda$ 约为 0.5m。

7.2.2　船用 VHF 对讲机

船用 VHF 无线电通信是指采用 VHF 专用频段进行船舶间、船舶内部、船岸间或经岸台与陆上通信转接的船与岸上用户间的无线电通信。广泛应用于船舶避让、海事管理、港口生产调度、船舶内部管理、遇险搜救以及安全信息播发等方面，是完成水上交通现场通信的主要手段。VHF 通信对于保障船舶航行安全的重要作用是其他方式的通信所无法取代的。

1. VHF 对讲机

因船舶活动范围特别广阔，航行环境比较恶劣，海上温度、湿度变化大，故船用无线电对讲机的专业性特别强，要适应全球海上安全航行的需要，工作频率也是全球统一的。根据 SOLAS 公约第Ⅳ章的规定，所有客船和 300 总吨及以上的货船，应设有一台 VHF 对讲机。中华人民共和国渔业船舶检验局船规字[1998] 446 号规定：20m 及以上的非国际航行海船，应设有一台 VHF 对讲机等。根据《中华人民共和国无线电管理条例》《进口无线电发射设备的管理规定》等，在中国船舶上使用的 VHF 对讲机必须获得中国船级社颁发的《中国船级社船用产品型式认可证书》。

2. 船用 VHF 的频率范围和国际通用频道

VHF 对讲机从通信工作方式上，分半双工通信工作和双工通信工作两种方式。半双工通信工作是指在同一时刻，发射和接收都工作在同一频率上，无线电信号只能单方向进行传输，你说我听，或我说你听。半双工通信的优点是：仅使用一个频率工作，它能最有效地使用频率资源。缺点是：双方要轮流说话，即对方讲完之后，我方才能讲话。双工通信是指在同一时刻信息可以双向传输，如打电话一样，边说边听。这种发射机和接收机分别在两个不同的频率上(两个频率差有一定要求)，能同时工作，其优点和缺点正好和单工通信相反。在 VHF 通信中如经过岸台与陆上通信转接的船与用户间的通信必须使用双工通信。

按照国际海事通信的统一规定，海上船用 VHF 的工作频率范围为：发射频率为 156.025～157.425MHz；接收频率为 156.025～163.275MHz。工作频道主要分为国际频道、美国频道、加拿大频道和欧洲的内河频道，还有 10 个气象频道(其中 8 个是美国气象频道，2 个是加拿大气象频道)用于船长、驾驶员收听美国和加拿大沿海的气象信息。

早期的 VHF 对讲机只有 28 个频道用于船舶间、船岸间的通信，每两个频道之间相差 50kHz。因不能满足船舶间、船岸间的通信需要，国际电信联盟 (International Telecommunications Union, ITU)又增加了 29 个频道，具体为在每两个频道之间插入一个新频道，每两个频道之间相差 25kHz，这样共有 57 个频道。美国和加拿大政府为了满足本国港口通信的需要，将其中 22 个双工频道的接收频率改为发射频率，于是又增加了 22 个半双工频道，以*A 表示。如国际频道01，发射频率是 156.050MHz，接收频率是 160.650MHz；美国频道 01A，发射频率是 156.050MHz，接收频率也是 156.050MHz。将双工频道的发射频率改为接收频率，则以*B 表示。

20 世纪末，AIS 诞生，1999 年 1 月 1 日国际电信联盟等组织，将发射、接收频率较高的 87 频道和 88 频道的发射频率改为该频道的接收频率，使得接收频率和发射频率一致，以 87B 和 88B 表示，专门用于 AIS 中船舶静态信息、动态信息、与航次有关的信息等的发射和接收。

3. VHF 对讲机使用注意事项

VHF 对讲机的普遍使用给安全航行、海事管理、海难救助和港口生产的通信联络带来了极大方便。但目前 VHF 频道的使用比较混乱，一些驾驶员对 VHF 频道的使用知识了解甚少，抢占专用频道现象严重，这往往使得正常的 VHF 通信不能有效进行；更多的情况是不了解某一港口特定的 VHF 通信规定，如高功率、低功率的选择，国际模式、美国模式的选择等；甚至有的驾驶员在 VHF 通信频道上聊天、播放音乐、广播等，长时间占用频道，该现象在港口及其附近水域尤为严重；有为数不少的事故是因船舶驾驶值班人员没有对 VHF 保持有效的守听而发生的。现在无论在 VHF16 频道(国际遇险、安全、通信频道)，还是港口主管机关、VTS 专用频道上，VHF 异常繁忙已经成为港口、沿海区域的一大困扰。港口主管机关应加强这方面的管理力度，对于利用 VHF 工作频道进行无关通话、恶意扰乱通话环境的当事方，可利用 DF 测向或 AIS 网络功能进行查证。

VHF 对讲机使用应注意以下事项。

(1) 当船舶进入一特定的港口水域前，必须认真学习、了解该港口水域的 VHF 通信规则。双方通信联系前一定要统一频道和模式；当遇到频道正确而联系不畅时，应更换频道或对讲机；遇干扰或干扰别人时，也应及时更换频道。

(2) 说话简洁，尽量缩短每次发射的时间。如用双工通信时，应一直按下发射控制键，否则影响通话质量；讲话时不必大声，否则会引起话音失真(只需要在嘴部距对讲机的麦克风 2.5～5cm 处，以正常音量讲话即可)；注意调好音量及静噪，否则可能听不到或产生干扰噪声。

(3) 便携式手持对讲机天线不能拧下，否则在发射时容易把功率管烧坏。

(4) 在贴有关闭对讲机标识的场合或易燃易爆场所，如油码头、危险品码头、石油气天然气码头等场所，应关闭对讲机或使用防爆对讲机；应注意在易燃、易爆场所的危险环境中不能更换电池、拆卸或插拔对讲机的附件，如耳机话筒，以免因拆卸或插拔时产生的摩擦接触火花引起爆炸或火灾。

(5) 对讲机通信在临界距离时常发现声音有断断续续的现象，此时可以调整静噪等级来改善效果。

(6) 一般镍氢电池正常使用的充放电次数为 500 次，锂电池为 1000 次，在对新电池进行前 3 次充电时，应持续充电 14～16h，以获得最大的电池容量和更好的电池性能；以后每次最好是用完再充足，如果电池长期在半饱状态下工作，会缩短电池的使用寿命；对讲机充电时，应关闭对讲机以保证电池完全充满；不充电时，不要将对讲机和电池留在充电器上，连续不断地充电将缩减电池寿命。

航海人员必须清醒地认识到，国际避碰规则没有任何关于 VHF 对讲机的相关规定，只是认为 VHF 对讲机是航海人员进行正规瞭望的手段之一。也应充分认识到，使用 VHF 通信只是协助避碰的一种辅助手段，使用时不能违背避碰规则相关规定。所以，相关人员要正确使用 VHF 对讲机，使其更好地为航行安全、海事管理、海难救助和港口生产服务。

7.2.3　AIS VHF 通信

AIS 是集多种技术于一体的助航设备，它既是一种航海导航通信设备，又是一种船舶信息网络化系统。AIS 严格讲是一台综合仪表、仪器，它包含传感器、通信装置、人机界面等，但本节主要涉及其通信模块与通信方式。

AIS 无线电发射机应答器包括一个 VHF 发射机，两个 TDMA 多信道 VHF 数据接收机，A 类 AIS 还包括一个 70 频道的 DSC(数字选择呼叫)接收机。

工作频率如下。

AIS1：161.975MHz(CH87B：2087)。

AIS2：162.025MHz(CH88B：2088)。

频率范围：156.025～162.025MHz(CH60～CH88)。

VHF 数字选择呼叫频道：CH70(接收来自 VTS 的指令)。

AIS 调制：25kHz 信道，GMSK BT 0.5。

AIS 数据率：9600bit/s。

输出功率：12.5W 或 2W。

AIS 技术标准将每分钟划分为 4500 个时间段。每个时间段可发布一条不长于256bit 的信息，长于 256bit 的信息需增加时间段。每条船舶通过询问(自动)选择一个与他船不发生冲突的时间段来发布本船的信息。在统一的 VHF 的频道上，AIS 范围内任何船舶都能自行、互不干扰地发送报告和接受全部船舶(岸站)的报告，这就是 SOTDMA 的技术核心。AIS(在同一区域)能同时容纳 200～300 艘船舶，当系统超载的情况下，只有距离很远的目标才会被放弃，以保证作为 AIS 船对船运行主要对象的近距离目标的优先权。在实际操作中，系统的容量是不受限制的，可同时为很多船只提供服务。

7.3　局域网与 WiFi 通信

为适应国际航运市场的需求，以达到节省人力资源、简化复杂系统操作、提高安全运行水平的目的，在现代船舶中各种设备和系统的数据与信息资源共享需求越来越突出；船上各自相对独立的分系统正朝着数字化、网络化的方向发展；同时，船舶驾驶、运行及管理朝着综合一体化的方向发展，即随着船舶现代化进程的推移，船舶信息化、计算机局域网与通信系统一体化成为发展的必然趋势。

局域网(local area network，LAN)是在一个局部的地理范围内将各种计算机、外部设备和数据库等互相连接起来组成的计算机通信网。它可以通过数据通信网或专用数据电路，与远方的局域网、数据库或处理中心相连接，构成一个大范围的信息处理系统。

由于海上特殊条件的限制，船上数字通信一般采用无线局域网，利用射频发射接收器，以无线方式进行信号传输与接收。

本节主要介绍无线局域网技术和 WiFi 通信技术。

7.3.1　局域网与船舶信息化

由于早期用途比较单一，且受到成本、利用率、施工困难度以及美观度等一系列因素的影响，早期的船舶局域网通常为有线局域网，通常仅在船舶的一些主要场所铺设网络接口。随着船舶现代化进程的推进，越来越多的船舶采用无线局域网技术对现有相互独立的船舶监控系统、驾驶台资源管理系统、AIS 和 VDR 进行整合，以实现对船舶各系统高度自动化的集中监测、管理和控制，达到节省人力资源、简化复杂的系统操作、提高安全运行水平的目的。

无线局域网以无线电波为介质，不受大量线缆的约束，因而可减少对现有网络改造的设计和施工难度。无线局域网建设在当今船舶局域网建设中具有非常现实的意义，其主要优点如下。

(1) 可移动性高。传统的局域网建设基本上是以双绞线为通信介质，无法为船舶每一个位置铺设网络接口；此外，许多场所由于各种因素也不便于铺设网络接口，而无线局域网的高可移动性使这些场所能够以无线方式连接到船舶管理系统局域网，并方便地享受船舶管理系统网络提供的服务。

(2) 方便性。无线局域网组网方便，简化了许多安装和配置工作，只要铺设有无线接入点的地方，均可方便地构建无线局域网，因而对于一些临时性的组网、扩展要求均可及时满足。

(3) 成本更低。随着无线局域网技术的成熟，无线接入设备价格不断降低，同时，由于相对于传统的局域网建设，在施工成本、设备及材料成本上有了很大的改观，其成本更低。

7.3.2　无线局域网概念

如上所述，无线局域网是指以无线信道作传输媒介的计算机局域网，是计算机网络与无线通信技术相结合的产物，是有线网络连接方式的重要补充和延伸，因此无线局域网逐渐成为计算机网络中一个至关重要的组成部分。无线局域网使用无线电波作为数据传送的媒介，传送距离一般为几十米，广泛应用于需要移动数据处理或无法进行物理传输介质布线的领域。无线局域网技术的不断发展、成熟和完善使其被应用在船舶上实现数据传输成为现代化船舶的一个必然趋势。通过船舶无线局域网，船长、轮机长和船员都可以共享各种信息，使信息的传播及时、准确，促进了上下沟通的便利性，也便于船长和轮机长对船舶的管理，从而保证整个船舶信息的畅通化。

根据传输介质不同，无线局域网分为以下三种类型。

(1) 红外线无线局域网。利用红外作为信号加载介质，优点是不受国家频率的管理，缺点是传输范围较窄，且干扰较大。

(2) 扩频无线局域网。将基带信号频谱进行扩频，利用射频发射器进行传输，能够进行较远距离的传输，并且信号安全性高。

(3) 微波无线局域网。利用微波作为基带信号的传输载体。

7.3.3　无线局域网的组成

构成无线局域网的连接组件主要有三种，分别为无线接入点(access point，AP)、无线网卡和无线网桥。

(1) 无线接入点。无线接入点作为无线局域网连接其他有线网络的桥梁，其实质是一个二端口网桥，这种网桥能把数据从有线网络中继转发到无线网络，也能从无线网络中继转发到有线网络，使移动设备能接收到有线网络中的通信数据流，同时也使有线网络上的设备能接收到移动设备的数据。

(2) 无线网卡(终端)。无线网卡与普通的以太网网卡的作用基本相同，差别在于前者传送数据是通过无线电波，而后者则是通过一般的网线。无线网卡作为无线局域网的接口，能够实现无线局域网各客户机之间的连接与通信。目前的无线网卡可根据接口的不同分为 PCMCIA、PCI、USB 等类型。

(3) 无线网桥(点对点传输设备)。无线网桥提供了一种扩展无线局域网的手段，是与高层协议无关的网络设备，它不需要更改与局域网相连节点的通信软件。对通过网桥相连的局域网上的节点而言，只存在一个局域网，每个节点在这个网络中都有唯一的地址。在节点发送数据时，使用这个唯一的地址，而没有必要区分目的地址是在本地网段上还是在其他网段上，这个工作由网桥完成。

在实际应用中，无线局域网的拓扑结构可分为无中心拓扑(对等式拓扑，Ad Hoc)和有中心拓扑。无中心拓扑的网络要求网中任意两点均可直接通信，实际上是对等网的通信方式；有中心拓扑结构中则要求一个无线节点充当中心站，所有节点对网络的访问均由中心站进行协调。两种结构的网络均使用公用广播信道(微波)，介质访问控制(MAC)协议多采用载波侦听多址访问(carrier sense multiple access，CSMA)类型的多址接入协议。两者的拓扑结构如图 7-4 所示。

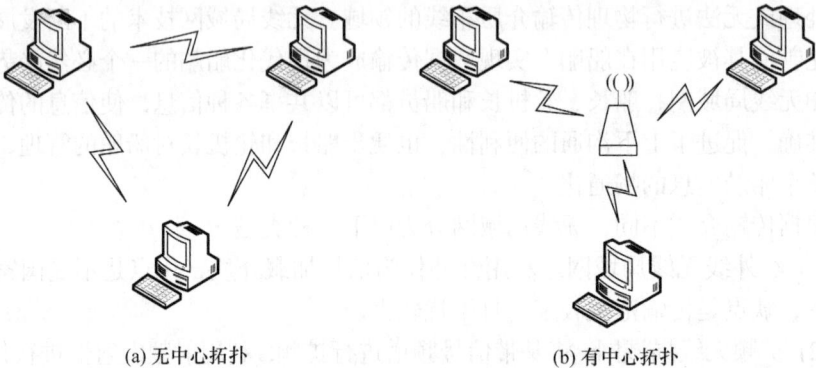

(a) 无中心拓扑　　　　　　(b) 有中心拓扑

图 7-4　无线局域网的两种拓扑结构

7.3.4　IEEE802.11 协议

1. 协议介绍

IEEE802.11 是无线局域网的主流标准之一，主要规范了物理层和介质访问层(MAC)的特性，使局域网的概念从通常的线缆连接扩展到了中短距离的无线连接。该标准由很多子集构成，经过十多年的发展，目前仍在不断的改进和修订中，以适应提升网络速度、安全认证、漫游和服务质量(quality of service，QoS)等方面的要求，该标准不同子集各有侧重，下面简要介绍几个主流标准的基本内容。

IEEE802.11b 协议也称为 WiFi(Wireless Fidelity)，工作在 2.4GHz 频段，建立在直接序列扩频(direct sequence spread spectrum，DSSS)的加强版本补充编码键控(complementary code keying，CCK)基础上。该标准在物理层部分在原来 IEEE802.11 标准的 1Mbit/s、2Mbit/s 传输速率之外，增加了 5.5Mbit/s、11Mbit/s 的高速数据传输速率。它是当前最主流，应用最广泛的 WLAN 标准。IEEE802.11b 无线局域网无论技术还是市场都已经发展得比较成熟，在工业界更是处于先导位置，现有的笔记本电脑几乎都配有 IEEE802.11b 的网卡。目前，在船舶通信中也多采用 IEEE802.11b 无线局域网技术。

IEEE802.11a 协议：工作在 5GHz U-NII 频带，物理层数据速率为 6～54Mbit/s，传输层可达 25Mbit/s。采用正交频分复用(orthogonal frequency-division multiplexing, OFDM)的独特扩频技术，可提供 25Mbit/s 的无线 ATM 接口和 10Mbit/s 的以太网无线帧结构接口，以及 TDD/TDMA 的空中接口。由于 IEEE802.11a 工作在更高频段，所以在相同发射功率下覆盖距离只有 IEEE802.11b 设备的 30%左右。因此要覆盖相同区域，就需要布放 4～7 倍于 IEEE802.11b 设备数量的 IEEE802.11a 设备。而船舶通信要求有较大的覆盖范围，这样在较大的船体范围内各系统之间才能真正起到数据传输作用。因此现在采用 IEEE802.11a 还存在较大的技术风险和市场风险。

IEEE802.11g 协议：工作在 2.4GHz 频段，使用 CCK 技术，与 IEEE802.11b 标准后向兼容，同时为支持 25Mbit/s 的高速率，也采用了 OFDM 技术。

2. IEEE802.11 网络拓扑结构

由 IEEE802.11 的标准设备 AP 和 STA 出发，可以根据需要组成多种网络拓扑结构，总体而言，这些拓扑结构可以划分为以下三种。

1) 基本服务集(basic service set，BSS)网络

BSS 是标准中定义的一个基本模型，它提供一个覆盖区域(覆盖区的范围由 AP 或 STA 的射频信号覆盖范围决定)，并使该区域内的 STA 保持与网络的连接，一个 STA 可以在该区域内自由移动。如图 7-5 所示，通常应用中的 BSS 网络是在该区域内由 AP 提供认证、接入和管理服务，下联多个 STA，组成一个封闭的局域网络。

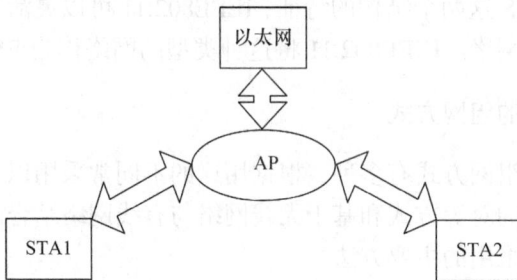

图 7-5　BSS 网络

2) 独立基本服务集(independent BSS，IBSS)网络

IBSS 工作为无中心的对等网络(Ad Hoc)，是一个独立的 BSS，无须 AP 进行控制，IBSS 至少包括两个 STA。

IBSS 称为独立的 BSS，是使用 IEEE802.11 标准的 WLAN 最基本的组网模式，一个最小的 IEEE802.11 WLAN 可由两个站组成，如图 7-6 所示。

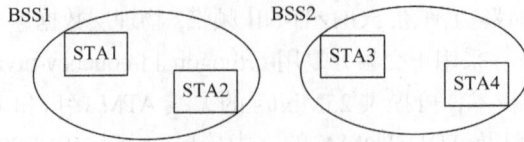

图 7-6　IBSS 网络

3) 扩展服务集(extent service set，ESS)网络

结构化的 WLAN 系统是由许多 BSS 共同建成的扩展网络形式。BSS 是这种网络的一个模块，用来实现 BSS 间互连的体系称为分布式系统。这里的分布式系统实际上是一个逻辑上的概念，它会根据不同的组网方式而产生不同的拓扑结构。如图 7-7 所示，分布式系统 DS 的基本功能是把分散的 BSS 连接起来，使它们能够相互通信，其介质可以是有线，也可以是无线，具体的使用情况可以根据网络环境的不同而变化。

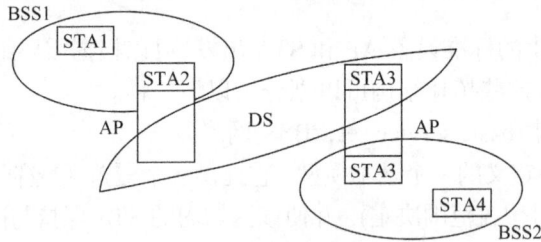

图 7-7　DS 与 BSS

利用 DS 和 BSS 这两个结构的特征，IEEE802.11 可以灵活地组成大小和结构复杂性不同的无线网络。IEEE802.11 将这种类型的网络称为 ESS。

7.3.5　无线局域网的组网方式

无线局域网的组网方式有多种，根据用途的不同常采用以下两种方式组网，即基于纯无线网络的对等方式和基于无线网络与有线网络结合的接入方式，而后者是船舶管理系统采用的主要方法。

1. 对等方式

对等方式无线局域网由若干个带有无线局域网网卡的计算机构成，主要用于多台计算机之间的通信，该方式不存在中心点，如图 7-8 所示。每台计算机均是网络中的一个终端或节点，最先启动的计算机会自动设置为初始站，对网络进行初始化，随后启动的计算机只要设置与前者相同就可以加入该网络，该方式使所有同域的计算机组成一个局域网，计算机间相互对等地进行通信。该方式的 MAC 帧中，同时有源地址、目的地址和初始站地址。由于这种方式采用了 NetBEUI 协

议，不支持 TCP/IP，所以这种组网方式不适于组建要求稳固且需提供 Web 等由
TCP/IP 支持的网络服务的网络。

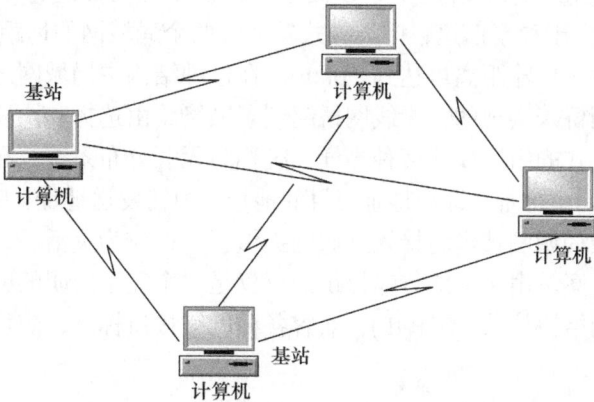

图 7-8　对等方式的 WaveLAN

2. 接入方式

如图 7-9 所示，对等式网络接入方式以星形拓扑为基础，同时必须配置具有
控制功能的若干无线接入点(AP)，所有终端通信要通过 AP 转接。各个 AP 应连
接在有线局域网规定的位置，每个 AP 具有不同的无线覆盖范围，使得带无线网
卡的终端(如笔记本电脑)在不同的地方均可以访问网络。这种方式在 MAC 帧中，
同时有源地址、目的地址和接入点地址。通过各终端的响应信号，AP 能在内部
建立一个像路由表那样的桥连接表，将各个终端和端口一一联系起来。当接转信
号时，AP 就通过查询桥连接表进行。由于 IEEE802.11 标准严格规定了多信道漫
游功能，作为终端的计算机能在不同的访问点间自动地无缝切换，保证了数据传
输的完整性和流畅性。

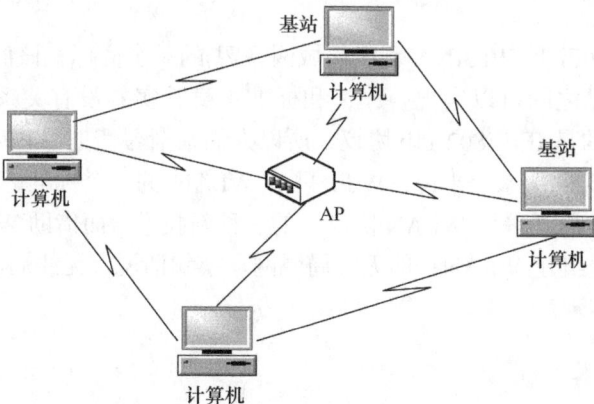

图 7-9　接入方式的 WaveLAN

3. 中继方式

中继是建立在接入原理之上，以两个无线设备点对点进行链接的方式。如图 7-10 所示，由于独享信道，中继方式较适合两个局域网的远距离互连(架设高增益定向天线后，传输距离可达到 50km)。在这种结构中局域网之间的通信是通过各自的无线网桥来实现的，无线网桥起到了网络路由选择和协议转换的作用。无线网络中继方式的组网模式多种多样，统称为无线分布系统。在这种模式下，MAC 帧使用了四个地址，即源地址、目的地址、中转发送地址、中转接收地址。中继方式的无线局域网技术为接入互联网提供了一种较为灵活、带宽适合并且较为经济的互联方案。由于无线传输提供的仅仅是一个完全透明的链路，所以符合并支持所有的网络协议(如 TCP/IP)，兼容各种网络接口标准，满足了各种操作系统的需要。

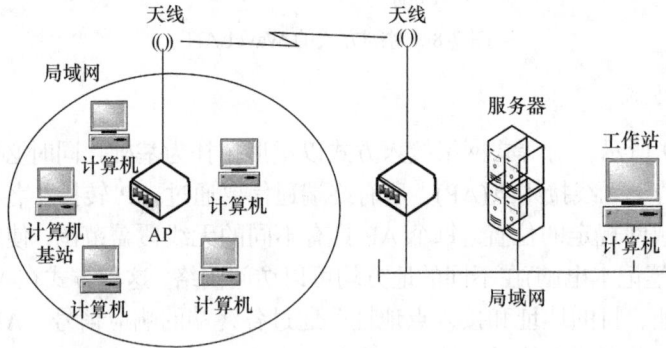

图 7-10　中继方式的 WaveLAN

7.3.6　WiFi 通信

1. WiFi 概述

事实上，WiFi 是 WLANA(无线局域网联盟)的一个商标，该商标只能保证使用该商标的商品之间可以实现合作，和标准本身其实并没有关系。然而，因为WiFi 主要采用的是 IEEE802.11b 协议，所以人们渐渐习惯把 IEEE802.11b 协议称为 WiFi。从包含的关系上来说，WiFi 只是 WLAN 的一个标准，WiFi 是包含在WLAN 中的，它属于采用 WLAN 协议中的一种新技术。而借助 WiFi 技术，我们可以快速方便地组建 WLAN，即无线局域网。换句话说，无线局域网是 WiFi 应用的一种具体体现。

2. WiFi 技术介绍

当前主要使用的标准有 IEEE802.11、IEEE802.16 等，前者就是人们熟知的

WiFi 技术，后者为 WiMAX 技术。WiFi 与 WiMAX 类似，但是后者具有更好的通信带宽和更大的覆盖范围，然而实际上通常采用 WiFi 作为实现船舶通信网的技术，主要原因有如下几点。

(1) 通常的 WiFi 热点覆盖范围约为 90m，传输速率为 54Mbit/s，以 1 艘中型船舶为例，如果不考虑遮挡，部署 2～3 个热点，就可以满足覆盖整艘船舶的通信需求。

(2) 与 WiMAX 相比，WiFi 的部署难度、部署成本、使用和维护费用，均较为低廉，且相关的技术和产品更加丰富和成熟，能够提供更好的可实现性和稳定性。

(3) 当前船舶使用的通信网络多为基于 IEEE802.3 的以太网通信链路，WiFi能够与以太网通信网实现无缝连接，因而在部署无线网络时，可以保留原先的通信网络，大大节约了投资。常见的 WiFi 网络拓扑结构如图 7-11 所示。

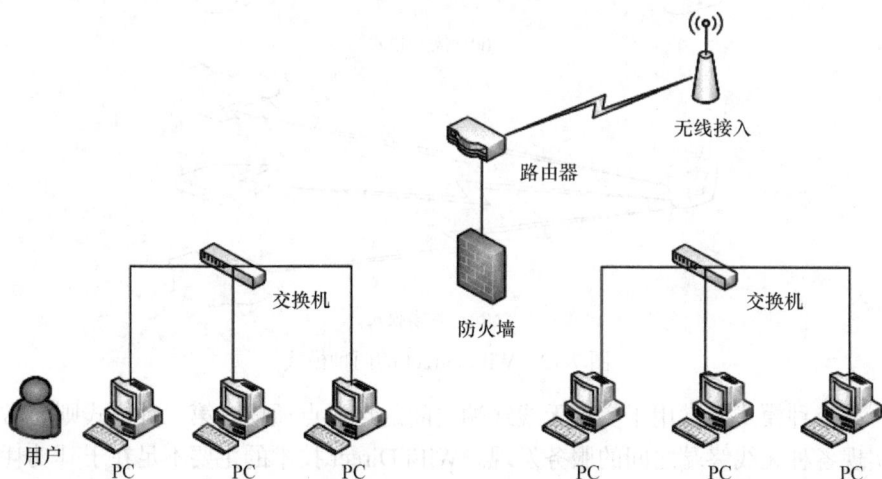

图 7-11 WiFi 网络拓扑结构图

通常在陆地上，图 7-11 所示的网络结构能够满足相应的需求，但海洋条件较为苛刻，当在较为恶劣的天气状况和海况下时，可能会对无线链路造成较大的干扰，出现连接断开和通信速率下降等问题。因而，为了保证在以上情况下，各个分布式智能终端和传感器设备的数据能够顺利传输到中央服务器，必须是相距较近的节点之间能够在没有 AP 支持的情况下，实现点对点的数据传输。在船舶通信中多采用最新的 WiFi Direct 技术。

WiFi Direct 技术是 2010 年由 WiFi 联盟提出的新技术，该技术旨在解决无线终端在无 AP 支持下的互联互通问题。通过这一技术，不同的无线终端之间可以实现直接的点对点连接，而不需要接入同一个 AP。该技术主要有以下优点。

(1) 移动性更高。这使得无线终端能够脱离 AP 的束缚，实现无基础设施的无线自组网，使无线终端之间的通信更加自由，增加了分布式网络的灵活性和自主性。

(2) 易用性更强。通过 WiFi Direct，用户的无线设备能够使用自动的"设备发现"和"服务发现"功能，与周边的其他设备相连，无须额外的认证机制和接入机制，更加易于使用。

(3) 兼容性更好。使用 WiFi Direct 技术的终端可以完全兼容以往的设备，可以与 AP 相连，也可以与支持 IEEE802.11 协议的设备进行通信。

WiFi Direct 网络有两种模式：一对多模式和一对一模式。两种模式如图 7-12 所示。

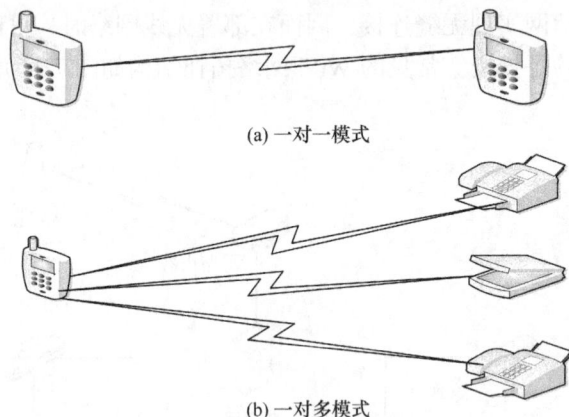

(a) 一对一模式

(b) 一对多模式

图 7-12　WiFi Direct 的两种模式

第一种模式通常用于实现无线终端之间的点对点通信；第二种模式则通常用于实现各种无线终端之间的服务发现。WiFi Direct 技术的主要不足在于其功耗较大，制约了其在无线便携式终端上的进一步普及，然而在船舶不少应用场景中，无线终端和传感器可以使用有线供电设备，因而无须太多考虑 WiFi Direct 的能耗问题。

通常实际应用中船舶无线通信网络主要由两部分组成：中心化的 AP 接入网及分布式的通信簇。中心化的 AP 接入网提供能够覆盖全体船舶的无线通信接入网，无线终端通过接入 AP 能够获得较高的通信速率，分布式通信簇是由若干终端和传感器组成的通信集群，能够实现一个簇内的相互通信。

7.4　船上射频通信

随着信息技术的发展，射频通信技术也越来越受到人们的重视。射频是一种高频交流变化电磁波的简称，指具有远距离传输能力的高频电磁波。射频技术在无线通信领域中被广泛使用，有线电视系统就是采用射频传输方式。射频频谱是从 10kHz 到 30GHz 的整个射频频率范围。表 7-2 列出主要射频波段、相应的频率及常见用途。

表 7-2　射频波段

波段(缩写)	频率	常见
超低频(VLF)	10～30kHz	海上船对岸的通信
低频(LF)	30～300kHz	射频定位，如远程导航
		时间校准信号(WWVB)
中频(MF)	300kHz～3MHz	AM 广播
高频(HF)	3～30MHz	短波调幅广播、单边带通信
甚高频(VHF)	30～144MHz	TV 频道 2～6，FM 广播
	144～174MHz	出租车广播
	174～328.6MHz	TV 频道 7～13
	328.6～806MHz	公共安全：救护车、警察等
特高频(UHF)	806～960MHz	蜂窝手机
	960MHz～2.3GHz	空中交管控制雷达
	2.3～2.9GHz	WLAN(IEEE802.11b/g/n)
超高频(SHF)	2.9～30GHz	WLAN(IEEE802.11a/ n)
极高频(EHF)	30GHz 及以上	射频天文学

射频技术在无线通信领域具有广泛的、不可替代的作用。在射频通信网络中主要有无线传感器网络(wireless sensor networks，WSN)、RFID、WiFi、蓝牙(blue tooth)、超宽带(ultrawideband，UWB)等几种主流网络，本节将主要以 WSN 为例介绍射频通信技术在船联网中的应用。

7.4.1　无线传感器网络

WSN 是由大量具有特定功能的传感器节点通过自组织的无线通信方式,相互传递信息、协同地完成特定功能的专用网络。它综合了传感器技术、嵌入式计算技术、分布式信息处理技术及无线通信技术，其目的在于协作地感知、采集和处理网络覆盖区域内对象的信息，并对收集到的信息进行处理后传给终端用户。

无线传感器节点是 WSN 的主要组成部分，它们分布在监测区域内，对监测区进行实时的信息、数据收集等工作，并通过数据融合和数据预处理等手段对信息进行先期处理，处理后的信息通过无线传感器节点自组织成多跳分布式网络传输给信息处理中心。每一个传感器节点由数据采集模块(传感器、A/D 转换器)、数据处理和控制模块(微处理器、存储器)、通信模块(无线收发器)和供电模块(电池、DC/AC 能量转换器)等组成。

目前，微处理技术的发展促进了传感器的智能化，传统的传感器正逐步实现微型化、智能化、信息化、网络化，正经历着一个从传统传感器→智能传感器→嵌入式 Web 传感器的内涵不断丰富的发展过程。MEMS 技术和射频通信技术的融合促进了无线传感器及其网络的发展。

7.4.2　WSN 的特点

WSN 在众多领域的快速发展与其显著的特点分不开。与传统的网络相比，WSN 有如下特点。

(1) 规模大、节点多。为了获取精确信息，在传统监测区域(非船上应用)通常部署大量传感器节点。传感器的大规模性使得通过不同空间视角获得的信息具有更大的信噪比，通过分布式处理大量的采集信息能够提高监测的精确度，降低对单个节点传感器的精度要求，同时大量冗余节点的存在，使得系统具有很强的容错性能。

(2) 节点的能量、存储空间及计算能力等资源非常有限。由于传感器节点往往应用在无人值守条件下，更换电池或者充电都不现实，所以尽可能地降低系统功耗将是影响通信协议设计的一个关键因素。

(3) 传感器网络的拓扑结构可能因为下列因素而改变：①环境因素或电能耗尽造成的传感器节点故障或失效；②环境条件变化可能造成无线通信链路带宽变化，甚至时断时通；③传感器网络的传感器、感知对象和观察者这三要素都可能具有移动性；④新节点的加入。这要求传感器网络系统要能够适应这种变化，具有动态的系统可重构性。

(4) 多跳通信。由于低功率射频器件的信号传播范围有限，WSN 应该能支持多跳通信。

(5) 高度自适应的自治能力。由于应用的特殊性，WSN 必须能够自我配置，许多原因(如节点移动或能量耗尽等)都会导致 WSN 拓扑结构的变化，它需要很强的自适应能力和健壮性。

(6) 以数据为中心。互联网是先有计算机终端系统，然后再互联成为网络，终端系统可以脱离网络独立存在。在互联网中，网络设备用网络中唯一的 IP 地址标识，资源定位和信息传输依赖于终端、路由器、服务器等网络设备的 IP 地址。

如果想访问互联网中的资源，首先要知道存放资源的服务器 IP 地址。因此现有互联网是一个以地址为中心的网络。

传感器网络是任务型的网络，脱离传感器网络谈论传感器节点没有任何意义。传感器网络中的节点采用节点编号标识，节点编号是否需要全网唯一取决于网络通信协议的设计。用户使用传感器网络查询事件时，直接将所关心的事件通告给网络，而不是通告给某个确定编号的节点。网络在获得指定事件的信息后汇报给用户。这种以数据本身作为查询或传输线索的思想更接近于自然语言交流的习惯。所以通常说传感器网络是一个以数据为中心的网络。

7.4.3　WSN 的结构

传感器网络实现了数据的采集、处理和传输三种功能。它与通信技术和计算机技术共同构成信息技术的三大支柱。如图 7-13 所示，传感器网络系统通常包括传感器节点(sensor node)、汇聚节点(sink node)和任务管理节点(在基于 IEEE802.15.4标准的低功耗局域网协议 ZigBee 中这三类节点分别对应于 End-Device、Router 和Coordinator)。

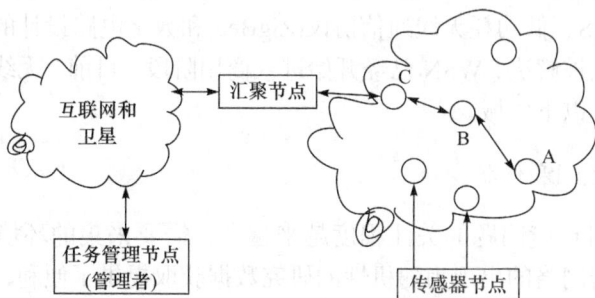

图 7-13　传感器网络结构

大量传感器节点随机部署在监测区域内部或附近，能够通过自组织方式构成网络。传感器节点监测的数据沿着其他传感器节点逐跳地进行传输，在传输过程中监测数据可能被多个节点处理，经过多跳后路由到汇聚节点，最后通过互联网或卫星到达管理节点。用户通过管理节点对传感器网络进行配置和管理，发布监测任务以及收集监测数据。

(1) 传感器节点：处理能力、存储能力和通信能力相对较弱，通过小容量电池供电。从网络功能上看，每个传感器节点除了进行本地信息收集和数据处理外，还要对其他节点转发来的数据进行存储、管理和融合，并与其他节点协作完成一些特定任务。

(2) 汇聚节点：处理能力、存储能力和通信能力相对较强，它是连接传感器网络与 Internet 等外部网络的网关，实现两种协议间的转换，同时向传感器节点发布来自任务管理节点的监测任务，并把 WSN 收集到的数据转发到外部网络上。汇聚节点可以是一个具有增强功能的传感器节点，有足够的能量供给和更多的 Flash 和 SRAM。

(3) 任务管理节点：用于动态地管理整个无线传感器网络。传感器网络的所有者通过任务管理节点访问无线传感器网络的资源。

7.4.4　WSN 应用及其在船联网中的应用实例

早期 WSN 主要用于军事领域，如国际上比较有代表性和影响力的无线传感网络应用和研发项目有遥控战场传感器系统(remote battlefield sensor system，REMB)、网络中心战(NCW)及灵巧传感器网络(SSW)以及英国国家网格等。另外，还有低成本美军"狼群"地面无线传感器网络，俄亥俄州正在开发的"沙地直线"(a line in the sand)无线传感器网络系统。民用方面，美国和日本等发达国家在对该技术不断研发的基础上在多领域应用了该技术。

尽管 WSN 为业界提供了巨大的想象空间，但由于节点成本、功耗和体积等关键问题一直没有很好解决，过去很多年，WSN 一直限于科研机构和实验室。不过，随着 MEMS、低功耗无线通信协议(ZigBee)和数字电路设计的飞速发展，上述这些难点正在被解决，WSN 已经开始进入商用阶段。目前，无线传感器网络的应用主要集中在以下领域。

1. 环境的监测和保护

随着人们对环境问题的关注程度越来越高，需要采集的环境数据也越来越多，无线传感器网络的出现为随机性的研究数据获取提供了便利，并且还可以避免传统数据收集方式给环境带来的侵入式破坏。例如，2002 年英特尔研究实验室研究人员将处方药瓶大小的 32 个传感器连进互联网，以采集缅因州大鸭岛上的气候参数，评估一种海燕筑巢的条件。而 2003 年第二季度，他们换用 150 个安装有 D 型微型电池的第二代传感器来评估这些鸟巢的条件。他们的目的是让世界各国研究人员实现无入侵式、无破坏式的、对敏感野生动物及其栖居地的监测。无线传感器网络还可以跟踪候鸟和昆虫的迁移，研究环境变化对农作物的影响，监测海洋、大气和土壤的成分等。此外，它也可以应用在精细农业中来监测农作物中的害虫、土壤的酸碱度和施肥状况等。

2. 医疗护理

曼彻斯特大学的科学家使用无线传感器技术创建了一个智能医疗起居间，使用智能微粒来测量居住者的重要生理特征(如血压、脉搏和呼吸)、睡觉姿势以及每天 24 小时的活动状况。英特尔公司也针对老龄化社会的技术(center for aging services technologies，CAST)项目推出了无线传感器网络的家庭护理技术。该系统通过在鞋、家具以及家用电器等家中道具和设备中嵌入微型传感器来监测与辅助护理老龄人士、阿尔茨海默病患者以及残障人士的家庭生活。通过利用无线通信将各传感器联网可高效传递必要的信息，不仅可以方便使用者接受护理，而且还可以减轻护理人员的负担。

3. 军事领域

由于无线传感器网络具有密集型、随机分布的特点，使其非常适合应用于恶劣的战场环境中，包括侦察敌情、监控兵力、装备和物资，判断生物化学攻击等多方面用途。美国国防部远景计划研究局已投资几千万美元帮助大学进行"智能尘埃"传感器技术的研发。

4. 其他领域

无线传感器网络还被应用于其他一些领域。例如，一些危险的工业环境如井矿、核电厂等，工作人员可以通过它来实施安全检测，也可以用在交通领域完成车辆监控。

5. WSN 在船舶动力定位系统中的应用

船舶动力定位系统是一种当前广泛使用的船舶姿态与航向控制系统。系统通过实时测量当前船舶的精确位置与航向，并与正确航向进行对比，从而协调船舶的导航系统、动力系统等。系统通过对船舶当前的姿态、航向等进行纠正，确保船舶能够保持正常的姿态，并沿着正确的航向行驶。

系统采用计算机自动决策代替人工决策，提高操作的效率、频率和准确率，可减少船员在船舶航行中的工作负担，不仅能够实现船舶的自动导航、航向自动纠偏等功能，还能够实现船舶的自动姿态调整、障碍规避等复杂业务。对于日常海上航运来说，能够大大提高海洋运输的效率，同时也降低了危化品运输船等特殊船舶的事故概率，提高了海洋运输的安全性。

传统船舶动力定位系统的设计和实现较为简单，通常采用 GPS、北斗卫星导航系统实时测量当前船舶的位置，然后与电子海图中的船舶航行进行对比，确定船舶当前位置的偏差值，然后启动动力或转向系统，对该偏差值进行纠正。这种动力定位系统精度较低，只有当船舶的航向偏差或位置偏差较大时，才能进行纠正，存在一定的安全隐患；另外，这种动力定位系统仅能够实现船舶航向的自动纠正，而无法实现对船舶姿态的自动控制，能够实现的功能较为单一。

为了解决这一问题，基于无线传感器网络 WSN 的船舶动力定位控制模型被提出，该模型利用传感器网络测量外界风力、风向，结合当前船舶的行驶航向，用数学模型估计船舶的偏移量，进而进行智能的控制。WSN 动力定位系统组成如图 7-14 所示。

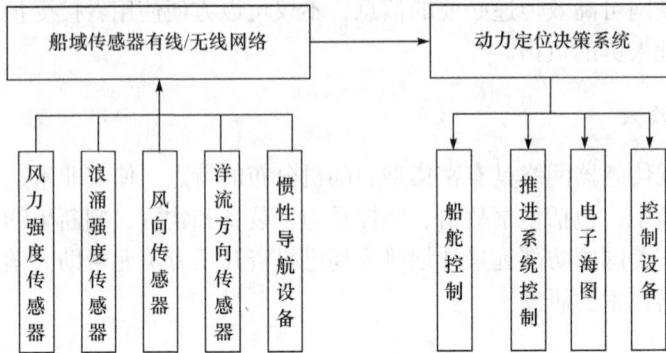

图 7-14　WSN 动力定位系统组成

7.4.5　其他射频通信技术介绍

1. NFC

近场通信(near field communication，NFC)是由 Philips、Nokia 和 Sony 主推的一种类似于 RFID 的短距离无线通信技术标准。NFC 最初仅是遥控识别和网络技术的合并，但现在已发展成一种无线连接技术。NFC 能快速自动地建立无线网络，为蜂窝设备、BlueTooth 设备、WiFi 设备提供一个虚拟连接，使电子设备可以在短距离范围进行通信。NFC 的短距离交互大大简化了整个认证识别过程，使电子设备间互相访问更直接、更安全和更便捷，不用再受到各种电子噪声的干扰。

NFC 通过在单一设备上组合所有的身份识别应用和服务，帮助解决记忆多个密码的麻烦，同时也保证了数据的安全。有了 NFC，多个设备如数码相机、PDA、机顶盒、计算机、手机等之间的无线互连，彼此交换数据或服务都将有可能实现。

2. BlueTooth

BlueTooth 是一种无线数据与语音通信的开放性全球规范，其实质内容是为固定设备或移动设备之间的通信环境建立通用的近距无线接口，将通信技术与计算机技术进一步结合起来，使各种设备在没有电线或电缆相互连接的情况下，能在近距离范围内实现相互通信或操作。

BlueTooth 诞生于 1994 年，Ericsson 当时决定开发一种低功耗、低成本的无线接口，以建立手机及其附件间的通信。在 1998 年 2 月，爱立信、IBM、Nokia、

Intel 和日本的东芝公司成立了 BlueTooth Special Interest Group（SIG），该组织自成立以来就一直致力改良和提升蓝牙技术，不断更新蓝牙通信协议的版本。截至目前，蓝牙协议共经历了多个版本的变迁，其中主要包括 V1.1、V1.2、V2.0+EDR、V2.1+EDR、V3.0+HS、V4.0、V4.1、V4.2、以及 2016 年 12 月 SIG 宣布推出的蓝牙 5.0。

　　BlueTooth 传输频段为全球公众通用的 2.4GHz ISM 频段，早期版本提供 1 Mbit/s 的传输速率和 10m 的传输距离，蓝牙 3.0 的速率提高至 24 Mbit/s，V4.0 有效覆盖范围扩大到 100m。

7.5　船舶现场总线

7.5.1　现场总线概述

　　现场总线是当今自动化领域技术发展的热点之一，被誉为自动化领域的计算机局域网。它的出现为分布式控制系统实现各节点之间实时、可靠的数据通信提供了强有力的技术支持。常见的现场总线有以下几种。

　　1. CAN

　　CAN 是一种有效支持分布式控制或实时控制的串行通信网络。在工业现场过程控制中，CAN 有如下特点。

　　首先，CAN 控制器工作于多主方式，网络中的各节点都可根据总线访问优先权(取决于报文标识符)采用无损结构的逐位仲裁方式竞争向总线发送数据，且 CAN 协议废除了站地址编码，而采用通信数据进行编码，可使不同节点同时接收到相同的数据，这些特点使得 CAN 总线构成的网络各节点之间的数据通信实时性强，并且容易构成冗余结构，提高系统的可靠性和系统的灵活性。

　　其次，CAN 总线通过 CAN 控制器接口芯片的两个输出端 CAN-H 和 CAN-L 与物理总线相连，而 CAN-H 端的状态只能是高电平或悬浮状态，CAN-L 端只能是低电平或悬浮状态。这就保证不会出现像在 RS-485 网络中，当系统有错误出现，多节点同时向总线发送数据时，总线呈现短路，从而损坏某些节点的现象。而且 CAN 节点在错误严重的情况下具有自动关闭输出功能，以使总线上其他节点的操作不受影响，从而保证在网络中不会因个别节点出现问题，使得总线处于"死锁"的状态。

　　最后，CAN 通信协议可由 CAN 控制器芯片及其接口芯片来实现，从而大大降低了系统的开发难度，并缩短了开发周期，这是类似 RS-485 等总线所无法比拟的。另外，与其他现场总线相比，CAN 总线具有通信速率高、性价比高等诸多特点。

2. HART

可寻址远程传感器高速通道开放通信协议(highway addressable remote transducer, HART)是美国 Rosement 公司于 1985 年推出的一种用于现场智能仪表和控制室设备之间的通信协议。

HART 采用基于 Bell202 标准的 FSK 信号，在低频的 4～20mA 模拟信号上叠加幅度为 0.5mA 的音频数字信号进行双向数字通信，数据传输率为 1.2Mbit/s。由于 FSK 信号的平均值为 0，不影响传送给控制系统模拟信号的大小，保证了与现有模拟系统的兼容性。在 HART 协议通信中主要的变量和控制信息由 4～20mA 模拟信号传送，在需要的情况下，另外的测量、过程参数、设备组态、校准、诊断信息通过 HART 协议访问。

3. 基金会现场总线

基金会现场总线于 1994 年由美国 Fisher-Rosemount 和 Honeywell 为首成立。它以 ISO/OSI(开放系统互联)模型为基础，取其物理层、数据链路层、应用层为基金会现场总线通信模型的相应层次，并在应用层上增加了用户层。基金会现场总线分 H1 和 H2 两种通信速率。H1 的传输速率为 31.25bit/s，可支持总线供电和本质安全防爆环境。支持双绞线、光缆和无线发射，协议符合 IEC 1158-2 标准，传输信号采用曼彻斯特编码(Manchester encoding)。

7.5.2　船舶现场总线应用构建实例

基于嵌入式系统和 CAN 总线的船舶监控系统采用 CAN 现场总线和以太网(ethernet)相结合的网络结构形式。其中，CAN 总线网络用于机舱现场数据的采集、控制输出及延伸报警，以太网用于各个监控站之间的互联。

系统中的主要设备包括以下几种。

1. CAN 总线节点

如图 7-15 所示，CAN 总线节点采用模块化设计，是具有通信功能的智能化远程 I/O 单元；开关量输入/输出单元、模拟量输入/输出单元、发电机控制单元和延伸报警单元等分布在机舱各处，一方面作为传感器和执行器的 I/O 接口，通过传感器采集数据或向执行器输出控制命令；另一方面通过 CAN 总线与上层以太网相连，实现上层网络对机舱设备的监视和控制。

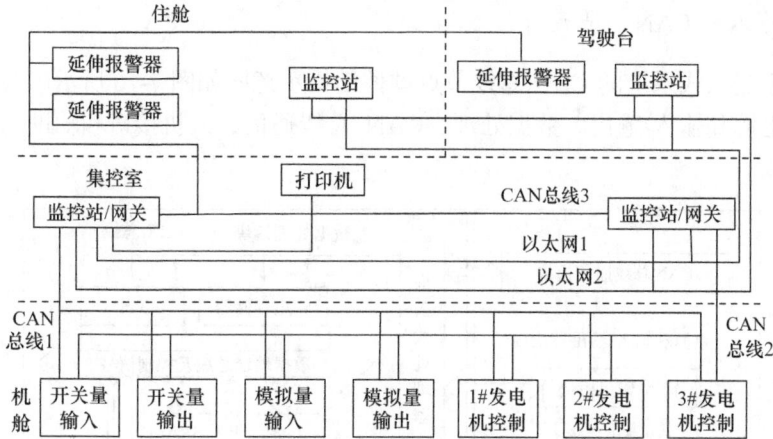

图 7-15　监控系统的网络结构框图

CAN 总线采用双冗余结构，即图 7-15 中的 CAN 总线 1 和 CAN 总线 2，互为热备份，当主用网络出现故障时，备用网络自动切入工作，充分保证系统工作的可靠性。CAN 总线节点的数量可根据数据采集点数和控制任务的多少加以确定。

2. 监控站

监控站由 PC、操作键盘、鼠标、显示屏和打印机等组成，PC 采用 Windows 操作系统。监控站可设置在集控室、驾驶室和甲板舱室等处处。常见的配置是集控室 2 台，驾驶室和轮机长房间各 1 台，其他舱室是否设置可根据需要而定。其中，集控室的 2 台是必备的，其他场所为选装。

各个监控站均配置双网卡，形成双冗余的以太网络，在图 7-15 中分别标识为以太网 1 和以太网 2。

集控室的 2 台监控站还兼有系统网关(system gate way，SGW)的功能，这使得局域网中的各个监控站能够通过 SGW 与 CAN 总线相连。通过 SGW 和 CAN 总线，监控站一方面可以接受各个 CAN 节点发送给机舱的现场信息，另一方面还能向 CAN 节点发送操作指令、控制参数和程序包。

3. 延伸报警器

按照无人机舱的基本设计原则，系统在驾驶室、轮机员舱室及公共场所设有延伸报警装置。各个延伸报警器与监控站之间通过 CAN 总线连接，在图 7-15 中标识为 CAN 总线 3。延伸报警装置还同时具有值班呼叫功能。

此外，系统中还应包括打印机、不间断电源和以太网集线器等辅助设备。

4. 嵌入式 CAN 节点设计

基于嵌入式系统的 CAN 总线节点硬件结构示意图如图 7-16 所示。节点电路主要由电源和输入/输出、数据处理、CAN 总线通信、人机接口和辅助通信四大模块组成。

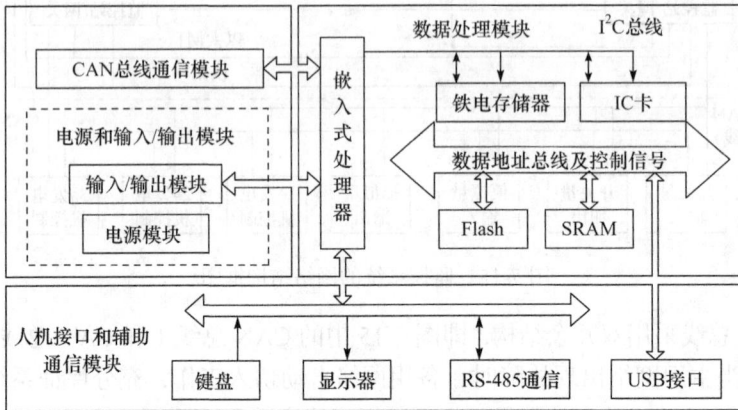

图 7-16　CAN 总线节点硬件结构示意图

电源和输入/输出模块是与船舶机舱设备接口的部件，一方面对来自现场的各种数据进行采集输入，另一方面也要对控制信号进行输出。为保证在强干扰情况下电源的稳定和信号的正确，在硬件设计和软件设计方面均进行了抗干扰处理。

数据处理模块主要由处理器和存储器构成，该部分对信号进行处理，包括数据的计算、存储和转发。

CAN 总线通信模块主要由 CAN 接口电路和数据收发电路组成，用于实现 CAN 节点之间以及和上层以太网之间的互联。

人机接口和辅助通信模块实现键盘操作、数据显示、状态显示和必要的辅助通信功能。键盘操作和数据显示功能使得能在现场对节点的工作状态进行查询和设置；状态显示通过指示灯指示节点的当前主要状态；辅助通信功能包括 RS-485 通信接口和 USB 接口。

1) 存储器设计

为满足国标 GB/T 19056—2003 的要求，系统使用一片 64KB 的铁电存储器 FM31256 和一片 1MB×16 的 Flash SST39LF160 作为记录仪的数据存储介质。为了有足够的数据存储及堆栈空间，配置了 SRAM(IS61LV25616AL)。其中 Flash 和 SRAM 采用数据总线方式读写，铁电存储器采用 I^2C 方式读写。由于 LPC2294 是 8 位访问，当与外部地址线连接时，将 LPC2294 的 A1 引脚连接到 Flash 和 SRAM 的 A0 引脚。

I^2C 总线在主从通信中，可以有多个 I^2C 器件同时接到 I^2C 总线上，通过地址来识别通信对象。当 I^2C 总线通过 SDA(串行数据线)和 SCL(串行时钟线)连接设备时，保证连接到总线上的任何一个器件都应有唯一的地址，这两根线必须设置上拉电阻，并且总线的速率与电阻值成反比，100Kbit/s 总线速率通常采用 $5.1k\Omega$ 的上拉电阻。

2) CAN 总线接口电路结构

如图 7-17(a)所示，CAN 总线的接口电路采用 SJA1000，收发芯片采用 82C250。图 7-17(b)给出了 CAN 总线的网络连接，在逻辑上可分为应用层、数据链路层和物理层。其中，最上层为微控制器，主要负责上层应用以及系统控制，包括 CAN 应用层协议的实现，协调各系统设备的工作；中间层为 CAN 控制器，负责处理数据帧，完成数据的打包、解包及错误界定，并提供报文缓冲和传输滤波；最底层为 CAN 收发器，主要是接口电平的转换，接口电气特性的处理。CAN 总线收发器采用一对漏极开路器件来生成 CAN-H 对 CAN-L 的差分信号。当受到驱动时，发送器产生显性信号，表示逻辑 0。发送器未被驱动时，产生隐性信号，表示逻辑 1。

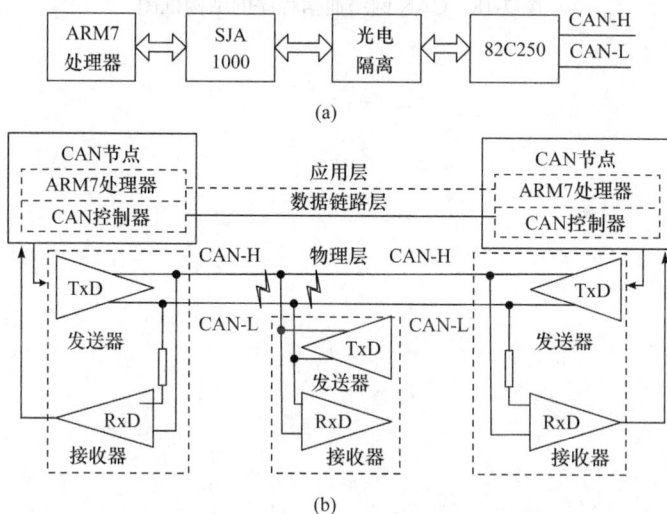

图 7-17 CAN 总线接口及网络连接

3) CAN 通信软件设计

为了保证网络通信的实时性，CAN 通信采用中断方式，选用优先级最高的外部中断。图 7-18 为 CAN 网络通信程序的结构框图。由于发送中断是在发送完成后产生的，所以必须通过一种外界诱导手段进入发送例程，在此采用定时中断发送诱导帧进行发送诱导，发送过程采用计数器计数，数据发送完成后，最后一个发送中断应清除，以免进入发送死循环，中断无法退出。由于诱导帧也占用总线时间，为了争取宝贵的总线时间，可以在诱导帧内加入一些故障检测信息，以完成网络的自检功能。

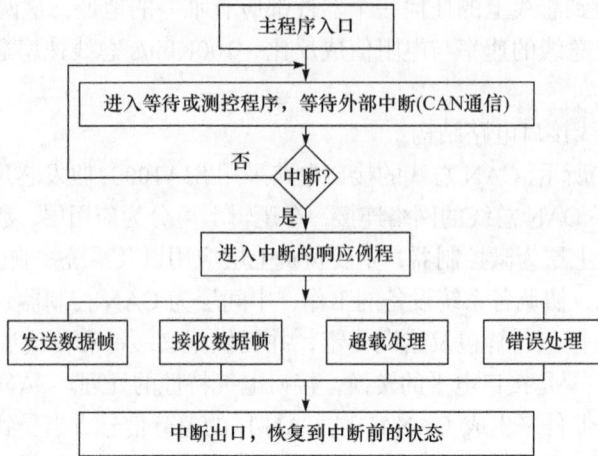

```
┌──────────────┐
│   主程序入口   │
└──────────────┘
        │
┌────────────────────────────────────────┐
│  进入等待或测控程序，等待外部中断(CAN通信)  │
└────────────────────────────────────────┘
        │              否
        │         ◇ 中断? ◇ ────
        │              │是
┌────────────────────────────┐
│      进入中断的响应例程        │
└────────────────────────────┘
   │          │          │          │
┌────────┐ ┌────────┐ ┌────────┐ ┌────────┐
│发送数据帧│ │接收数据帧│ │ 超载处理 │ │ 错误处理 │
└────────┘ └────────┘ └────────┘ └────────┘
   │          │          │          │
┌────────────────────────────────────────┐
│       中断出口，恢复到中断前的状态          │
└────────────────────────────────────────┘
```

图 7-18　CAN 网络通信程序的结构框图

第四篇　应　用　层

第8章 船联网控制单元与计算平台

船联网作为一种智能化的信息技术需要有相应的控制单元与计算平台，主机遥控、机舱监测报警、电站管理、泵浦控制、液位遥测、压载控制、冷藏集装箱监控及自动导航等都离不开控制单元与计算平台。

控制单元与计算平台一方面要面向现场或设备，完成对现场或设备的控制与监测；另一方面要面向工作人员，作为系统的人机界面，完成人机交互。随着计算机技术的发展，计算平台正日益成为机舱现代化与自动化的主角。相对于传统的控制单元或计算平台，由于运行环境的特殊性，防潮、防水、防盐雾与防震是船载设备必须要考虑与解决的问题。

鉴于船联网岸基数据中心计算平台与传统计算机技术基本相同，因此本章仅就船载控制单元与计算平台展开讨论。

8.1 传统控制——继电器控制系统

8.1.1 原理与示例

传统电气控制一般基于继电器、接触器控制单元，例如，现代船舶自动化机舱中泵的控制，在早期均采用继电器、接触器控制。在自动化机舱中，重要的泵除了能就地操作外还能在集控室主控制台上进行遥控操作。在自动运行方式中，自动运行的泵一旦出现故障，同组的备用泵能够自动启动并实现自动切换，各组泵依据事先设定好的次序逐台重新自动启动。

图 8-1 是一个典型的自耦变压器减压启动控制电路。

在图 8-1 中，合上电源开关，按启动按钮 SB2 接触器 KM1 圈通电吸合并自保，将自耦变压器 T 接入，电动机定子绕组经自耦变压器供电减压启动；同时，KT 线圈通电吸合，计时开始。当 KT 整定延时时间结束时，其通电延时闭合的动合触点闭合，使中间继电器 KA 的线圈通电吸合并自保，KM1 释放，其主触点断开；KM2 圈通电吸合，其主触点闭合，自耦变压器被切除，电动机全压运行。

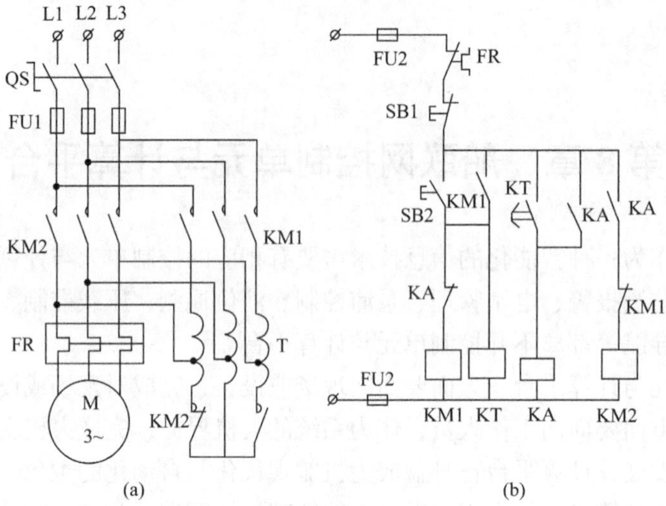

(a)   (b)

图 8-1　自耦变压器减压启动控制电路

8.1.2　特点

(1) 控制方式：继电器控制系统的控制采用硬件接线实现，利用继电器机械触点的串联或并联及延时继电器的滞后动作等组合形成控制逻辑，只能完成既定的逻辑控制。

(2) 工作方式：继电器控制系统采用并行的工作方式，各个继电器独立并行工作。

(3) 控制速度：继电器控制系统控制逻辑依靠触点的机械动作实现控制，工作频率低(毫秒级)，机械触点有抖动现象。

(4) 计时与计数控制：继电器控制系统靠时间继电器的滞后动作实现延时控制，而时间继电器定时精度不高，受环境影响大，调整时间困难。继电器控制系统难以具备计数功能。

(5) 可靠性和维护性：继电器控制系统可靠性较差、线路复杂、维护工作量大。通常复杂的系统继电器有近百个，自锁、连锁和互锁的触点也达数百个，一旦发生故障往往需要很长时间才能修复。

目前，数字逻辑器件快速发展，可以用逻辑器件来代替可靠性较差的继电器。将逻辑电路应用于生产控制系统能把复杂、庞大、自动化程度不高的系统变成简单、体积小、自动化程度很高的系统，而且学习和掌握数字逻辑器件也相对容易，维修方便。

8.2 智能化现场控制与计算装置

近年来，我国造船业得到了快速发展。无论是在船舶的制造吨位方面，还是在船舶现代化水平方面都有了很大的提升。在船舶自动化控制领域方面更是突飞猛进，体现为船舶电气设备自动控制的集成化程度越来越高，单片机和可编程控制器(programmable logic controller，PLC)等智能化现场控制与计算装置也代替了以往的简易继电器、接触器控制，成为船舶电气控制的主流。

8.2.1 PLC 控制单元

1. 概述

PLC 于 20 世纪 60 年代末在美国首先出现，其用来替代继电器以执行逻辑判断、计时、计数等顺序控制功能。PLC 的基本设计思想是把计算机功能完善、灵活、通用等优点和继电器控制系统的简单易懂、操作方便、价格便宜等优点结合起来。PLC 控制器硬件是标准的、通用的，设计者根据实际应用对象，将控制内容编成软件写入控制器的用户程序存储器内，控制器和被控对象的连接也更加方便。

PLC 控制器专为在工业环境下应用而设计，采用可编程的存储器在其内部存储执行逻辑运算、顺序控制、定时、计算和算术运算等操作的指令，并通过数字式和模拟式的输入、输出，以控制各种类型的机械或生产过程。

PLC 是微机技术与传统继电器控制技术相结合的产物，克服了继电接触控制系统中机械触点接线复杂、可靠性低、功耗高、通用性和灵活性差的缺点，充分利用了微处理器的优点。PLC 控制单元特点如下。

(1) PLC 控制系统采用存储逻辑，其控制逻辑是以程序方式存储在内存中，要改变控制逻辑，只需改变程序即可，称软接线。

(2) 工作方式：PLC 控制系统采用串行工作方式，控制逻辑由中央处理单元扫描完成(结合一些中断操作)。

(3) 控制速度：PLC 控制系统由程序指令控制半导体电路来实现控制，速度快，可以达到微秒级，严格同步，无抖动。

(4) 定时与计数控制：PLC 控制系统用半导体集成电路作定时器，时钟脉冲由晶体振荡器产生，精度高、调整时间方便，不受环境影响。另外，PLC 系统具备计数功能。

(5) PLC 包含不少功能十分强大的程序块，如 PID 模块、运动控制模块，大大简化了系统的设计。

(6) 可靠性和维护：PLC 抗干扰能力强，基于 PLC 的控制系统可靠性较高、外部线路简单、维护工作量小。

(7) PLC 应用于电气控制，开发周期短、人力成本低；其运行维护属于电气级，程序采用电气工程师比较容易接受的梯形图，因此对维护人员要求不高。

另外，从制造生产 PLC 的厂商角度看，在制造阶段不需要根据用户的订货要求专门设计控制器，适合批量生产，大大降低了其成本。

由于上述特点，PLC 问世以后，很快受到工业控制界的欢迎，并得到迅速的发展。目前，PLC 已成为自动化的强有力工具，得到了广泛的应用。

2. 应用示例——PLC 控制电机正反转

在实际控制过程中，往往要求动力电机能够实现正反两个方向的转动。由电动机原理可知，只要把电动机的三相电源进线中的任意两相对调，就可改变电动机的转向。因此，正反转控制电路实质上是两个方向相反的单相运行电路，为了避免误动作引起电源相间短路，必须在这两个相反方向的单向运行电路中加设必要的互锁。按照电动机可逆运行操作顺序的不同，就有了正-停-反和正-反-停两种控制电路。

如图 8-2～图 8-4 所示，当按下 SB2 时，输入继电器 0001 动合触点闭合，输出继电器 0500 线圈接通并自锁，接触器 KM1 主触点、动合辅助触点闭合，电动机 M 通电正转。

按下 SB1，输入继电器 0000 动断触点断开，输出继电器 0500 线圈失电，KM1 主触点、动合辅助触点断开，电动机 M 断电停止正转。

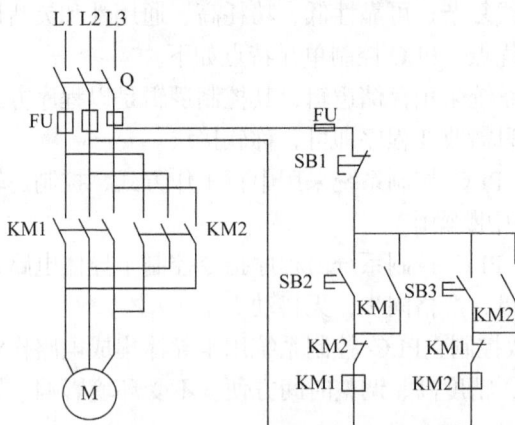

图 8-2 正反转继电器控制图

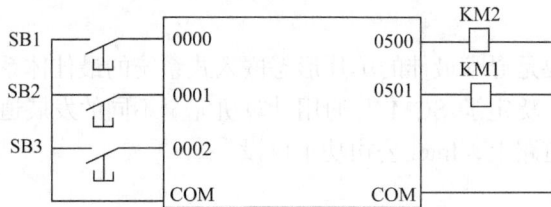

图 8-3　正反转控制 I/O 接线图

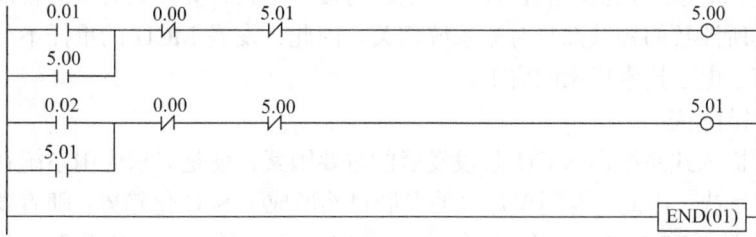

图 8-4　正反转控制梯形图

按下 SB3，0002 动合触点闭合，0501 线圈接通并自锁，KM2 主触点、动合辅助触点闭合，电动机 M 通电反转。

8.2.2　单片机

1. 概述

单片机(microcontrollers)是一种集成电路芯片，采用超大规模集成电路技术把具有数据处理能力的中央处理器(CPU)、随机存储器(RAM)、只读存储器(ROM)、多种 I/O 口和中断系统、定时器/计数器等功能(可能还包括显示驱动电路、脉宽调制电路、模拟多路转换器、A/D 转换器等电路)集成到一块硅片上，构成一个小而完善的微型计算机系统。

单片机诞生于 1971 年，经历了 SCM(single chip microcomputer)、MCU(micro controller unit)、SoC(system on chip)三大阶段，早期的 SCM 单片机都是 4 位或 8 位的。其中最成功的是 Intel 的 8051，此后在 8051 基础上发展出了 MCS51 系列的 MCU。目前，基于这一系列的单片机系统还在广泛使用。

随着工业控制领域要求的提高，随后开始出现了 16 位单片机，但 16 位单片机因为性价比不理想并未得到很广泛的应用。20 世纪 90 年代后随着消费电子产品快速发展，单片机技术得到了巨大提升。随着 Intel i960 系列，特别是后来 ARM 系列的广泛应用，32 位单片机迅速取代 16 位单片机的高端地位，并且进入主流市场。

单片机的发展历程可归纳如下。

1) 早期阶段

早期阶段主要是寻求最佳的单片形态嵌入式系统的最佳体系结构，其"创新模式"获得成功，奠定了 SCM 与通用计算机完全不同的发展道路。在开创嵌入式系统独立发展道路上，Intel 公司功不可没。

2) 中期发展

MCU 即微控制器阶段，主要的技术发展方向是：在不断扩展满足嵌入式应用的同时，对象系统要求的各种外围电路与接口电路，突显其对象的智能化控制能力。其所涉及的领域都与对象系统相关，因此，发展 MCU 的重任不可避免地落在电气、电子技术厂家的肩上。

3) 当前趋势

SoC 嵌入式系统向 MCU 阶段发展的重要因素，就是寻求应用系统在芯片上的最大化解决，因此，专用单片机的发展自然形成了 SoC 化趋势。随着微电子技术、IC 设计、EDA(electronic design automation)工具的发展，基于 SoC 的单片机应用系统设计会有较大的发展。

2. 与 PLC 的对比

如上节所述，PLC 作为模块化的电气控制核心部件具有很多优点，但其成本高、体积大、功能相对受限。当需要对一些更细化的功能进行实现时，单片机的灵活性就体现出来。

基于单片机的开发与设计及基于 PLC 的开发是两个层次的概念，前者属于模块内的开发，而后者是模块级的集成开发。PLC 内部的核心器件就是单片机，一些低端的 PLC 使用 C166(16 位)、ARM7、M3、M4(32 位微控制器)作为中央处理器；中端的 PLC 可能会使用 ARM9、A8、A9 等 MCU。一些高端的 PLC 则会使用 x86 级别的处理器，不少专用 PLC 还附带 DSP 或 FPGA(field-programmable gate array)以应对一些特定的性能要求。

使用单片机来设计模块、仪表或控制单元，需要经过严格规划设计、调试测试，并进行各种抗扰及防水、防盐雾、防震等试验认证。

3. 应用示例——船舶步进电机的单片机控制

船舶步进电机使用脉冲信号电源工作，随着数字技术、计算机技术和永磁材料的迅速发展，可以用单片机来产生控制信号，实现船舶步进电机的脉冲分配、速度控制和运行控制。

船舶步进电机是纯粹的数字控制电动机。它将电脉冲信号转换成角位移，给一个脉冲信号，步进电机就转动一个角度，因此非常适合用单片机来控制。

1) 主要控制功能

在步进电动机的单片机控制中，控制信号由单片机产生。步进电动机的驱动电路根据控制信号工作。其基本控制功能如下。

(1) 控制换相顺序。步进电动机的通电换相顺序严格按照步进电动机的工作方式进行。如三相步进电动机的单三拍工作方式，其各相通电的顺序为 A—B—C，通电控制脉冲必须严格按照这一顺序分别控制 A、B、C 相的通电和断电。

(2) 控制步进电动机的转向。由步进电动机原理可知，如果按给定的工作方式正序通电换相，步进电动机就正转；如果按反序通电换相，电动机就反转。

(3) 控制步进电动机的速度。如果给步进电动机发一个控制脉冲，它就转一步，再发一个脉冲，它就会再转一步。两个脉冲间隔时间越短，步进电动机就转得越快。因此，脉冲的频率决定了步进电动机的转速。调整单片机发出脉冲的频率，就可以对步进电动机进行调速。

2) 用单片机控制船舶步进电机的实现

单片机控制船舶步进电机主要包括脉冲分配、速度控制和运行控制，而运行控制是最复杂的，涉及位置控制和加减速控制，下面来分析如何实现这些控制功能。

(1) 脉冲分配。实现脉冲分配(也就是通电换相控制)的方法为硬件法。使用脉冲分配器芯片来进行通电换相控制。由于采用了脉冲分配器，单片机只需要提供步进脉冲，进行速度控制和转向控制，脉冲分配的工作交给脉冲分配器来自动完成。因此，CPU 的负担减轻了许多。

(2) 速度控制。如上所述，通过控制单片机发出的步进脉冲频率来控制步进电机的速度。这里使用了通过定时器中断的方法。在中断服务子程序中进行脉冲输出操作，调整定时器的定时常数就可以实现调速。

3) 运行控制

步进电动机的运行控制涉及位置控制和加减速控制。

(1) 位置控制。步进电动机的位置控制是步进电动机的一大优点，它可以不用借助位置检测器而只需进行简单的开环控制就能达到足够的位置精度。

步进电动机的位置控制需要两个参数：第一个参数是步进电动机控制执行机构当前的位置参数，称为绝对位置。绝对位置是有极限的，其极限是执行机构运动的范围，超越了这个极限就应报警；第二个参数是从当前位置移动到目标位置的距离，可以用折算的方式将这个距离折算成步进电动机的步数。这个参数是从外界通过键盘或可调电位器旋钮输入的，所以折算的工作应该在键盘程序或 A/D 转换程序中完成。

步进电动机每走一步，步数减 1，如果没有失步存在，当执行机构到达目标位置时，步数正好减到 0。因此，用步数等于 0 来判断是否移动到目标位。

绝对位置参数作为人机对话的显示参数，或作为其他控制目的的重要参数(可以作为越界报警参数)，必须要给出。绝对位置参数与步进电动机的转向有关，当步进电动机正转时，步进电动机每走一步，绝对位置加 1；当步进电动机反转时，绝对位置随每次步进减 1。

基于 8051 单片机设计四相步进电动机的硬件接线图如图 8-5 所示。

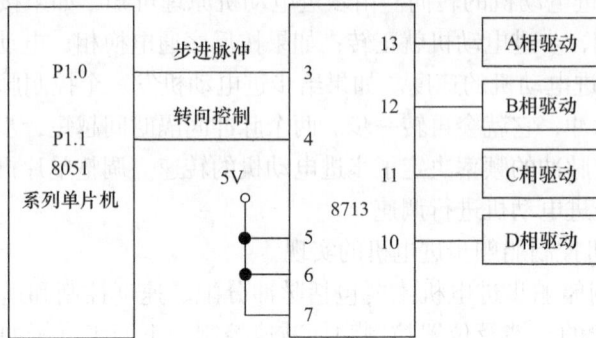

图 8-5　四相步进电动机的硬件接线图

图 8-5 所示系统使用的单片机资源包括：40H、41H——存放定时常数；42H、43H、44H——存放绝对位置参数(此处用 3 个字节)；45H、46H——存放步数(假设最大值占两个字节)。

步进电动机的正反转控制在主程序中实现。若正转，则使 P1.1=1；反转，则使 P1.1=0。

(2) 加减速控制。应用案例对加减速控制程序流程的设计如图 8-6 所示。

步进电动机驱动执行机构从一点到另一点移动时，要经历升速、恒速和减速过程。

如果启动时一次将速度升到给定速度，由于启动频率超过极限启动频率，步进电动机要发生失步现象，会不能正常启动。

如果到终点时突然停下来，由于惯性作用，步进电动机会发生过冲现象，会造成位置精度降低。

如果非常缓慢地升降速，步进电动机虽然不会产生失步和过冲现象，但影响了执行机构的工作效率。

所以，对步进电动机的加减速有严格的要求，那就是保证在不失步和过冲的前提下，用最快的速度移动到指定位置。

综上所述，应用案例用单片机来产生控制信号，实现船舶步进电机的脉冲分配、速度控制和运行控制，可以很好地满足机舱自动化的要求，操作上也很简单，易于轮机管理人员理解和接受。

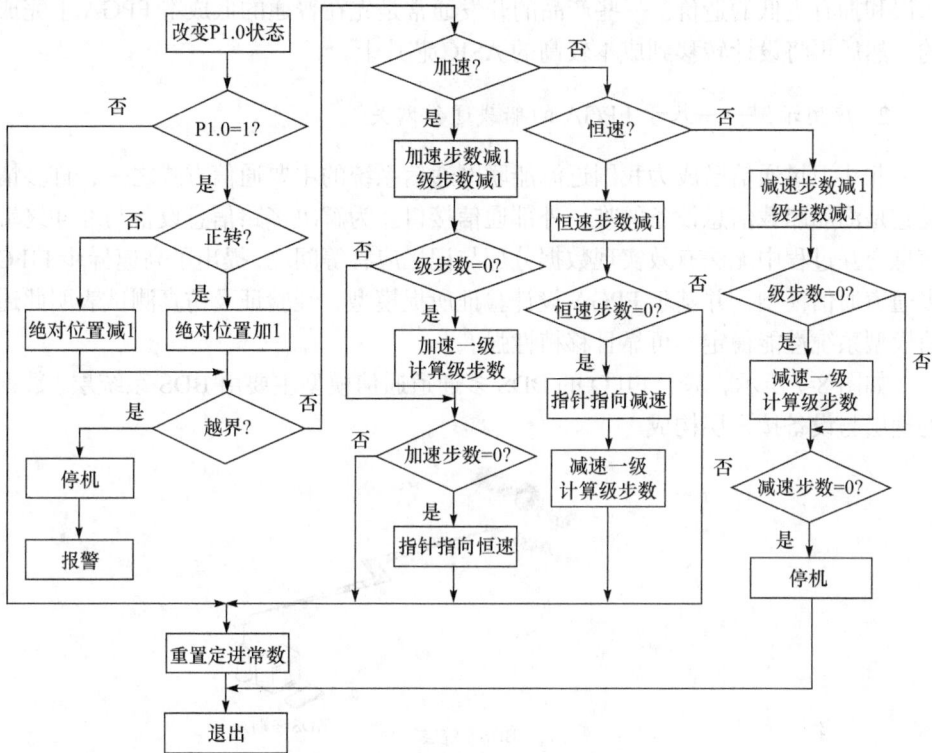

改变P1.0状态 → P1.0=1? 否 / 是 → 正转? 否 / 是 → 绝对位置加1（是）绝对位置减1（否） → 越界? 是 / 否 → 停机 → 报警

加速? 否 / 是 → 加速步数减1 级步数减1 → 级步数=0? 否 / 是 → 加速一级 计算级步数 → 加速步数=0? 否 / 是 → 指针指向恒速

恒速? 否 / 是 → 恒速步数减1 → 恒速步数=0? 否 / 是 → 指针指向减速 → 减速一级 计算级步数

减速步数减1 级步数减1 → 级步数=0? 否 / 是 → 减速一级 计算级步数 → 减速步数=0? 否 / 是 → 停机

重置定进常数 → 退出

图 8-6 四相步进电动机控制流程图

8.2.3 FPGA

1. 概述

FPGA 即现场可编程门阵列，是在 PAL、GAL、CPLD 等可编程器件基础上进一步发展的产物。FPGA 作为专用集成电路(application specific integrated circuit, ASIC)领域中的一种半定制电路而出现，既解决了定制电路的不足，又克服了原有可编程器件门电路数有限的缺点。

FPGA 以硬件描述语言(如 Verilog 或 VHDL)完成电路设计，经过简单的综合与布局，快速地烧录至芯片上进行测试，是现代 IC 设计验证的技术主流。这些可编程元件可以用来实现一些基本的逻辑门电路(如 AND、OR、XOR、NOT)或者更复杂一些的组合功能(如解码器或数学方程式)。在大多数的 FPGA 中，可编程元件也包含记忆元件，例如，触发器(Flip-flop)或者其他更完整的功能模块。

FPGA 一般来说比 ASIC 速度要慢，实现同样的功能电路面积占用也比 ASIC 要大。但是 FPGA 也有很多优点，如可以快速形成成品，可方便地改正程序中的错误和拥有更低的造价。一些产品的开发通常是先在普通的低成本 FPGA 上完成的，然后再将设计转移到成本较高的 ASIC 芯片上。

2. 应用示例——基于 FPGA 的船载通信网关

北斗卫星通信已成为我国近海船联网通信系统的主要通信方式之一，许多情况它是渔船船载信息设备的唯一外部通信接口。为解决多路信息设备与北斗终端信息交互过程中无法有效实现数据分配与记忆应答等问题，提出了高速异步 FIFO 多通道通信模型，并基于 FPGA 设计验证所提模型，经验证及仿真测试表明此通信模型系统性能稳定、可靠且移植性强。

如图 8-7 所示，基于 FIFO 的 BDS 多通道通信模型主要由 BDS 系统层、数据处理层与设备接入层构成。

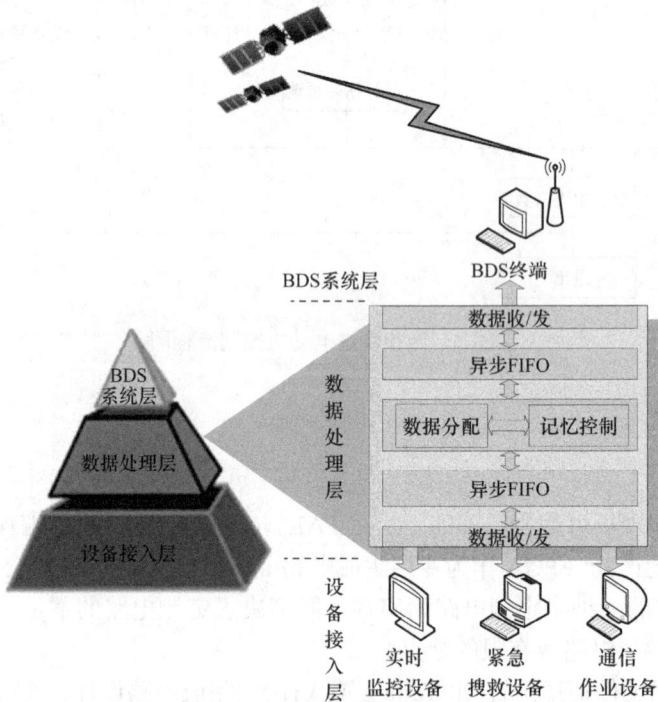

图 8-7 BDS 多通道通信模型

这里运用 VHDL 实现数据处理的 IP 核，并选用型号为 Altera Cyclone Ⅳ EP4C6E22C8N 的 FPGA 作为仿真器件。

1) 波特率发生器与数据收/发

波特率发生器为系统产生准确的时钟信号。为保证对每比特数据的采集都在数据传输的中间时刻，在由主频时钟产生采样脉冲时，采用较小分频系数产生高频脉冲信号对数据进行多次采样。如以 16 倍于北斗终端通信的波特率的分频信号作为采样信号，对起始位进行连续 8 次采样，从而有效地提高采样数据的准确度。

数据接收即对输入串行数据准确采样后转换为并行数据，并把数据传送到相应的异步 FIFO 寄存器。

数据发送即在收到发送数据信号时，将异步 FIFO 中存储的并行数据转换为串行数据进行发送。

2) 基于标志移位码的异步 FIFO

异步 FIFO 按照先进先出原则在高速设备与低速设备间起到存储、缓冲与传输数据作用。在北斗终端与信息设备通信过程中，其数据多为高速异步传输，因此，系统采用异步 FIFO 实现对接收数据的存储。

实现异步 FIFO 有两大关键性难点：亚稳态问题和空/满标志产生问题。传统异步 FIFO 基于格雷码及多级触发器同步机制解决亚稳态及空/满标志问题，但格雷码编码计数不便，需要进行二进制与格雷码之间的转换，借助于二进制码进行计数，所以实现的关键路径较长，且空/满标志判断也较复杂；基于传统移位码的高速异步 FIFO，即以移位码作为读写指针，对于深度为 n 的 FIFO，则需要读写指针长度为 n。传统移位码虽然编码简单，可有效减小亚稳态出现的概率，但码字长度过长，对于深度较大的 FIFO，此方法将浪费过多的芯片面积。

考虑到在船联网通信模型中，船载信息设备访问北斗终端具有自发性(如船载实时监控系统的定位请求)、突发性(如作业通信系统的短报通信)、间歇性等特点，船载信息设备通信干扰强、通信数据量大，编码逻辑复杂的格雷码与码长过长的传统移位码并不适合于此通信模型。鉴于此，提出基于标志移位码的高速异步 FIFO 设计方法。假设所设计异步 FIFO 的深度为 8，标志移位码的编码机制如图 8-8 所示。

由图 8-8 可知，深度为 8 的 FIFO 需要 4 位地址映射 FIFO 的存储空间，标志移位码的编码规则是：每次左移一位，并将最高位取反移入最低位，另额外添加一位标志位，当读/写指针为"1000"时，标志位取反。标志移位码不仅保留了传统移位码编码简单的优点，而且在保证相邻指针编码距离为 1 的同时，有效地减小了码字长度，提高了通信的抗干扰能力；同时通过比较读写指针的标志位，方便地产生 FIFO 的空满标志信号。

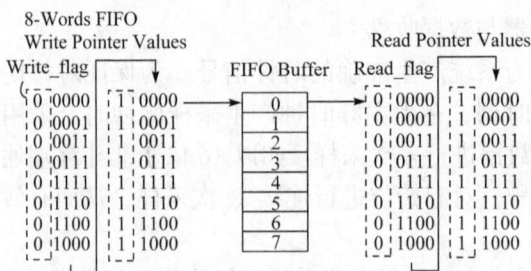

```
If(write_pointer=Read_pointer AND Write_flag=Read_falg),the FIFO is empty!
If(write_pointer=Read_pointer AND Write_flag!=Read_falg),the FIFO is full!
```

图 8-8 标志移位码编码机制

对于亚稳态问题，除了采用步距为 1 的标志移位码，还以二级触发器作为读写指针的同步机制，大大减小了亚稳态出现的概率。

3) 记忆控制

为实现多路信息设备共享唯一的北斗终端，要解决的核心问题是如何实现信道记忆控制，即当信息设备发送询问报文时，北斗终端进行相应的报文回复。如船联网通信系统中，作业通信设备通过北斗终端发送海况询问信息，在实时地将询问报文发送至北斗终端的同时，需对作业通信设备信道信息记忆，以便北斗终端进行相应的报文回复。记忆控制状态转移图如图 8-9 所示。

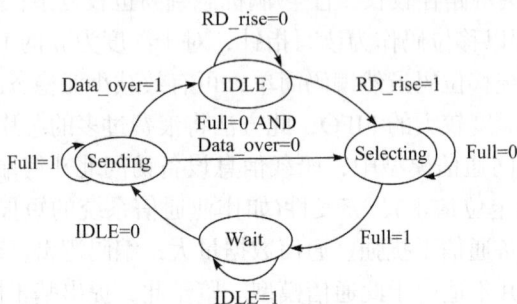

图 8-9 记忆控制状态转移图

如图 8-9 所示，状态 Selecting 即对报文数据的各位数据进行存储并产生询问信道标记信号，此信道标记信号在数据发送完毕后，向北斗通信终端反馈，并实现回复信息的准确分配。

4) 数据分配

当北斗通信终端无信息设备单独询问时，将通信信息统一分配至各信息设备；当北斗通信终端有信息设备单独询问时，根据反馈的信道记忆控制的反馈信号将回复报文发送至相应设备，实现记忆应答。数据分配的状态转移图如图 8-10 所示。

如图 8-10 所示，状态 Select_channel 即根据反馈的信道记忆信息选择数据传输信道，当回复报文发送完毕后进入 IDLE 空闲等待状态，并将信道记忆信号复位。

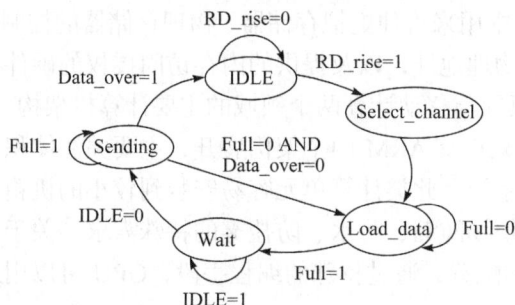

图 8-10 数据分配的状态转移图

5) 模型应用

基于北斗卫星通信的系统包括驾驶舱视频监控、柴油机实时监控、紧急搜救、作业通信等，船载北斗终端通常是船联网与外部的通信接口。通过使用基于异步 FIFO 的多通道通信模型有效地解决了多路接入设备共享北斗终端通信的问题。原模型在船联网中的实际应用如图 8-11 所示。

图 8-11 基于模型的船联网应用

8.3 船载计算机系统

物联网与船联网是信息技术发展的产物，人机界面是一个信息化系统的重要重组部分。在现代计算机技术中，图形化、多用户、多任务正成为人机界面的主要特征，这些特征要求运行人机界面的计算装置能支持图形化、多用户、多任务的现代操作系统。

　　船载计算机系统不仅要完成人机接口的实现，同时也往往是多种信息设备的汇聚点，因此对性能、功耗、可扩展性均有较高的要求。

　　现代操作系统的物质技术基础是 MMU(memory management unit)，即内存管理单元，它是 CPU 中用来管理虚拟存储器、物理存储器的控制单元，同时它也负责虚拟地址映射为物理地址，以及提供的内存访问授权的硬件机制。目前 x86 及 ARM 架构正成为桌面与移动计算两个领域的主要计算机架构。

　　本节主要围绕 x86 及 ARM 两个架构展开，主要关注体积小、功耗低、散热小、成本低的计算系统。此类计算单元容易安装到较小的机箱中，并制成无风扇系统，以满足生产现场防潮、防水、防盐雾的特殊需求。关于 ARM 架构，本章特别关注了 GPU 的配置，通过特殊的编程手段，GPU 可以用来对船上视频进行处理。

8.3.1　x86 嵌入式无风扇工控机

　　目前市场上有不少专门针对移动环境开发的 x86 集成主板，其广泛应用于媒体播放、数字标牌、广告、LCD 大屏、通信控制、医疗仪器、工业控制、交通控制、信息系统、金融设备、汽车、数字控制、军工和各种终端机市场等领域。此类主板因为具有体积小、功耗低、散热小的特点，可以考虑作为船载的计算平台核心部件。

　　这里以 EPIC-N80 3.5"嵌入式工业主板为例来介绍此类工控机。EPIC-N80 主板集成了 Intel® Celeron 1037U1.8GHz 双核处理器，采用 NM70 高速芯片组，板载 DDR3 2GB 或 4GB 高速内存。内部集成 Intel® HD Graphics 核心显卡，提供 VGA、LVDS、HDMI 接口显示输出，可实现独立双显示。

　　在网络方面 EPIC-N80 提供 2 个 Intel 82583V 千兆网卡芯片，同时支持 WiFi 和以太网口；主板有 2 个 Mini-PCIE 插槽，支持 SSD、WiFi、3G 模块。支持 6 路串口可以满足船用北斗卫星导航系统、AIS 等设备的接入，其中 COM2 口支持 RS-422/485 模式。其详细的参数如表 8-1 所示。

表 8-1　EPIC-N80 主板规格

参数	规格
处理器	集成 Intel® 1037U 1.8GHz 22nm 双核处理器 TDP 17W，可兼容 Intel® Sandy /Ivy Bridge Celeron/I3/I5/I7 BGA1023 低功耗处理器
芯片组	采用 Intel® NM70 高速芯片组
系统内存	板载 DDR3 2GB 或 4GB 高速内存芯片
显示功能	集成 Intel® HD Graphics 核心显卡，提供 1×VGA、1×LVDS、双通道 24bit，1×HDMI 显示输出，支持单独显示、双显复制、双显扩展

续表

参数	规格
网络功能	集成 2 个 Intel® 82583V 千兆网卡，支持网络唤醒、PXE 功能
音频功能	集成 ALC662 6 声道高保真音频控制器，支持 MIC、Line_out
扩展总线	提供 1 个 MPCIE 插槽，支持 WiFi、3G 模块 1 个 MSATA 插槽，支持 WiFi、SSD 固态硬盘，SSD 传输速度可达 6Gbit/s
存储功能	提供 1 个 SATA2.0 硬盘接口，传输速度可达 3Gbit/s
背板 I/O 接口	2×USB 2.0 接口；1×HDMI 接口；1×VGA 接口；2×RJ-45 千兆网络接口 1×Line out(绿色)；1×12V DC_JACK 输入；1×电源开关、1×复位开关(前面板)；1×电源/硬盘指示灯(前面板)
内置 I/O 接口	1×LVDS 接口 2×15pin；1×LVDS 屏背光供电接口 1×6pin；1×JVGA1 接口 2×5pin(DB15 相同信号)；6×RS-232 串口，其中 COM2 支持 RS-485/422 功能；1×TPM 接口 2×6pin；4×USB 2.0 接口 2×5pin；1×PS/2 鼠标键盘接口 1×6pin；1×前置音频接口 2×5pin；1×前面板功能按钮和指示灯接口 2×5pin；1×JSATA2 插针 2×5pin；1×SIM 卡座；1×硬盘供电接口
GPIO 功能	支持 4 路输入输出 GPIO 功能
电源特性	采用 DC_12V 单电源供电
尺寸、环境	主板尺寸：148mm×102mm；工作温度：−10～60℃；工作湿度：5%～90%相对湿度，无冷凝；储存温度：−20～70℃

该主板的主要 I/O 接口如图 8-12 所示(主板下面是具备散热功能的机箱盖)。

图 8-12　EPIC-N80 主板 I/O 接口

此类产品还有一个重要特征，就是它将发热大的中央处理器巧妙地设计在主板的背面，可以在机箱设计时，让处理器贴在作为散热的机箱盖上，从而实现无风扇工作，达到机箱密封与外界隔离的目的。图 8-13 即为该主板与机箱盖组装在一起的效果图。

8.3.2　ARM 处理器+GPU

近年来移动计算、手机的快速发展，使得基于 ARM 架构的计算平台在价格不断下降的同时，集成度不断提高。ARM 作为一个没有历史包袱的新架构，相对于 x86 有着更大的优势。相对于 x86 的 CISC(complex instruction set computer)

图 8-13　EPIC-N80 主板与机箱

架构，ARM 采用 RISC(reduced instruction set computer)指令集，因此具有更高的指令执行效率和更小的芯片面积。相应地，其也有更好的功率表现。同时，巨大的市场占用量也使其价格更具竞争力。另外值得一提的是，近年 GPU 成为计算的新宠，而基于 ARM 的计算平台，也把集成 GPU 作为其一个卖点。

1. DragonBoard 410c

DragonBoard 410c 是一款搭载 Qualcomm® Snapdragon™ 410(64 位的四核处理器)的开发板，它内置 8GB eMMC (支持标准 microSD 卡槽)，并且内置 WiFi、蓝牙和 GPS 模块，具有 HDMI 输出及 USB 接口(3 个)。整个开发板只有信用卡大小，刚推向市场时售价仅为 75 美元。开发板可以用于下一代机器人、摄像头、医疗设备、自动售货机、智能建筑、数字标牌、游戏机等。其主要参数如表 8-2 所示。

表 8-2　DragonBoard 410c 开发板规格

参数	规格
CPU	四核 ARM Cortex®-A53 CPU，单核心最高主频可达 1.2GHz；64 位处理能力
GPU	Qualcomm Adreno™ 306 GPU，支持 400MHz 高质量图形处理
视频	1080p 高清(HD)视频播放和拍摄，支持 H.264(AVC)
摄像头	支持 1300 万像素摄像头，硬件支持小波降噪、JPEG 解码和其他硬件后处理技术
内存	LPDDR2/3 533MHz 单信道 32 位(4.2Gbit/s) non-POP/ eMMC 4.51 SD 3.0(UHS-I)
集成连接	Qualcomm VIVE™ 802.11 b/g/n、WiFi、Bluetooth、FM

参数	规格
集成定位	Qualcomm IZat™ Gen8C
操作系统支持	Android 和 Linux
输入/输出	HDMI 全尺寸 A 类接口(1080p 高清@30fps)，1×USB 2.0micro B(仅用于终端模式)，2×USB 2.0 A 类(仅用于主机模式)，micro SD 卡插槽(不支持 VGA)
扩展接口	1×40 引脚低速接口(UART、SPI、I2S、I2C×2、GPIO×12 和直流电)，1×60 引脚高速接口(4L-MIPI DSI、USB、I2C×2、2L+4LMIPI CSI)和模拟扩展接口(耳机、扬声器和 FM 天线)

图 8-14 是 DragonBoard 410c 的实物图。

图 8-14 DragonBoard 410c 的实物图

2. Firefly-RK3288

开发板采用 Firefly-RK3288 处理器(四核 Cortex-A17 Mali- T764 GPU)，配置 2GB/4GB-DDR3 和 16GB/32GB-eMMC。在网络接口方面配置 2.4G/5G 双频 AC WiFi，蓝牙 4.0 以及有线以太网。操作系统支持 Android4.4 和 Ubuntu(Linux)双系统，显示支持 HDMI2.0 4K@60Hz 及 VGA 输出。它的接口相对于 DragonBoard 410c 更适合作为船联网的人机接口计算平台。具体参数见表 8-3。

表 8-3 Firefly-RK3288 开发板规格

参数	规格
CPU	四核 Cortex-A17，单核心最高主频可达 1.8GHz；64 位处理能力
GPU	Mali-T764GPU

续表

参数	规格
摄像头	1 路
内存	2GB，16GB EMCC，TF 卡
集成连接	2×USB 2.0
操作系统支持	Android 和 Linux
输入/输出	HDMI、VGA
网络	WiFi，以太网口
扩展接口	UART、音频一路
尺寸	118mm×83mm

图 8-15 是 Firefly-RK3288 开发板的实物图。

图 8-15　Firefly-RK3288 开发板实物图

3. Helio 三丛混合架构

Helio 三丛混合架构是中国台湾联发科技股份有限公司研发的一种新型的多核架构，即四核低频 1.9GHz Cortex-A35+四核高频 2.2GHz A53+双核 2.5GHz A73，采用的是十核三丛架构，10nm 工艺。

三丛混合架构可以把计算任务按照轻重等级进行更精细的划分，搭配

CorePilot 技术自由调度内核，据称其平均功耗相比传统双丛集架构处理器降低了30%，运算能力提升了 15%。

A73 是全新设计的高性能移动核心，三发射设计，将取代已有的 A72，性能更高而功耗更低。

A35 则是 ARM 史上能效最高的核心，目标功耗不超过 125mW，最低可以不到 100mW，它定位在 A53 之下。

如此，高、中、低三个档次的不同核心搭配在一起，Helio X30 会有更高的执行效率，能效也大大改善。

中国台湾联发科技股份有限公司宣称，A35 核心的加入可大大改善系统整体能效，相比于 A73、A53 部分，其能效分别提高了 44%、40%。

根据中国台湾联发科技股份有限公司公布的 Helio 内核简图及标注的三部分大致面积，简单测算可知 A53 部分面积大致相当于 A73 部分的 73%，A35 部分则只有 A73 部分的 58%。

第9章 电子海图

本书前面章节介绍了船舶驾驶中使用的通信导航设备(北斗卫星导航系统、AIS、GPS 等)和船联网航海辅助设备(电罗经、计程仪、雷达等传感器等),这些技术使用户能够在很短的时间间隔内获取精确可靠的关于船位、船舶运动参数以及周围环境方面的信息。然而,如何把这些信息呈现出来,使航海、岸基人员及其他人员能方便、快捷地监控到本船附近海域甚至全球海域内所有航行相关信息是系统集成要解决的问题之一。

解决这个问题的一种方式是把船舶位置、所处的静态环境、周围的动态目标信息和所有通信导航设备以及航海辅助设备传输过来的信息全部叠加显示在基于"地图"的一个电子屏幕上,使工作人员能迅速地获取信息、随时随地监控感兴趣的目标船舶的动态变化,并及时做出相应的决策。

船载电子海图(electronic chart,EC)首先可以集成本船如罗经、计程仪、测深仪等各种船载传感器,实现基本船只个体信息的系统集成;通过近海通信技术(如AIS 的 VHF)还可以集成本船和附近海域内的船舶动态信息、卫星定位、无线电导航系统数据、雷达信息,并将处理的结果集中显示在船载电子海图平台上,从而实现航海导航功能。

而岸基电子海图则可借助卫星、互联网和移动 3G/4G 网络,集成用于监控全球海域内的船舶动态行为。

基于移动端的电子海图使用户能在任何时间、任何地点访问船联网信息。

9.1 形成与发展

海图其实是地图的一种,是以海洋为描绘对象的一种地图。由于海洋与陆地最大的不同是基岩上覆盖着海水,在海洋各处,海水有不同深度、温度、盐度、密度以及透明度。由于天文、气象以及地壳运动等原因引起海水不停运动,所以必须采用与陆地中不同的测量方法。这就导致海图的成图方式与地图大不相同。除此之外,海图表示的内容和表示方法也明显不同于地图。如果按照用途分类,海图可以分为通用海图、专用海图以及航海图。其中,由于人类很早就开始用航海的方式对海洋进行探知,所以航海图在海图中的数量最多。

随着时代变迁,纸质海图已经远远不能满足军事与经济生产的需要,更为精准的电子海图登上了历史的舞台。简而言之，所谓电子海图就是以数字形式表示的、描写海域地理信息和航海信息的海图。电子海图的出现是海道测量领域和航海领域的一场新技术革命。

电子海图不仅具有常规海图的特性，也同时包含有船舶航行需要的各种信息，且更新及时，用户能灵活便捷地进行海图显示控制和各种信息查询，能为船舶导航、航运管理、港口工程等提供极大的便利，有助于提高航海安全。一套性能完善的电子海图系统(electronic chart system，ECS)可以进行航线辅助设计、船位实时显示、航向航迹监测、航行自动警报(如偏航、误入危险区等)。

9.1.1　基本概念

电子海图是一个相对模糊的概念，一般把各种数字式海图及其应用系统统称为电子海图。电子海图是用数字形式描述海域地理信息和航海信息的数字海图。其内容以海域要素为主，详细表示水深、障碍物、助航物、助航标志、港口设施、潮流、海流等要素；陆地要素着重表示沿海的航行目标和主要地貌、地物。

与电子海图紧密相关的几个概念如下。

1. 电子海图

电子海图指可以显示在计算机助航系统上的数字海图(通常指各种非标准的数字式海图)。一般应用于一些专业的应用系统，其表示内容、数据格式和显示方式可以由用户或设计者自行定义。

电子海图主要有如下两种数据格式。

1) 光栅电子海图

光栅电子海图(raster charts)指以栅格形式表示的数字海图，通过对纸质海图的光学扫描形成数据信息文件(也就是通常所说的如 TIF、JPG 等图像格式文件)，以像素点的排列反映出海图中的要素。一般情况下，如果没有特殊处理可以用图像软件打开，依靠眼睛识别航海要素。

光栅电子海图可以看作纸质海图的复制品，包括的信息(如岸线、水深等)与纸质海图一一对应。光栅电子海图的制作原理决定了它在技术和应用上的局限性，使用者不能对光栅电子海图进行方便的查询式操作(如查询某一海图要素特征)、选择性显示或隐去某类海图要素等。因此，光栅电子海图也被称为"非智能化电子海图"。

2) 矢量电子海图

矢量电子海图(vector charts)是数字化的海图信息，分类存储于数据库中，海域中的每个要素是以点、线、面等几何图元的形式存储在电子海图数据文件中，使用者可以选择性地查询、显示和使用数据，并可以和其他船舶系统结合，提供如警戒区、危险区的自动报警等功能。因此，矢量电子海图也被称为"智能化电子海图"。

2. 电子海图数据

电子海图数据(electronic navigational chart data，ENCD)是指描述海域地理信息和航海信息的数字产品。电子海图数据由各个国家官方海道测量机构出版发行，这些机构同时负责根据航行要素的变化情况及时对已出版的电子海图数据进行补充和改正。

要实现电子海图数据在不同计算机系统之间的传输与共享，需要将数据结构封装在物理传输的结构中，也就是以文件为单位进行网络传输。

海道测量部门是海图数据的来源基础，是海图产品的制作单位。这些部门承担其管辖水域的海道测量，包括水深、水下危险物、水域可航性、限制航行水域界限等。他们以这些测量结果为基础，结合其他相关交通管理部门，如海事局、港务局、VTS、引航站、海岸电台等，编辑发行海图或辅助出版物，即人们熟知的海图和航海图书资料，并根据变化，发行航海通告，保持更新。对于电子海图，不是所有的海道测量部门都可以制作生产，而是必须由各个国家制定的权威海道测量机构来完成，即官方电子海图。

官方数据须同时满足两个条件：数据必须由国家政府机构授权，通常为国家的海道测量机构；数据应符合国际海道测量组织(International Hydrographic Organization，IHO)相关标准。

海图数据只能由负有创建、收集、准备相关信息的国家机构授权，即国家海道服务机构授权。但是这并不意味着官方数据必须由国家海道测量机构生产，也可能协议转让给商业公司制作并作为官方数据使用。

非官方海图在表现形式上与官方海图无明显区别，但是非官方海图在法律和可靠性方面都没有获得认可，其数据的准确、最新、完整、更新服务等方面都没有保证，应尽量避免使用。

中国海事局是 IHO 指定的中国官方电子海图生产服务机构，代码为 CN，自2008 年 9 月 1 日起对外公开发行电子海图数据，通过中国海事航海图书资料发行网站(网址：www.chart.gov.cn)提供服务。中国海事局授权交通运输部东海航海保障中心上海海图中心定期通过发行网站并配合光盘发送方式向用户提供最新的电子海图数据，包括基础数据包(每季度)和更新数据包(每周)，并为合法用户提供《中国海事官方电子海图使用证明》及相关技术支持与服务。用户可联系交通运输部东海航海保障中心上海海图中心或国内电子海图系统设备厂商咨询如何获取官方电子海图使用授权和网站登录账号。已取得使用授权的注册用户在登录账号后，可通过网站在线下载官方电子海图基础数据、更新数据和使用许可。

3. 电子海图数据库

电子海图数据库(electronic chart data base, ECDB)指提供电子海图数据的基础数据库。由国家航道测量组织采用数字形式建立，包括海图信息以及其他航海信息和航道测量信息。

4. 电子航海图

电子航海图(electronic navigational chart，ENC)通常指由国家官方机构(HO)发布的(也有一些国家由某公司制作，由 HO 认定)符合 IHO S57 标准、专供 ECDIS(见下文)使用的、符合国际标准的数据库。ENC 除包含为安全航行所必需的海图信息外，还可能包含航路指南、港口概况等其他有用信息。其数据格式主要有矢量方式和栅格方式两种。经 IHO 认可的矢量数据格式标准为 S57/3.0，栅格数据格式标准为 ARCS。

矢量电子海图具有存储量小、显示速度快、精度高、能够支持多种智能化功能等优点，但其交换格式 S57 公开，不易保密，并且制作较烦琐。

IHO 正在努力敦促世界各海洋国家制作自己海域的 ENC，并成立了一些区域性的 ENC 中心，通过国际合作共同完成全球 ENC 数据库的建立，并逐步建立全球的 ER(电子海图改正信息)发行体系。由于各国的技术水平相差较大，全球 ENC 数据库的建立进展缓慢，相反，一些大公司却利用技术和资金优势，制作了符合 S57 要求的全球 ENC 数据库。这些 ENC 补充了官方 ENC 数量的不足，但也存在缺乏法律保障、改正不及时等问题。

应当指出，IHO 应当有权对自己所负责的海域独立制作和发布 ENC 并进行通告改正服务。

5. 电子海图系统

电子海图系统指各种电子海图应用系统，它并不完全适用于国际海事组织 SOLAS 公约的全部要求。一般应用于一些专业领域，例如，游船导航系统、引水系统、渔船应用系统等。同时作为纸制海图功能缺陷上的一种补充。

关于电子海图，无论是光栅电子海图还是矢量电子海图，都仅是将海上空间信息按照数据的方式进行组织和存储而形成的数据文件，无法单独使用。因此，需要用计算机和相应的软件对电子海图数据进行处理，并且将数据与其他传感器如罗经、GPS、雷达及数据通信设备的数据相结合，完成信息显示、船位标绘、航线设计等一系列导航功能，从而形成完整的电子海图系统。也就是说，电子海图及其应用环境组成电子海图系统。

人类长期使用纸质海图的习惯使得航海实践中无论是电子海图数据或电子海图系统都被称为电子海图，这可以认为是一定程度的广义称谓。电子海图利用计算机多媒体技术和海洋地理信息系统实时显示船舶航线或航道沿途自然环境及障碍物。

电子海图系统由主计算机系统、电子海图数据库、输入传感器、输出终端设备等四个基本部分构成。其中主计算机是系统的核心。如图 9-1 所示，电子海图系统由以下几部分组成。

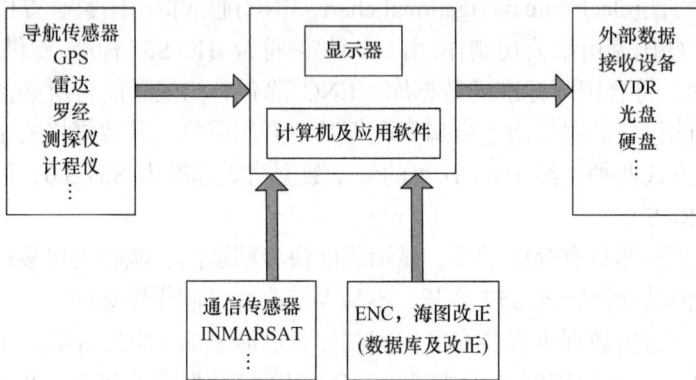

图 9-1　电子海图系统组成

(1) 计算机及应用软件：计算机可以是基于 Intel x86 的通用架构，也可以是嵌入式设备。应用软件指海图显示系统，是对电子海图操纵和控制的软件系统，包括数据管理与操作、显示、导航、通信等功能模块。

(2) 电子海图数据库：是按照某一格式(如光栅和矢量电子海图数据)制成的海图文件，由海图显示系统打开和显示。

(3) 导航传感器：包括 GPS、雷达、罗经、测深仪、计程仪等。

(4) 通信传感器：包括卫星通信、移动通信等。

(5) 外部数据接收设备：如 VDR、光盘、硬盘等。

电子海图系统之所以在海事界引起高度重视，是因为它具有传统纸质海图无法比拟的优点。一套性能完善的电子海图系统可以进行航线辅助设计、船位实时显示、航向航迹监测、航行自动警报(如偏航、误入危险区等)、"黑匣子"自动存储本船航迹和 ARPA 目标、历史航程重新演示、快速查询各种信息(如水文、港口、潮汐、海流等)、船舶动态实时显示(如每秒刷新船位、航速、航向等)；与其他航海仪器(如 GPS、电罗经、计程仪、雷达、Navtex、AIS 等)进行数据与信息交流，将雷达/ARPA 的回波图像叠显在海图上；与电子海图系统相配的雷达信号综合处理卡可直接处理和显示来自雷达天线的视频信号,自动生成若干类型的搜救航线、海图手动改正或编辑、海图自动改正(数千幅海图的改正只需几分钟)等。

实用意义下的电子海图系统应当具备以下特点。

(1) 相当大的全球海图数据库(如数千幅)。

(2) 具有相当数量的专业制图人员来维持和扩展海图数据库。

(3) 具有完善的电子海图自动改正系统。

(4) 具有庞大而有效的全球分销网点。

(5) 具有与各国官方航道测量局签署的版权协议,能够兼容其他国家航道测量局制作的光栅海图(如 ARCS、NOAA)和矢量海图(如 ENC)数据库。

(6) 具有国际组织和各国海运部门的认证证书。

6. 电子海图显示与信息系统

电子海图显示与信息系统(electronic chart display and information system, ECDIS)是指符合有关国际标准的船用电子海图系统。国际海事组织在对 ECDIS 性能标准制定期间,清楚地认识到存在两种电子海图设备和相关的数据,其中能够满足执行标准的系统称为 ECDIS。ECDIS 设备及海图数据一定要符合由国际海事组织和 IHO 规定的严格技术要求,应符合《1974 年国际海上人命安全公约》第 V 章 20 条要求的最新海图和等效物。

ECDIS 的应用离不开全球范围的数千幅 ENC 的支持。它以计算机为核心,连接定位、测深、雷达等设备;以 ENC 为基础,综合反映船舶行驶状态,为船舶驾驶人员提供各种信息查询、量算和航海记录专门工具;ECDIS 是一种专题 GIS。

ECDIS 被认为是继雷达/ARPA 之后在船舶导航方面又一项伟大的技术革命。从最初纸质海图的简单电子复制品到过渡性的电子海图系统,ECDIS 已发展成为一种新型的船舶导航系统和辅助决策系统,它不仅能连续给出船位,还能提供和综合与航海有关的各种信息,有效地防范各种险情。

由于 ECDIS 的设计与生产纯粹是企业行为,所以 ECDIS 的发展速度远快于 ENC 的发展。目前,能够提供符合国际标准的 ECDIS 的厂家不下十几家,其中较著名的有英国船商公司、德国 ATLAS 公司和 7CS 公司、加拿大 OFFSHORE 公司等;而能够提供不符合国际标准的电子海图系统产品的公司估计不下千家。

电子海图系统和 ECDIS 之间并没有明显的界限,就显示界面而言,一个性能完善的电子海图系统与 ECDIS 无本质区别。但电子海图系统可以使用非官方、非 S-57(第 3 版)格式的海图数据库,而用于 ECDIS 的数据库则必须是官方的 ENC。

从法律上讲，ECDIS 可以完全取代纸质海图，而电子海图系统则不能。

ECS 是不符合 ECDIS 技术要求的所有其他电子海图。这些海图不会被国际海事组织认可为纸质海图的等效物。电子海图系统只能结合普通纸质海图使用，无法取代纸质海图，只能作为船上的辅助导航系统，为航海人员提供方便。但也应看到，有些公司生产的电子海图系统尽管存在上述海图信息合法性的问题，但其海图数据的质量是非常高的，产品的功能性、可靠性以及保证航行安全和提高船舶驾驶自动化水平的重要作用得到了众多船东的认可。

由于电子海图系统不必符合 IMO、IHO 和 IEC 的有关国际标准，也不用满足国际海事组织关于 ECDIS 的全部要求，所以相对来说更加灵活，在硬件和软件方面可根据用户的需要灵活设计。我国从 20 世纪 80 年代开始电子海图的研究，已经有多种简易型电子海图系统产品以及符合国际标准的 ECDIS 投入使用。

关于海图标准问题在 9.1.4 节再详细展开。

7. 其他与电子海图相关的概念

(1) SENC——系统电子航海图。
(2) ER——电子海图改正信息。
(3) RENC——地区性 ENC 协调中心。
(4) WEND——世界电子航海图数据库。

9.1.2　发展阶段

1. 纸质海图等同物

1970 年末到 1984 年，人们主要是想减小海图的体积和减轻海图作业的劳动强度，仅仅是把纸质海图经数字化处理后存入计算机中，代表性的产品被称为"视频航迹标绘仪"。

2. 功能开拓阶段

到 1986 年，人们开始挖掘电子海图的各种潜能。如在电子海图上显示船位、航线设计、船速、航向等船舶参数以及报警等，形成了多功能船用电子海图系统的雏形。

3. 航行信息系统阶段

1990 年以后，电子海图逐渐成为航行信息核心，电子海图数据库与雷达、定位仪、计程仪、测深仪、GPS、VTS、AIS 等各种设备和系统的接口与组合等持续完善。多功能船用电子海图系统对保证船舶航行安全所起的重要作用得到了

IMO 和 IHO 以及众多航海专家的认可。

4. 强制应用阶段

2009 年 IMO 海安会第 86 次会议上，通过 MSC.282(86)决议，SOLAS 公约第 V 章 10 条款新增了 2.10 项和 2.11 项，规定了 ECDIS 应用的具体要求，开始了电子海图系统的强制应用过程。

9.1.3 实现技术形态

1. 无操作系统的电子海图仪器

一般为一体机设计，海图软件直接在硬件平台上运行，不需要操作系统支持，对硬件配置要求低，适用于小型船舶及舰艇中一般的船载电子海图导航仪。

2. "桌面"电子海图

此类电子海图是基于操作系统桌面应用的电子海图系统，需要操作系统支持其运行，即通常所说 C/S(客户/服务器)模式，开发时可以导入桌面 GIS 插件，桌面电子海图由于有操作系统的支持，可扩展性更强、功能也更丰富。

3. Web 电子海图

Web 电子海图是基于 Web 方式开发的电子海图，利用 Internet 的 B/S(浏览器/服务器)模式，遵循 TCP/IP 和 HTTP，开发时可以利用 Web GIS 插件，具有数据共享和信息发布的特点,用户可以通过浏览网页电子海图实时监控船舶动态行为。

4. 移动端电子海图(移动/嵌入式应用)

移动端电子海图可分为基于 APP 与浏览器的电子海图两类。由于其移动性，我们将其单独作为一类以示与其他海图的区别。移动端电子海图运行于手持移动终端(包括智能手机、平板电脑及其他便携式设备)，以无线局域网(WiFi、蓝牙等)和 3G/4G 网络为信息传输通道可以无处不在地在授权允许的情况下访问船联网信息。

9.1.4 标准化

1. 标准化过程

电子海图的产生、应用经过几十年的发展历程，各种技术已经走向成熟，各种电子海图在船上得到广泛应用。据不完全统计，目前世界上安装各类电子海图的商船、渔船、客船、游船及军舰在 20 万艘以上，但由于缺少相应的统一标准，已经船用的电子海图系统在功能及功能实现上并不相同，而且名称也不同。如上述的电子海图、电子海图显示系统等。

随着电子海图的继续推广和应用，如果没有相应的规范标准约束，势必会造成电子海图系统产业的混乱，最终将成为制约其前进的主要障碍。因此，许多国际组织一直致力于电子海图系统相关规范标准的制定工作，电子海图系统走向国际化。

在电子海图生产、应用过程中执行的相关标准主要源自于三个国际组织：IMO、IHO、IEC。

1986年7月，IMO和IHO成立了ECDIS协调小组(harmonisation group on ECDIS，HGE)，ECDIS各类标准和规范不断地建立和完善，各种性能优良的ECDIS产品也不断地推陈出新，ECDIS开始了国际化、标准化的进程。随后的十几年，HGE技术组进行了卓有成效的工作，制定了一系列的电子海图规范与标准，这些标准主要有如下几方面。

(1) 1995年11月IMO讨论通过了ECDIS的性能标准。此标准明文规定，ECDIS可以作为《1974海上人命安全公约》所要求的纸质海图的等价物，换言之，ECDIS可以取代传统的纸质海图。

(2) 1996年11月，IMO又增补了ECDIS备用设备的条款。

(3) 1996年2月，IHO增补通过了关于电子海图内容、图标、颜色和ECDIS的规范，即S52(第五版)。

(4) 1996年11月，IHO公布了S57标准第三版。S57规定了ENC的数据交换格式、ENC数据库的性能标准，以及ENC的改正概要，并规定该标准保持到2000年不变。

(5) 1997年9月，IEC提出了对ECDIS硬件设备的检验和测试标准(IEC 61174)。IEC还有一个对船用导航设备的"环境测试标准"，称为IEC 60945，此标准用来检测船用导航设备(雷达/ARPA、ECDIS等)在不同温度、湿度、振动等情况下的可靠性。

此外，IHO还制定了一些关于电子海图其他方面的配套标准。这些标准和规范有力地推动了ECS走向国际统一标准的轨道。

2. 主要标准

现行关于ECDIS的国际标准主要包括以下几方面。

(1) IMO ECDIS性能标准。

(2) IHO S-57，即数字化海道测量数据传输标准。

(3) IHO S-52，即ECDIS的海图内容和显示规范。

(4) IHO S-63，即数据保护方案。

(5) IEC 61174，海上导航和无线电通信设备及系统—ECDIS—操作和性能要求、测试方法和所需测试结果。

1) IHO S-57

S-57 标准封转格式是 ISO/IEC 8211 国际标准，封装标准的基础是文件，逻辑记录是封装标准的基本成分。ISO 8211 是一个为实现数据交换而制定的格式文件，其基本的组成单元被称为逻辑记录。按照 ISO 8211 数据封装格式的规范，S-57 数据结构中的记录被封装为包含一组字段的逻辑记录，S-57 数据结构中的字段和子字段对应地被封装为 ISO 8211 结构中的字段与子字段。

S-57 数据结构封装于 ISO 8211 交换文件后，利用 ISO 8211 中已经封装好的 ISO 8211 lib 实现数据的读取(ISO 8211 lib 是 C++编写的开源库，专门用于读取符合 ISO 8211 封装标准的数据文件)，可实现对 S-57 海图数据的读取。

2) IHO S-52

与电子海图标准 S-57 相似，电子海图的显示也存在相应国际标准。1996 年，IHO 通过了 S-52 标准，该标准规范了电子海图显示的内容、颜色、图标等。S-52 标准分为三个部分：①规定了海图改正的流程及方法；②规范了在 ECDIS 中使用颜色与符号的细节规范；③对 ECDIS 中的术语进行了规范。

(1) S-52 电子海图显示方法。

① 投影变换处理。在 S-57 电子海图数据格式中记录的是地理经纬度坐标值，必须用某种投影方式将地理坐标转换为平面坐标。地球是一个不规则的椭球体，无法将经纬度准确无误地展现到用于计算机显示的平面坐标中，用墨卡托投影可以实现地理坐标与平面坐标之间的准确变换。

② 电子海图显示与分层。电子海图的显示一般要借助第三方库。如在 Linux 平台下，可采用 GTK 和 OpenGL。GTK 用若干个类库来构建图形界面程序，提供多种控件和模块加快程序开发进程，并且支持 C、C++等多种开发语言。OpenGL 为电子海图数据的显示提供了大量的图形图像渲染操作处理。电子海图数据的图形显示可分为三个部分，分别是点、线、面，这三种类型的元素都可以用坐标进行定位。

电子屏幕尺寸的局限性、SENC(系统电子导航海图)信息的多样性、显示比例尺的缩放等，使得显示在电子屏幕上的信息可能会出现杂乱无章、无法辨别的状况。为了避免这种情况，对电子海图的显示进行三种分类层次的控制，分别是基础显示、标准显示和全部显示。这样方便航海人员对海图信息的筛选、显示、查看。

ECDIS 处理的全部数据包括海图信息、雷达信息和其他传感器的数据，按照

IHO S-52 将电子海图分层显示。采用分层显示技术的原因在于：如果采用非分层的形式，当显示窗口较小时，海图中的元素将会出现重叠现象；如果显示比例放大，又会造成海图数据元素简单放大排列，信息量下降。

（2）数据更新。

IMO ECDIS 性能标准要求：ECDIS 所使用的海图信息应为政府或政府授权的海道测量机构或其他相关政府机构发布，并经官方更新而改正至最新的版本，并且符合 IHO 标准。

IHO S-52 指出的电子海图数据更新方式有如下两种。

① 自动更新：ECDIS 通过已经建立的通信链路，或者通过载有更新数据的实体介质，实现数据的获取、验证、接受、存储，自动完成电子海图数据更新，并将更新数据融合到 SENC 中。

② 手动更新：由航海人员手动将信息键入 ECDIS。手动改正信息这种手段是临时性手段，这种信息会被权威机构颁布的 ENC 更新信息所取代。

电子海图数据更新根据更新时间长短可以分为如下三种方式。

① 小改正更新：中国海事电子海图的小改正更新是根据《沿海港口航道图改正通告》出版时间和间隔进行的，其内容涉及的电子海图都会更新。

② 改版更新：电子海图的改版更新则为不定期更新，根据电子海图所在区域、图幅位置的不同，其数据测量时间间隔也不同，目前存在每 3 个月、半年、一年等多种再版情况。

③ 新版更新：指电子海图的重新出版。

电子海图的小改正更新对于航海用户是十分重要的，这些更新包括水深、锚地、航标、航行障碍物等与航海相关信息的更新，关系到船舶航行的安全。电子海图小改正更新能避免用户自己根据《沿海港口航道图改正通告》等实施更新改正可能产生的各种错误和偏差，从而影响航行安全。

9.1.5 标准电子海图与非标准电子海图

国际标准和国内规定对电子海图和电子海图系统进行了标准化，这就使得目前使用的电子海图与电子海图系统分为标准及非标准两大类，各自使用的范围不同、结果也不一样，在使用中必须特别重视这个问题。

综合考虑标准电子海图的定义、特点和相关规定，可以得出标准电子海图的典型特点，包括以下三点。

（1）海图数据一定来源于官方(或官方授权的单位)，如国家政府或政府授权的海道测量机构。

（2）数据(包括原始数据和修正数据)制作按统一的国际标准进行，这就使得海图的通用性得以保证。

(3) 海图发行单位也为官方。标准的电子海图因为是矢量数据，不是图像、图片类文件，不能用计算机常用的软件打开，不能在图像显示软件中打开、显示，只能在符合 IHOS-52 标准的软件上显示、阅读、查询和使用相关数据。

所谓的非标准电子海图是指不符合 IHO 相关标准的电子海图，由非官方机构按自己数据格式生产制作的电子海图数据均属于非标准电子海图。

相对于标准的电子海图，非标准电子海图存在如下缺点，给用户带来航行安全隐患。

(1) 不是官方水道测量机构制作的，不能保证数据的权威。

(2) 不直接从事水道测量，不能保持数据的实时更新。

(3) 通用性较差。

标准电子海图与非标准电子海图特点对比如表 9-1 所示。

表 9-1　标准电子海图与非标准电子海图特点对比表

	非标准电子海图	标准电子海图
优点	覆盖全球海域	权威性、现势性强，几乎所有的电子海图应用系统均支持
缺点	权威性、现势性不强，通用性较差	世界各国发展不平衡，还没有做到全球覆盖
作用和地位	目前在一些领域有一定的市场，但不能代表电子海图的发展方向	代表电子海图当前和未来的发展方向

在航海领域常用的非标准电子海图主要有 C-Map 公司的 CM93 数据、英国船商(Transas)公司的 TX97 数据和美国国家地理空间情报局(National Geospatial-Intelligence Agency，NGA)生产的数字航海图(digital nautical chart，DNC)。

非标准电子海图虽然迄今为止应用程度很高，其精度和更新速度也不一定比标准电子海图差，但其数据非官方、通用性差的明显缺陷必将限制其进一步发展，最终非标准电子海图会被标准电子海图取代。

9.2　船载电子海图系统

船载电子海图系统分为两类：一类是相对简单、成本较低的直接运行于硬件平台上的船载电子海图系统；另一类是运行在操作系统上的船载电子海图系统。9.2.2 小节与 9.2.3 小节将分别讲述这两种系统。

9.2.1　主要功能

船载电子海图系统把船舶自身信息及附近海域内的环境信息和相邻船舶信息集成在一起处理和显示，并可将处理的结果反馈到本地设备，帮助操作人员对船舶进行控制。

船载电子海图系统根据航海人员的需求为其提供海图物标的咨询信息，如航标、障碍物和航道等的特征，以及整个航线上的航行条件信息(来自航路指南、潮汐表等)，对航海人员选择最佳的航行时间和确定船舶的最大装载量都是大为有利的。电子海图系统不仅能完成在传统纸质海图上进行的作业，包括计划航线设计、距离和方位的计算、推算船位修正、定位计算、航迹显示等，而且还能解决新的问题，如船舶驶进危险区域时的自动报警、船舶避礁防浅、把电子海图同雷达图像叠加以提供更直观的避碰信息、海图的自动更正等，帮助航海人员更好地进行海上作业。

船载电子海图系统主要功能如下。

1. 海图显示

船载电子海图系统可兼容显示中国海军航保部、海事局、航道局提供的中国沿海各种比例尺的海图/航道图/港区图以及国外沿海的大比例尺海图，包括：在给定的投影方式下合成和显示海图(在使用墨卡托投影方式时，可适当选取海图的基准纬度，以减小海图的投影变形)；以"正北向上"或"航向向上"方式显示海图；以"相对运动"或"绝对运动"方式显示海图；随机改变电子海图的比例尺(缩放显示及漫游)；分层显示海图信息(隐去本船在特定航行条件下不需要的信息)；在电子海图上实时显示本船的船位、航向、航速等；航迹记录与标绘；偏航报警、转向点报警、浅水区预警/报警、水下危险物预警、特殊水域预警/报警、禁航水域预警/报警、定时预警、距离报警、方位报警、无海图报警；完成风流压计算；本船手动/自动居中显示；相对运动及真运动方式显示；可手动选择打开任意海图；任意的海图放大/缩小、画面回退、画面跳转、指定位置显示、海图显示方式控制。

2. 海图作业

在电子海图上进行计划航线设计(依照推荐航线进行手工设计或进行大圆航线计算)，可选择、显示/修改、删除计划航线；以灵活的方式计算任意两点间的距离和方位(如利用电子方位线、可变距离圈等方式)；标绘船位、航迹和时间；可完成图上方位与距离计算、本船船位查询与航程统计(历史航迹、预抵时间计算、正午统计等)。

3. 海图更新

接受由官方 ENC 制作部门提供的正式修正数据以及由航海人员从航海通告或无线电航行警告中提取的修正数据，实现 ENC 的自动和手工改正。

4. 定位及导航

可连接 GPS、AIS、雷达/ARPA、电罗经、计程仪、测深仪、自动舵、CDMA/GSM/GPRS 等多种导航通信设备，接受来自这些传感器的信息，并进行综合处理，求得最佳船位；能够进行各种陆标定位计算，具备完善的导航、引航、避碰和航行管理功能。

在电子海图上实时动态标绘所有 AIS 目标的位置及运动矢量，可方便地查询任何 AIS 目标的动态/静态信息；所有 AIS 目标自动跟踪并实时进行与本船的相对运动计算，并可以自动报警；可通过 AIS 短信进行船-船/船-岸通信。

5. 航海信息咨询

获取电子海图上要素的详细描述信息以及航行条件信息，如潮汐、海流、气象等。

6. 雷达信息处理

电子海图系统可将雷达图像和 ARPA 信息叠加显示在电子海图上，提供本船、本船周围的静态目标、本船周围的动态目标三者之间的位置关系。航海人员可据此判断避碰态势，做出避碰决策。同时，还能够在电子海图上检测该避碰决策可行与否。

直接将雷达视频图像叠加在电子海图上，并实现坐标匹配和同步显示(海图随雷达以真北向上/船艏向上方式显示)。

7. 航路监视

在船舶航行过程中，电子海图系统能够自动计算船舶偏离计划航线的距离，必要时给出指示和报警，实现航迹保持。电子海图系统还能够自动检测到航行前方的暗礁、禁航区、浅滩等，实现避礁、防浅。

8. 航行记录"黑匣子"

电子海图系统能够自动记录前 12h 内所使用过的 ENC 单元及其来源、版本、日期和改正历史，以及每隔 10s 的船位、航速、航向等。一旦船舶发生事故，这些信息足以再现当时的航行情况，记录的信息不允许被操纵和改变。也就是说，电子海图系统应具备类似"黑匣子"的功能。

9. 多媒体人机交互

由于多媒体技术、视窗技术、超文本技术等的发展，电子海图系统的人机界面将日趋友好，其输出将图、文、声、像并茂，功能操作按键简化，并具有语言控制能力。

10. 系统结构组件化

系统硬件通常采用即插即用模式，以便于各种不同情况下的灵活配置。系统软件开发采用组件化对象模式，以利于系统的升级和交互使用。

11. 硬件平台及操作系统通用

为适应硬件平台及系统多样化的客观情况，满足各种不同场合下的系统应用需求，系统将具有全面的硬件平台支持和全线的操作系统支持。

12. 系统软件采用开放式结构

为满足不同用户的不同需求，应在统一的操作平台基础上，容许第三方开发者开发具有特定任务特色的应用界面，嵌入特定的功能模块。为此，系统需要提供 API(application programming interface)接口，并拥有相应的专用语言或兼容通用标注语言。

9.2.2　基于硬件裸机的船载电子海图系统

1. 概况

如前所述，此类电子海图系统一般采用一体机设计，固定在操作台上或是嵌入式安装的电子海图导航设备，海图系统直接在硬件平台上运行，不需要操作系统支持。因此，此类系统对硬件要求较低、执行效率高，但用户界面开发相对困难，功能也受到一定限制。

图 9-2 所示是一款基于硬件裸机的船载电子海图系统，它支持 S-57 和 S-63 矢量海图格式，已取得船级社 CCS 形式认可。

一个完整的基于硬件裸机的船载电子海图系统构成通常如图 9-3 所示，由 AIS，电子海图显示模块，智能避碰、卫星海上遇险和安全系统等构成。

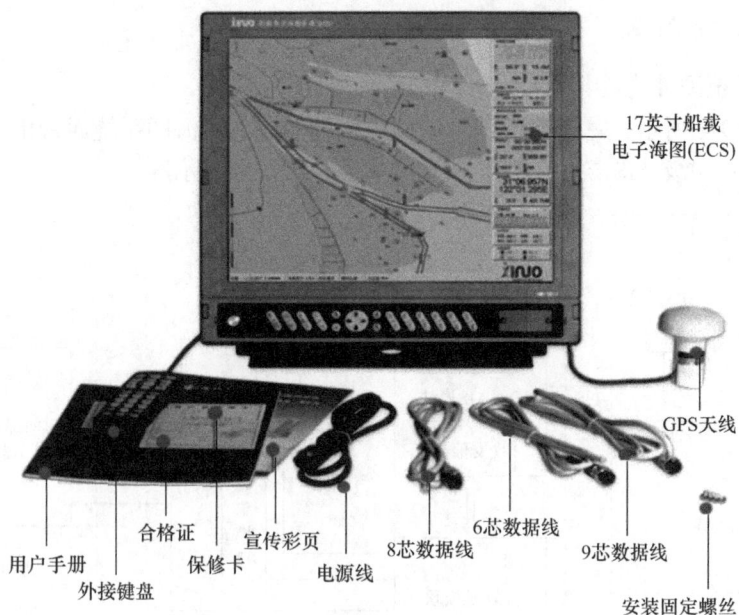

图 9-2 基于硬件裸机的船载电子海图系统(17 英寸海图机)

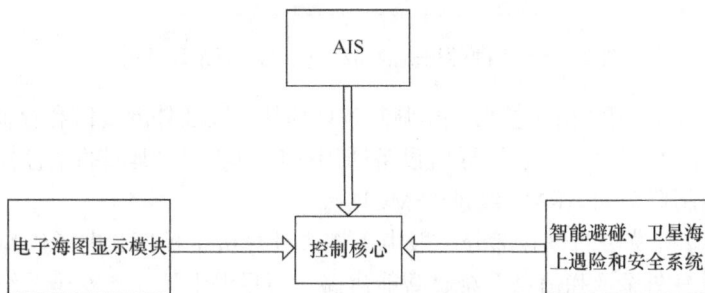

图 9-3 电子海图系统构成

(1) 电子海图系统涉及的 AIS 船载台可向他船及岸基台自动播放本船的动态信息(船位、航速、航向等)、静态信息(船名、目的港等)、航次信息和安全短消息等相关资料,同时也可自动接收他船及岸基台的资讯。

(2) 电子海图显示模块按照 IMO MSC.232(82)电子海图显示和信息系统性能标准与 IEC 61174 的要求进行显示。

(3) 智能避碰、卫星海上遇险和安全系统则为航海者提供航行计划编制、计划航迹和转向点;通过判断两船的 CPA 及 TCPA 来检测未来时间的冲突以及加上其他一些避碰算法,当出现了偏离或者走到危险区域时,智能系统可以立即发出警报提醒,也可手动发出紧急情况的遇险广播。

2. 软硬件实现

1) 系统硬件构成

如图 9-4 所示，一个典型基于硬件裸机的船载电子海图系统通常由 4 个主要部分组成：B 级 AIS 模块、计算机模块、AIS 天线和显示屏。

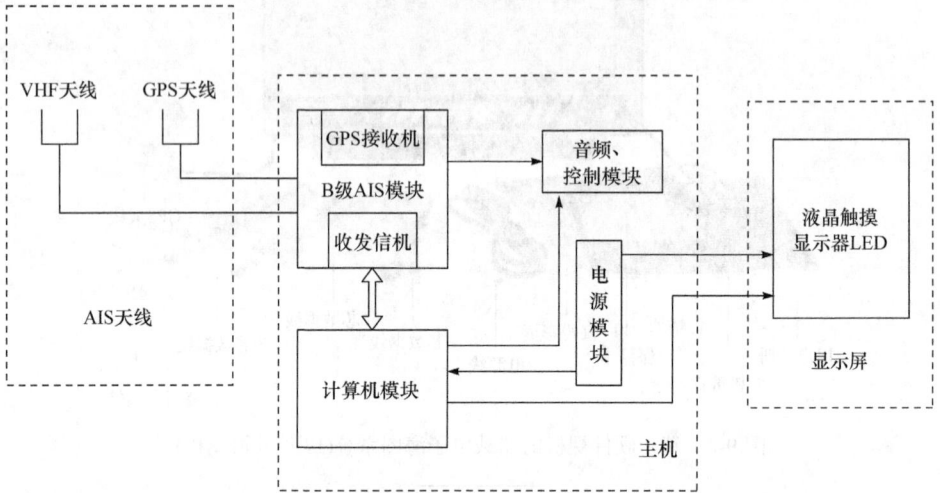

图 9-4　基于硬件裸机的船载电子海图系统硬件构成

(1) B 级 AIS 模块由主控模块、调制解调模块，以及外围接口和存储构成。它主要完成 AIS 信息处理、船用导航设备通用接口的功能。典型的主控模块一般包含一块微控制器，如 ARM7 级别的 MCU。

(2) 计算机模块的核心部分一般由工控级计算机主板搭载电子硬盘组成，主要完成电子海图显示和信息系统、智能避碰、卫星海上遇险和安全系统等功能的软件处理。

(3) AIS 天线主要包括：高增益 VHF 天线，用于完成 AIS 信号接收和发射；GPS 天线，完成接收卫星定位信号功能。

(4) 显示屏主要用于人机界面显示与输入。

2) 系统软件设计

电子海图系统的软件设计分底层软件设计和上位机应用程序设计。

(1) 电子海图系统 AIS 基带部分底层设计一般是基于 C 语言开发的。但 AIS 核心模块微处理器的 bootloader 会要求使用汇编语言来完成系统的初始化。

(2) 上位机应用程序指软件功能模块，主要包含海图显示、预警设置、船舶信息、设备支持、航线设计、遇险广播等功能。一般也由 C 语言和本地的图形库完成。

9.2.3　基于 OS(操作系统)的电子海图系统

通常在大型船舶及舰艇中，为了更好地满足电子海图系统技术要求，使用具有较高集成度、较低功耗、更好环境适应性和更高可靠性的基于 OS 的电子海图系统。正如人们日常生活中的智能手机是基于操作系统的，而"直板机"一般是直接基于硬件的一样，基于 OS 的电子海图功能更完善、界面更友好。

1. 软硬件设计

1) 硬件构成实例

(1) 拥有高速中央处理器的计算机主机。

(2) 能够容纳整个 ENC、ENC 修正数据和 SENC 的大容量的内部和外部存储器。

(3) 显卡、声卡、硬盘和光盘控制卡等内部接口。

(4) 外部接口：可以从外部传感器接收信息(包括 GPS、LORAN-C、罗经、计程仪、风速风向仪、测深仪、雷达/ARPA、卫星船站、自动舵等设备信息)。

(5) 用于显示航行警告、航路指南、航标表等航海咨询信息和电子海图的图形显示器。

(6) 可实现电子海图和航行状态的硬复制的打印机(选配)。

(7) 通过船用通信设备(如 INMARSAT-C)不仅自动接收 ENC 修正数据，实现电子海图的自动改正，而且还可以接收其他如气象预报数据等。

2) 软件开发方法

一种方法是不依赖第三方 GIS 库来开发电子海图，可以选用 C++、VB、C#、Python 等语言，在一定操作系统平台上编程实现。这样做的优点是有更完全的自主权、创新性强、拓展空间大，但这种方式开发周期长、投资大、见效慢、对程序员要求高。

另一种开发方式是在桌面 GIS 软件的基础上进行。所谓桌面 GIS 是相对于后面要提到的 Web GIS 而言的。桌面 GIS 是地理信息系统走向普及和社会化的标志，其技术水平也反映了地理信息系统技术的应用水平与普及化程度。桌面 GIS 软件通常运行于图形工作站及微型计算机系统上，提供大量的二次开发 API。

基于桌面 GIS 的开发方式又可以分为以下两类。

(1) 单纯二次开发(定制开发)：完全借助于 GIS 工具软件提供的开发语言进行应用系统开发，常见二次开发的宏语言有 ArcGIS 提供的 VBA 语言和 MapInfo 提供的 MapBasic 语言等。这种方式简单易行、短小灵活，适用于开发专业小型工具，但它属于宿主开发方式，所以不适合开发大中型桌面 GIS。

(2) 集成二次开发：指利用 GIS 工具软件实现 GIS 基本功能，在通用编程环境中引入 GIS 开发库，进行二者的集成二次开发。这种开发方式开发周期短，适用于开发大中型桌面 GIS。已成为应用桌面 GIS 开发的主流方向。

桌面 GIS 从非组件式阶段(模块式 GIS、集成式 GIS、模块化 GIS 与核心式 GIS)到组件式 GIS，一路发展到插件式 GIS。插件式 GIS 基于脚本、COM 组件、ActiveX 控件等技术，把 GIS 的功能抽取为相对独立的插件，当需要时把这些插件插入 GIS 平台中，GIS 平台中有插件管理器管理这些插件。插件式 GIS 开发方式具有灵活性好、软件伸缩性强、移植性高等优点。

国外常见的商业桌面 GIS 软件有 MapInfo、ArcGIS、GeoMedia、Geoconcept、MapWinGIS、SmallWorld、Giswin 等；国内的 GIS 软件有 MapGIS、GeoStar、GeoMap、SuperMap、ViewGIS、MapEngineer 等。

MapInfo 是美国 MapInfo 公司的桌面 GIS 软件，是一种数据可视化、信息地图化的桌面解决方案。它依据地图及其应用的概念、采用办公自动化的操作、集成多种数据库数据、融合计算机地图方法，使用地理数据库技术，加入了地理信息系统分析功能，形成了极具实用价值、可以为各行各业所用的大众化小型软件系统。MapBasic 是 MapInfo 自带的二次开发语言，编程生成的 tab 文件能在 MapInfo 软件平台上运行；MapX 是对 MapInfo 进行二次开发后的一个 ActiveX 技术的可编程控件。

ArcGIS 也是当前一个主流 GIS 软件，跟 MapInfo 很相似，配合它的有 ArcEngine、Arccatalog，可生成 shp 文件，绝大多数 GIS 软件都支持此格式，多用于各种 GIS 图像的创建与分析。

开源 GIS 软件目前已经形成了一个比较齐全的产品线，常见的开源 GIS 软件有 GRASS GIS、UDIG、OSSIM、QGIS、gvSIG、SAGA、MapWinGIS、SharpMap 等。开源 GIS 近年来发展迅速，并各具特色。例如，老牌的综合 GIS 软件 GRASS GIS，数据转换库 OGR、GDAL，地图投影算法库 Proj4、Geotrans，也有比较简单易用的桌面软件 Quantum GIS；Java 平台上有 MapTools。另外，各种空间分析、模型计算也是开源 GIS 领域的强项。

OpenCPN 是一款自由软件，遵从 GPLv2 协议，采用 wxWidgets 界面框架，支持 OpenGL，可跨平台运行在 Windows、Linux、Mac 系统上。OpenCPN 支持 S57 矢量格式海图与 S52 显示标准及 BSBv3 栅格格式海图，同时也支持 C-Map 公司的 CM93 矢量格式数据；另外 OpenCPN 还支持自动海图跟踪，支持航线规划及跟踪，支持 NMEA0183 GPS 接口、GPSD 与 AIS 接口，可实现船舶跟踪和避碰报警。最重要的是 OpenCPN 还支持插件机制，可以方便地扩展功能。

开源软件 MapWinGIS 的开发团队主要来自美国爱荷华大学，其核心库是一个 ActiveX 控件，功能上类似 MapX。利用这个 ActiveX 组件可以在电子海图系统中添加 GIS 相关功能，例如，电子海图显示；在图层上标绘点、线、图形；计算长度，存取 GIS 数据等相关工作。MapWinGIS 的地图引擎相当高效，放大、缩小、漫游速度很快，被誉为开源中的 ArcGIS。其开发语言是 VC，基于微软的 COM 思想编写。系统来说，MapWinGIS 是一套类似于 AO 的二次开发组件库(只是没有 AO 那么强大)。

MapWinGIS 的主要功能如下。

(1) 直接打开、编辑、保存 Image、Grid、Shapfile、TIN、DBF 格式的文件。

(2) 在地图中对图形进行浏览、标注，支持矢量数据的符号化、栅格数据的透明显示。

(3) 在地图中对矢量数据进行空间数据查询。

(4) 动态地在图层上标绘空间数据。

(5) 存取地图中的相关数据。

MapWinGIS 二次开发环境支持 VB、C#、VC、VC++、VB.NET 等语言，既能开发 Web 应用程序，也能开发 Windows 应用程序。

MapWindow GIS 是一套桌面 GIS 系统，是在 MapWinGIS 组件库的基础上二次开发形成的桌面产品，其开发语言使用 VB.NET。用户可直接通过它浏览数据，并通过一系列插件来完成其他功能。

另外，在 Windows 下还有 MapWinX，是.NET 平台下的一个辅助工具。

3) 基于 MapWinGIS 的 PC 端电子海图系统开发实例

基于 MapWinGIS 的 PC 端电子海图实例系统运行在 Windows 操作系统之上，使用 Visual Studio 作为集成开发环境(这里以 Visual Studio 2005 为例)，开发语言使用 C#。

(1) 实现电子海图的基本功能的主要步骤如下。

① 首先要注册 MapWinGIS.ocx 组件，可自行去 MapWindow 官网下载并进行注册。

② 要在 Visual Studio 的工具箱内添加 MapWinGIS ActiveX 下的 MapControl 控件(COM 组件)，得到地图控件。

③ 加载 MapWinGIS 开发包，将 MapControl 控件拖入 Window Form，即可载入地图。代码如下所示，并得到全幅图。

```
//实例化形状文件
MapWinGIS.Shapefile fileName = new MapWinGIS.Shapefile();
//读取 ShapeFile 文件
fileName.Open(Environment.CurrentDirectory+@"\bou1_4p.
```

```
shp",call);
//加载图层
```

```
axMap1.AddLayer(fileName,true);
```
④ 执行基本的地图操作，代码如下所示。

放大: `axMap1.CursorMode=MapWinGIS.tkCursorMode.cmZoomIn;`

缩小: `axMap1.CursorMode=MapWinGIS.tkCursorMode.cmZoomOut;`

浏览: `axMap1.CursorMode=MapWinGIS.tkCursorMode.cmPan;`

全幅: `axMap1.ZoomToMaxExtents();`

⑤ 除了基本的地图操作，还有渲染各种图层(设置图层颜色、大小、类型等)、显示文本、设置图层图片、获取地图数据、地名检索、海图测距、定位经纬度等操作功能。

(2) 船舶动态监控操作功能主要包括船舶动态显示与数据融合、船舶调度管理、船舶预警处理和船舶轨迹回放。

① 船舶动态显示与数据融合：系统根据接收到的定位信息，可在电子海图上实时显示船舶位置，并根据 AIS、"公网"、VTS 三个不同数据来源，以不同的船型图案将船舶显示出来。对于在线船舶，可查看具体的船舶信息，实现实时监控功能。船舶的信息可以自定义封装类进行存储，实现船舶编号、颜色、长度、定位时间、经纬度、速度、航向等属性的定义，并将消息显示到电子海图图层。

系统接收到由 AIS、"公网"、VTS 三者传来的广播位置数据，开始解析数据包，并查找指定船舶的数据结构；查找到符合条件的数据结构后更新位置数据，更新完后匹配相应的地图算法并将数据显示到电子海图上，以实现对船舶信息的动态显示和信息更新。

② 船舶调度管理：主要用于对监管辖区内的船舶发送调度指令，可以在线从监管中心向辖区内任意船舶发送调度指令信息，如安全通告(政府)、搜救协助(政府)、天气预报、航路状况播报、政策通知、缴费通知等指令信息。通过自定义封装类实现调度指令的添加、修改、获得等功能。

③ 船舶预警处理：当船舶遇险时，可及时向监管中心发送警报信息请求救援。

④ 船舶轨迹回放：系统将接收到的船舶航行信息存入后台数据库，通过查询数据库获取在库船舶的历史航行信息，从而实现船舶轨迹回放的功能。通过查询、回放船舶航行轨迹信息记录，系统还能够准确定位船舶事故发生时的位置、航向、航速等，为分析事故发生原因提供参考依据，为沉船打捞提供帮助。

9.3 Web 电子海图系统

9.3.1 基本概念

船载电子海图实现了航线辅助设计、船舶动态实时显示、航向航迹监测、航行自动警报等功能，为航海人员提供了巨大帮助，但其功能多服务于渔业生产作业层需求，主要用于船舶导航及辅助决策，面向用户单一(主要为航海人员)；信息平台是集中式的，用户多仅使用本机的信息服务，海图数据得不到及时更新，不能在互联网上进行快速传输和各种处理；信息共享一般仅限于船舶附近海域船只及岸基之间。

船联网是物联网的应用，物联网是互联网的延伸与扩展，互联网是一个全球化的信息平台。船联网作为一个现代的信息化平台，需要给决策层提供更好的支持。近年来随着大数据应用的快速发展，数据的共享及后端处理受到人们的重视，人们越来越希望通过互联网实时地查询到船舶的动态行为，对船舶进行集中、高效地监控。上述需要使得传统电子海图模式的弊端日渐显露，推动电子海图应用不断向互联、共享发展。

随着 Internet 技术的不断发展，利用 Internet 在 Web 上发布和出版空间数据，为用户提供空间数据浏览、查询和分析的功能，已经成为 GIS 发展的必然趋势；基于 Internet 技术的地理信息系统——WebGIS 也应运而生。WebGIS 不仅具有信息发布、数据管理和空间分析功能，而且具有数据共享的特点，这为船舶船位、通信等信息的发布与共享提供了一个很好的可视化平台，也为远洋船舶提供了完整的监控、管理手段。

1. WebGIS 的定义和组成

1) WebGIS 的定义

WebGIS 指在 Internet/Intranet 环境下，基于 TCP/IP 和 WWW 协议，以支持标准 HTML 的浏览器为统一的客户端，通过 Web Server 向 GIS Server 提出 GIS 服务请求的一种技术。WebGIS 的基本思想就是在 Internet 上提供地理信息，让用户通过浏览器获得地理信息系统中的数据和服务。由于客户端采用了 WWW 协议，所以称为 WebGIS。

WebGIS 的诞生使 GIS 经历了从单机环境应用向网络环境应用发展的过程，从局域网内客户/服务器(customer/server，C/S)结构的应用向 Internet 环境下浏览器/服务器(browser/server，B/S)结构的发展。WebGIS 是 Web 技术和 GIS 技术相结合的产物，是利用 Web 技术来扩展和完善 GIS 的一项新技术。它的出现使 GIS 能够真正走向社会，为更广泛的社会群体服务。

通过 WebGIS，人们可以方便地从 Internet 的任意一个节点浏览或获取 Internet 上的各种分布式地理空间数据以及进行各种在线的地理空间分析。在基于 WebGIS 的应用中，终端用户一般无须购买 GIS 软件，Internet 已成为 GIS 新的操作平台。

2) WebGIS 的组成

从应用的角度看，WebGIS 由硬件、软件、数据、方法和人员五部分组成。硬件和软件为 GIS 建设提供环境；数据是 GIS 的重要内容；方法为 GIS 建设提供解决方案；人员是系统建设中的关键和能动性因素，直接影响和协调其他几个组成部分。

WebGIS 开发语言主要环境如下。

(1) Web 语言：如 HTML、CSS、JavaScript 等。

(2) 服务器语言：.NET 语言，如 C#、VB、C++；Java 语言。

(3) 采用的技术模式：SOA 及 AJAX。

WebGIS 开发工具有 Visual Studio、Eclipse/MyEclipse、FlexBuilder/FlashBuilder、记事本/EditPlus 等。数据交换协议有 XML 和 JSON。

2. WebGIS 的特点

与传统的、基于桌面或局域网的 GIS 相比，WebGIS 具有以下几个显著优点。

(1) 符合相关的国际标准。基于 Web 的电子海图系统同样必须满足由 IMO、IHO 等组织制定的相关的国际标准，包括 IMO 的 ECDIS 性能标准(IMO ECDIS PS)、ECDIS 中使用的原始海图数据的编码和交换标准(IHO S-57)，以及 ECDIS 中电子海图的内容与显示标准(IHO S-52 显示标准)。

(2) 利用 Internet 的 B/S 模式，遵循 TCP/IP、HTTP，用户可以在任何地方通过网络访问，享用地理空间信息服务。WebGIS 可使用户在 Internet 上操作 GIS 地图和数据，用 Web 浏览器(如 IE)执行部分基本的 GIS 功能(如缩放、移动、查询、标注，甚至是执行空间查询)。通用的 Web 浏览器也降低了操作复杂度。

(3) WebGIS 是分布式系统：GIS 数据和分析工具是独立的组件和模块，WebGIS 利用 Internet 这种分布式系统把 GIS 数据和分析工具部署在网络中不同的计算机上，用户可以从网络上的任何地方访问这些数据和应用程序，不需要在本地计算机上安装 GIS 数据和应用程序。

(4) WebGIS 是跨平台系统：WebGIS 对计算机和操作系统几乎没有限制，只要能访问 Internet，用户就可以访问和使用 WebGIS 而不必关心用户运行的操作系统是什么。

(5) 图形化的超媒体信息系统: WebGIS 通过超媒体热链接可以链接不同的地图页面。正是 WebGIS 的这些优势, 使得它很好地克服了传统 GIS 的缺陷, 成为 GIS 发展的一个重要方向。

3. WebGIS 的实现策略

如上所述, WebGIS 突破了简单的基于请求/应答方式的 C/S 模式, 采用新型的 B/S 模式, 用来满足用户对信息管理的要求。通过 HTTP, 浏览器向 Web 服务器请求数据服务, 通过数据库访问接口访问数据库服务器, 由数据库服务器处理该请求, 并将数据处理结果返回给 Web 服务器, Web 服务器还要返回 HTML 文档及各种脚本给浏览器。按照浏览器和服务器分担功能的多少, 基于 B/S 模式的 WebGIS 有以下三种实现策略。

1) 服务器端策略

这是一种典型的瘦客户端/胖服务器模型, 该模式把数据和应用程序都放在服务器上, 由服务器完成数据处理的所有工作; 而客户机仅用于发出服务请求和显示服务器的最终处理结果。该模式简化了客户端处理, 但加重了服务器和网络的负担。服务器端的 WebGIS 技术主要有通用网关接口(common gateway interface, CGI)、服务器应用程序接口模式(server API)、动态网页模式(active page)等。ESRI 的 Internet Map Server(IMS)、MapInfo 的 MapInfo ProServer 等都曾采用这种技术。

2) 客户端策略

这是一种典型的胖客户端/瘦服务器模型, 利用前端插件技术, 把一部分应用和数据下载到客户端进行处理。这种模型增强了客户端处理数据的能力, 也减轻了服务器和网络传输的负担。

该模式下, 客户端软件可采用三种不同的技术构建, 分别是插件技术(plug-in)、ActiveX 控件技术和 Java applet 技术。

(1) 对于基于 Plug-in 技术开发的 WebGIS 需要事先在客户端安装 Plug-in 后才能使用。

(2) 对于基于 ActiveX 技术开发的 WebGIS 只能运行在 Microsoft Windows 下的 IE 中。

(3) 基于 Java applet 的 WebGIS 可以在任何平台上使用。目前, 很多 WebGIS 都采用这种模式, 如 Intergraph 公司的 GeoMedia Web Map 和 Autodesk 公司的 MapGuide。

3) 混合策略

采用进程分布处理策略克服上述单纯的服务器策略和客户端策略的局限性, 使客户机与服务器协同完成 GIS 任务, 共享性能及数据处理能力, 从而合理地分配数据和数据处理程序，实现系统资源最大化利用，使系统的整体性能最优。

4. 主流 WebGIS 产品简介

1) 商业软件

WebGIS 是当今的研究热点，国外的 WebGIS 产品主要有 ERSI 公司的 ArcIMS、美国 MapInfo 公司的 MapXtreme 和 MapInfo ProServer、Intergraph 公司的 GeoMedia WebMap，著名的 CAD 厂商 Autodesk 公司也推出了 MapGuide。

国内 WebGIS 产品主要有武汉奥发科技工程有限公司开发的 AF Internet GIS、国家遥感应用工程技术研究中心的 GeoBeans、武汉吉奥信息工程技术有限公司的 GeoSurf 等。这些产品以其使用简单、维护方便、支持二次开发、跨平台、支持矢栅合成、兼容多种矢量格式数据及丰富的客户端功能、完善的空间分析功能等特点，具有良好的应用前景。

2) 开源软件

由于开源 WebGIS 软件的代码是公开的，可以免费取得，同时还得到很多大公司和众多技术人员的加盟和技术支持，目前已发展得非常迅速。用户可以参与软件的代码修改，因此，在此框架下开发的软件也非常灵活。

开源的 WebGIS 软件比较有名的有 MapServer 和 GeoServer。

MapServer 起源于美国明尼苏达大学、NASA 及自然资源部明尼苏达分部一起合作的项目，它的定位不是全功能的 GIS，而是提供满足 Web 应用的大多数 GIS 功能，大多数在 UNIX 系统上运行。

GeoServer 是一个功能全面的 OpenGIS Web 服务规范的开源地图服务器，极好地遵循 OGC 规范的 WMS、WFS、WCS 协议，允许用户共享和编辑地理信息数据。GeoServer 实现了在线编辑空间数据、生成专题地图，其地图发布使用 XML 文件。由于是开源软件，用户不仅可以免费使用它，还可以对其进行修改、复制以及再分发。

GeoServer 用 Java 语言编写，采用标准的 J2EE 架构，基于 Servlet 和 Struts 框架，支持高效的 Spring 框架开发，能够运行在任何基于 J2EE/Servlet 容器之上；支持上百种投影和多种数据格式；支持多种高级数据库。

GeoServer 的另一个优势是有一个免费的、与 ESRI's ArcView 相似的客户端软件 UDIG，并且当发布完地图服务后，若要修改某一个图层的样式，只需要修改原来引用的样式即可，不需要重新发布图层等操作。

在功能上 MapServer 弱于 GeoServer，但在效率上 MapServer 对 WMS(Web 地图服务)的支持更为高效，而 GeoServer 则更擅长于 WFS(Web 要素服务)规范的属性查询。MapServer 提供以下两种工作方式。

(1) CGI 方式(适用于 CGI、AJAX、FLEX 开发人员)。

(2) MapScript 方式(适用于 PHP、Java、C#、Python 开发人员)。

原生 CGI 方式效率最高，配合 TileCache 可以快速生成大范围的地图瓦片数据。

比较基于 J2EE 的开源平台 GeoServer，MapServer 更适合高负荷的大型互联网地图应用。MapServer 是基于 C 语言的地图服务软件，比基于 Java 的 GeoServer 速度要快。MapServer 擅长于生成专题地图，但地图发布是通过和 Win32 相似的文本配置文件。如果只是发布地图而不允许修改，可以使用 MapServer，因为它维护起来更简单容易些。想要更好地在线编辑和支持像 PostgreSQL 或 Oracle 这样的空间数据库，可以选择 GeoServer。

9.3.2　Web 海图监控应用构建实例

本节将在开源软件 GeoServer 的基础上，以一个系统实例简要介绍基于 WebGIS 的海图显示和船舶监控系统的实现。

1. 系统架构

任何一个基于 B/S 的 Web 应用系统通常包括客户端、Web 服务器和数据库服务器三个部分。但是在基于 Web 方式的海图显示和船舶监控系统中，海图的发布和显示是整个系统的基础，也是各种数据显示和操作的平台，因此大量的海图数据要进行合理的组织、分类和检索就需要：①一个专门的海图数据服务器按系统要求组织和返回需要的海图；②让 Web 服务器只从事动态和静态网页的解析传输以及响应客户端的一些业务请求。

将海图服务和 Web 服务分开，不仅有利于对海图数据进行管理，还能降低服务器的负载，提高服务效率。

基于 B/S 模式的 WebGIS 应用系统包含四个子系统，分别如下。

(1) 客户端浏览器：是用户直接接触和使用的部分，负责海图的显示和船舶的监控以及与用户的交互操作。用来存储客户的资料、定制、权限、到港提醒、短信收发、卫星 D+通信等内容。

(2) Web 服务器：负责处理用户的请求和向用户返回信息，负责 WWW 服务，包括发布 HTML、JSP 网页，执行 Servlet/JSP 组件，处理客户的请求和与数据库的通信。

(3) 海图数据服务器：是一个典型的符合 GIS 标准的服务器，将瓦片化的海图数据按照一定的规则分别存储。当有用户请求时，服务器自动将请求的海图瓦片和海图数据传输至用户计算机，下载到用户本地缓存，以便下次访问更加快捷。

(4) 数据库服务器：存放外接设备传输过来的动态数据，如 AIS 数据。服务器自动将二进制的 AIS 数据流，通过标准的 AIS 协议，转换成可读的数据存储在服务器中。当某个用户发出前台页面请求时，数据服务器自动响应，将船舶位置更新至最新。

为了在海图上显示船舶的位置和详细信息，可利用外接设备 AIS 提供的数据与海图叠加显示，以此来向用户提供船舶监控功能。这时需要在四层结构外增加一个 AIS 数据解析服务器，用来实时解析 AIS 数据，并按照系统制定的通信协议把数据存储到数据库中，以便于 Web 服务器根据客户端的请求查询、提取、更新和插入数据。

图 9-5 是基于 WebGIS 的电子海图监控总体框架图。

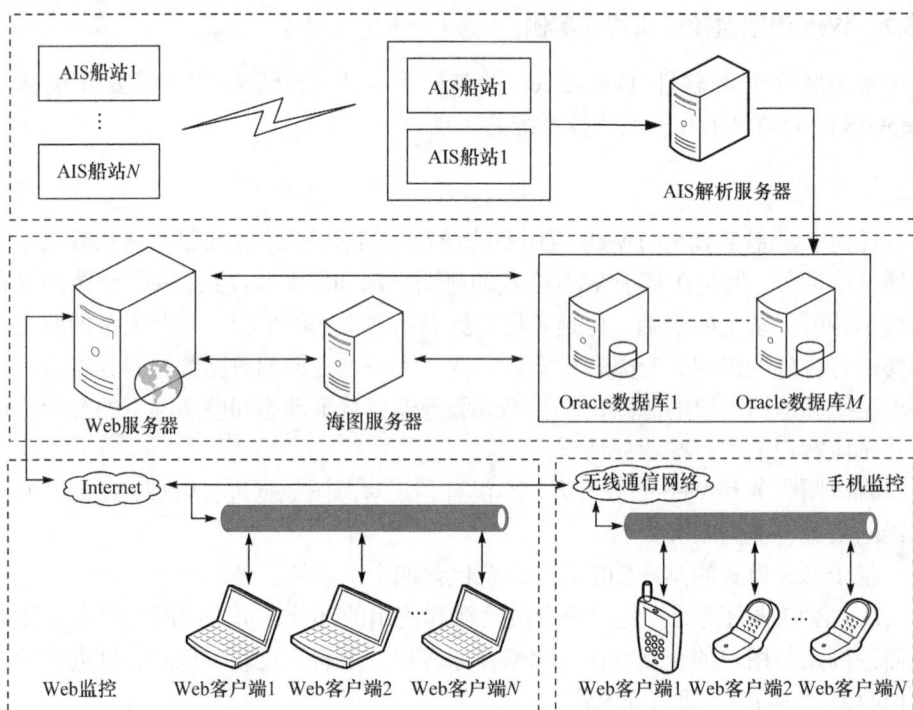

图 9-5　基于 WebGIS 的电子海图监控总体框架图

2. 服务器端实现方式

服务器端选用 J2EE 技术体系来实现。J2EE 提供了一套基于组件的设计、开发、装配和部署应用程序的方法，其多层的分布式应用组件、基于 XML 的数据交换、统一的安全模式以及灵活的事务控制，使得用户不仅可以更快地向市场推出创造性的解决方案，而且解决方案不会被束缚在任何一个厂商的产品和 API 上。

J2EE 平台支持的组件主要有 Applet、Application、JMS、EJB、Servlet 组件，这些组件都在各自的容器内运行。

1) Web 服务器

在服务器端，选择基于 J2EE 平台的 Servlet/JSP 技术配合 Tomcat 容器作为 Web 应用服务器，为客户端提供网页解析传输和数据查询服务。JSP 是基于 Servlet 以及整个 Java 体系的 Web 开发技术，它主要是在传统的 HTML 文件中加入 Java 程序片段和 JSP 标记。Java 有着快速便捷的数据库访问能力和良好的跨平台性，因此能够快速地开发基于 Web 的、独立于平台的应用。

2) GeoServer 海图服务器

在海图服务器端，为解决不同系统之间地理数据和海图传输接口一致性问题，要求海图服务器全面支持 OGC(open geospatial consortium)的开放标准，使其服务具有良好的开放性和互操作性，便于跨平台与系统应用。

在部署海图服务器时，GeoServer 和 Tomcat 配合使用，就像其他 Web 应用程序一样将 GeoServer 部署在 Tomcat 的 WebAPPs 目录下即可。前者负责海图数据组织查询，后者负责将返回的数据或海图嵌入 HTML 或 JSP 网页传回客户端，显示图形。用户可在 http://blog.geoserver.org 网站下载 GeoServer 服务器安装包。

3. 客户端实现方式

为了配合 Tomcat 和 GeoServer 作为服务器，本实例采用胖服务器的实现方式，将大量的工作放在服务器端完成，用户只需要简单地向服务器发出请求，就可以获得想要的海图。这就需要一个与之对应、灵活简便的客户端，此处客户端实现使用 OpenLayers。

OpenLayers 是一个用于开发 WebGIS 客户端的开源 JavaScript 包，采用面向对象的 JavaScript 方式开发，访问地理空间数据的方法都符合行业标准，如 OGC 的 WMS、WFS、WCS 协议。OpenLayers 除了能够在浏览器端帮助开发者实现地图浏览的基本效果(如放大、缩小、平移)，还可以进行选取面、选取线、要素选择、图形叠加等不同操作。采用 OpenLayers 不存在平台依赖性，它采用 JavaScript 动态类型的脚本语言编写。同时，OpenLayers 能够实现类似于 AJAX 功能的无刷新更新页面。OpenLayers 还支持更多的地图来源，除了 OGC 的 WMS、WFS 之外，还能混合来自 Google Maps、MSN Virtual Earth、Yahoo Maps、KaMap 等的数据，能够将不同服务提供的图形叠加合成，为用户提供更加完美的地理图形显示效果。利用 OpenLayers 开发客户端，不需要用户下载任何插件，不需要用户端执行任何有关地图绘制的工作，只需要将请求按照一定的格式发送给服务器就能实现用户所需海图的显示。

在使用 OpenLayers 和 GeoServer 开发电子海图的应用中，通过 GeoServer 加载海图路线、数据、发布地图，并将各个图层形成一个图层组；由页面前端 OpenLayers 加载该组图层，然后对此图层进行查询。如果有新的图层增加，也不需要修改代码，只要在 GeoServer 中修改图层组，增加新的图层即可。关于 OpenLayers 的开源 API 可以在其官网 http://open layers.org 得到更多的资料。

4. 数据库的选取

实现基于 Web 方式的海图监控平台，不仅需要服务器端存储大量的海图数据，而且为实现船舶的监控和船舶的航迹重现，需要将 AIS 数据解析并存入数据库。根据 AIS 信息的更新时间标准，船舶的静态信息每 6min 更新一次，船舶动态信息的更新时间随船舶的航速而不同，为 2～10s，以上海港为例，每天大概有 1400 多艘船舶，以这种速度和数量存取数据，要求数据库的海量数据存储和组织能力特别强，当大量用户访问时能够很好地处理多用户并发操作数据库的要求。介于此，可以示例采用功能强大的 Oracle 作为 AIS 数据和地理要素数据的存储服务器。Oracle 作为主流数据库，具有很强的移植性，在跨硬件平台与操作系统方面也有着不错的表现。

9.3.3　船联网网站示例

目前已有很多成熟的基于 Web 方式的船联网网站，本节介绍几个 Internet 可以访问的 Web 海图监控平台实例。

1. 海运导航

可以通过 http://www.shiptracker.cn 访问海运导航，该网站提供了很多关于船舶跟踪、船舶交易等能实时查询船舶动态的公众服务网站。

2. hiFleet 船队在线

上海迈利船舶科技有限公司开发的 hiFleet 船队在线(http://www.hiFleet.com)，是全国最大的 AIS 定位汇集平台，现可免费注册成为 HiFleet 会员，可以像放电影一样观看如船舶碰撞、搁浅等 AIS 轨迹动画。这些轨迹动画可在不同比例尺上查看，也可在不同的底图上查看；可快速播放，也可慢速播放；可暂停播放，也可继续播放；支持 4 艘船舶半个小时轨迹同时播放。

3. 船讯网

亿海蓝(北京)数据技术股份有限公司的船讯网(http://www.Shipxy.com)是国内较早提供船舶位置监控的网站，其致力建造互联网下的航运生态圈，免费注册、免费追踪全球船位；在线的租船专家，能够为船东、货主、船舶代理、货运代理、船员及其家属提供船舶实时动态信息。给船舶安全航行管理、港口调度计划、物流、船代、货代带来极大的方便。

4. 其他

国内比较知名的网站还有 AIS 信息服务平台(http://www.ais.msa.gov.cn)、搜船网、宝船网等。

国外知名的船舶公众服务网站有在线免费海运船舶跟踪系统 Marine Traffic (http://www.marinetraffic.com)。该网站不仅涵盖了全球各监控船只的航行情况和相关消息，还有全球各大港口数据库的信息，它的信息来源于 AIS，能看到全球超过 10000 艘的船舶。在 Google Earth 上观看，不仅涵盖了 Marine Traffic 的所有信息，还能看到 GPS 追踪的每艘船舶的航行路线、照片等。国外有名的船舶网站还有 My Ship Tracking、Ship Finder 等。

通过这些网站，用户只要输入船名、呼号、IMO、MMSI 等条件便可以搜索到船舶，定位船舶位置、查询船舶预到港、船舶数据、船舶资料、船舶轨迹、船舶历经港口等。无论使用者身在何处，只要能通过计算机或者手机上网，就可方便、快捷地访问网站，查询到全球船舶的实时动态。为用户提供全面的 AIS 船位服务、详细的船舶资料、船队职能监控、区域管理、全球港口与海洋气象、航线船舶查询等功能，并实时更新全球最新的电子海图数据，提供对全球权威级船舶公司船舶数据库的授权访问。

9.3.4 船联网 Web API

在提供基本船舶服务的同时，还有很多网站对外开放船联网开发应用接口(API)。例如，船讯网除提供自身船位服务外，还向用户提供了免费的 API，支持其他网站和系统的嵌入，以方便使用者在自己的网站和系统中实现船舶监控管理。

如图 9-6 所示，船讯网 API 是一组 JavaScript 函数，使用这些函数可以回避专业而复杂的 GIS 技术、简单便捷地把船讯网的海图和船位服务嵌入自己的业务系统或网站中，在电子海图背景上展现船位并进行管理，甚至是与自己的业务数据相融合。

如图 9-6 所示，船讯网 API 的本质是提供了一套如何获取船舶 AIS 数据的方法和接口及一套如何在 WebGIS 上展示船舶的方法。用户可以获取船舶 AIS 数据，使用自己的方法显示船舶，也可以使用船讯网提供的 WebGIS 方法展示船舶。用户在页面通过 JS 调用，按照数据接口的类型获取船舶数据，然后将这些数据传送至地图平台，按照指定要求显示船位。使用这些 API，原则上用户无须任何的复杂的开发，只需要简单地将应用源码嵌入自己的网站中就可以达到船位监控的目的。

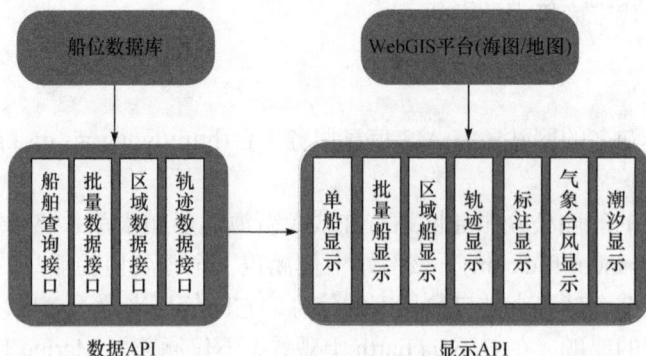

图 9-6　船讯网 API

例如，将下面这段 API 代码嵌入自己的网站中，就可以实现显示地图的功能，在自己的网站中实现全球海图及船舶动态跟踪。

```
<!DOCTYPE html PUBLIC"-//W3C//DTD XHTML 1.0
Transitional//EN""http://www.w3.org/TR/xhtml1/DTD/xhtm
l1-transitional.dtd">
<html xmlns="http://www.w3.org/1999/xhtml">
<head>
<meta http-equiv="Content-Type"content="text/html;
charset=utf-8"/>
    <title>显示地图</title>
    <style type="text/css">
    html, body{height:100%; margin:0; padding:0;}
    #mapDiv{width:500px; height:400px; background-color:
    #EFF5FF;}
    </style>
    <script src="http://api.shipxy.com/apicall/index?
api=map&key=1F6D701272402D1E7D8D316CCE519123&ver=1.3"
type="text/javascript"></script>
<script type="text/javascript">
    var map;
    window.onload=function(){
    var mapOptions=new shipxyMap.MapOptions();
```

```
mapOptions.center=new shipxyMap.LatLng(32, 122);
mapOptions.zoom=5;
mapOptions.mapType=shipxyMap.MapType.CMAP;
    //mapDiv是一个DIV容器的id,用于放置Flash地图组件
map=new shipxyMap.Map('mapDiv',mapOptions);
                                            //创建地图实例
    //地图初始化完毕
shipxyMap.mapReady = function(){
    //地图初始化完毕才能操作地图其他的接口
    }
}
</script>
</head>
<body>
    <div id="mapDiv"></div>
</body>
</html>
```

船讯网 API 官网(http://www.shipxy.com/API)为用户提供了更多详细、免费的 API 开发包源码,可参考其获取更多示例源码和相关信息。

9.4 移动端电子海图系统

9.4.1 概述

随着电子海图技术的发展,电子海图系统的功能日趋完善、应用形式不断丰富,并向智能化船舶综合导航系统发展,广泛应用于船舶交通管理、海事管理、船舶导航等领域。虽然电子海图技术发展飞快,但电子海图系统还普遍存在功能相对简单、更新维护困难、操作不便、设备笨重、携带不便、价格较高等缺点,且与其他船用设备整合度不高。

近年来,移动技术迅猛发展,智能手机、平板电脑等终端设备的性能不断提高,与地图应用相关的移动导航、移动 GIS 研究成为研究热点,现已有基于 iPhone 和 iPad、Android 等移动设备的海图应用推出。目前,国内基于智能手机或平板电脑的移动电子海图系统研究及产品还在起步阶段,已推出的产品很多采用的仍是栅格海图。

移动端电子海图系统集成一般会有以下要求。

(1) 可运行于手持移动终端(包括智能手机、平板电脑及其他便携式设备)。

(2) 以国际标准(IHO S-57、IHO S-52、IHO S-63)的电子海图显示与信息系统为核心。

(3) 集成北斗卫星导航系统、GPS、AIS、罗经、计程仪、测深仪、舵角指示器等多种船载设备。

(4) 以无线局域网(WiFi、蓝牙等)和 3G/4G 网络作为信息传输通道。

(5) 辅以语音、视频、短信等多种方式。

在任何时间、任何地点实现电子海图数据管理、海图显示与控制、船舶定位与实时标绘、本船导航、船舶动态标绘、航线设计等功能的船联网系统集成。

9.4.2　移动 GIS 概念

基于移动端的电子海图平台集成了 ECDIS，以及北斗卫星导航系统、GPS、AIS、罗经、计程仪、测深仪等多种船载设备，以无线局域网和 3G/4G 网络为信息传输通道，以手持移动终端为客户端，为用户实时地提供船舶服务。

国际 GIS 界将 GIS、GPS 和无线互联网一体化的技术称为移动 GIS(Mobile GIS，MGIS)。移动 GIS 是以移动互联网为支撑、以智能手机或平板电脑为终端、结合北斗卫星导航系统、GPS 或基站为定位手段的 GIS，是继桌面 GIS、WebGIS 之后又一新的技术热点，它极大地丰富了 GIS 理论和技术，拓展了 GIS 应用领域。

移动 GIS 具有灵活的移动性、动态性、强大的应用服务支持、对位置信息的依赖性和对移动终端的多样性等特点。在海图浏览、海图定位、海图数据采集及上传、船舶轨迹记录、航路导航等方面具有重要作用。

现在主流的移动 GIS 开发平台如下。

(1) 中地数码集团的 MapGIS 移动 GIS 开发平台 9(MapGIS Mobile 9)。

(2) 北京超图软件股份有限公司(SuperMap)的 SuperMap iMobile 移动 GIS 开发平台，该平台在移动终端提供了涵盖地图操作、数据采集、绘制编辑、空间分析、路径导航等移动 GIS 应用功能。

(3) ESRI 公司的 ArcGIS Mobile。

(4) MapInfo 公司的 MapXMobile。

(5) 南京跬步有限公司的 UCMap 和 GridGIS Mobile。

(6) 北京博冠鸿图科技有限公司的 eHotGIS。

(7) 北京灵图软件技术有限公司推出的 SmartInHand。

(8) 北京慧图科技股份有限公司的 PocketMap 等。

9.4.3　移动 GIS 组成

如图 9-7 所示，移动 GIS 是以空间数据库为数据支持、地理应用服务器为核心应用、无线网络为通信桥梁、移动终端为采集工具和应用工具的综合系统。下面就移动 GIS 的相关技术展开讨论。

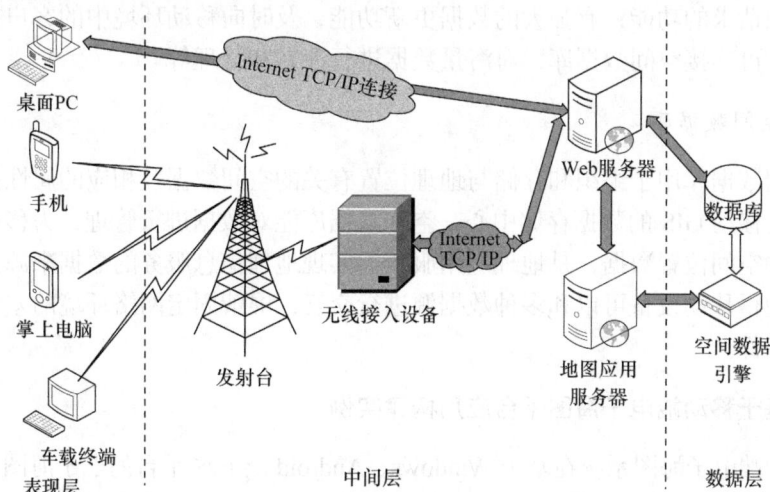

图 9-7 移动 GIS 集成系统体系框架

1. 移动终端设备

移动 GIS 的应用是基于移动终端设备的。移动 GIS 的客户端设备一般采用便携式、适合地理应用并且可以用来快速、精确定位和地理识别的设备。硬件主要包括 PDA、便携式计算机、WAP 手机、GPS 定位仪器等。软件主要是嵌入式的 GIS 应用软件。用户通过该终端向远程的地理信息服务器发送服务请求，然后接收服务器传送的处理结果并显示出来。

2. 无线通信网络

无线通信网络是连接用户终端和应用服务器的纽带，它将用户的需求以无线方式传送至地理信息应用服务器，再将服务器的分析结果返回给用户终端。移动 GIS 的无线通信网络包括 20 世纪 90 年代初期移动 GIS 刚形成时的个人移动电台、卫星系统通信网络和基于蜂窝通信系统的 GSM、GPRS、CDMA 等。其中，以第三种蜂窝系统移动通信中的应用最为广泛。

3. 地理应用服务器

移动 GIS 中的地理应用服务器是整个系统的关键部分，也是系统的 GIS 引擎。相对于移动终端，地理应用服务器位于固定场所，为移动 GIS 用户提供大范围的地理服务以及潜在的空间分析和查询操作服务。

地理应用服务器应具备以下功能：数据的整理和存储功能；基本的地理信息空间查询和分析功能；高质量图形和属性查询功能；具有强大的计算能力和处理密集访问请求的功能；有强大的数据更新功能，及时向移动环境中的客户提供动态数据；可连接空间数据库，对海量数据进行存储和管理等。

4. 空间数据库

空间数据库用于组织和存储与地理位置有关的空间数据及相应的属性描述信息，它是移动 GIS 的数据存储中心。空间数据库能对数据进行管理，为移动应用提供各种空间位置数据，是地理应用服务器实现地理信息服务的数据来源。空间数据库使得移动设备可以和多种数据源进行交互，屏蔽固定网络环境的差异，优化查询条件。

9.4.4　基于移动端电子海图平台应用构建实例

移动端电子海图系统在基于 Windows、Android 及 IOS 平台的电子海图显示系统基础上进行 SDK(software development kit)封包，通过采用空间数据库技术、电子海图显示与操作技术、船载定位设备信号解析技术、面向对象的组件技术等设计完成软件开发；通过移动网络与 GPS、AIS、电罗经、计程仪等船载定位设备进行信号解析连接；在便携移动平台终端实现智能电子海图导航以及符合 IHO S-57 国际标准的电子海图服务；提供复杂海上环境在线和离线模式的电子制图更新服务。

1. 系统设计

为确保海图数据的唯一性和安全性，作为一种航海信息处理平台，在服务器与客户机之间，构成一种多缓冲、多数据流、异步、协同的操作机制。海区地理信息、水文气象预报信息等依赖复杂的信息处理过程，可由服务器端进行处理并集中存储；与客户应用密切相关的基础信息在客户端存储并适时更新，简单的信息处理在客户端完成；高性能服务器和低速客户机相互配合，以便解决效率和成本之间的矛盾，并为全球范围内的信息共享及全球范围内的信息检索提供支持。

用户直接与装有移动 3G/4G 电子海图系统的移动终端设备(如智能手机、平板电脑或其他便携式设备)进行交互。移动终端可通过自身集成的 GPS 在电子海图上标绘本船的位置信息，或通过蓝牙接口、WiFi 设备获取船舶现有 AIS 设备接收的本船和周围船舶动态信息等导航数据，从而实现导航功能。

移动电子海图还能通过 3G/4G 或卫星接入移动网络，建立与岸基船舶引航信息服务器和海图服务器的连接，实现海图数据的下载更新与船舶引航功能。系统总体框架如图 9-8 所示，为采用基于 J2EE 构架的客户机/Web 服务器/应用服务器/数据库服务器的多层系统结构。

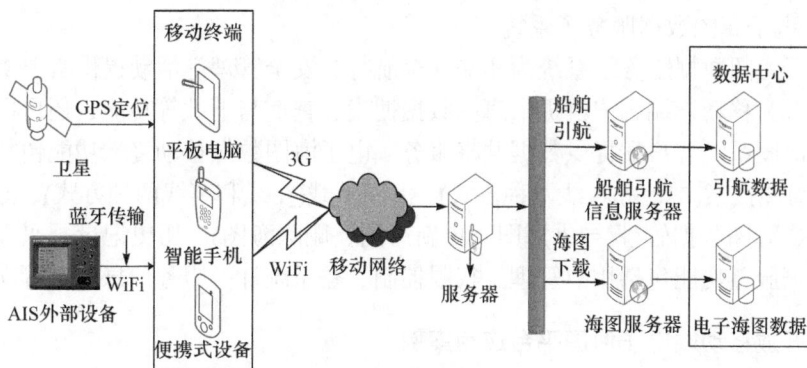

图 9-8 移动电子海图系统总体框架

2. 系统实现

基于移动端的电子海图平台主要针对船舶用户，考虑在基于传统电子海图的基础上，采用便携终端对船舶用户提供触摸式、方便、快捷、准确、丰富的电子导航产品。系统软件结构设计分为船舶导航移动终端子系统、船舶引航移动终端子系统、电子海图数据服务子系统三大模块，支持如 IOS、Android 等操作系统的手机或平板电脑，同时也支持特殊用户群的高性能要求，如使用工业级平板电脑。通信可采用 WiFi、3G/4G 等功能实现。

1) 船舶导航移动终端子系统

该子系统包括电子海图显示与控制、船舶导航、航线设计、辅助等功能。依据 IHO S-52 显示标准将电子海图显示在移动终端设备上，用户可对海图进行海图定位、缩放控制、全域漫游、海图背景控制、分层显示控制、海图物标查询、海图旋转等操作，提示船舶用户按规定的航路行驶、注意避让等。

船舶定位功能需要通过来自移动终端内置 GPS 的定位信息或通过蓝牙接口、WiFi 无线局域网获取外部设备如船载 GPS、AIS 的动态数据来获取本船的位置信息。船舶动态查询功能可查询该船舶的航行状态、位置、航速、航向等动态信息。

2) 船舶引航移动终端子系统

移动终端可以作为船舶安全航行的辅助设备服务于船员，还可以作为引航设备服务于引航员。系统通过对引航相关信息(如船舶进出航道、停靠泊位、计划航线、潮高修正量、船舶静态参数等)进行选择设定，智能获取来自不同传感器(如 GPS 和 AIS)的信息，依据引航员设定的引航作业内容(进/出港)、显示方式、报警环境参量等，智能化地在电子海图上进行船舶(进/出港)引航。系统功能包括海图显示、参数设置(报警参数、引航方向等)、引航跟踪、靠泊跟踪、潮汐查询与修正、引航回放等。

3) 电子海图数据服务子系统

电子海图数据服务子系统为船舶安全航行、安全管理等活动提供必要支持和保障，并为移动终端客户群提供海图数据搜索、查询与下载等功能，还可向多平台电子海图系统客户端提供数据共享服务。电子海图数据移动终端功能包括用户登录、海图搜索(本地和在线两种方式)、海图下载(在线和离线两种方式)、海图数据共享、海图数据管理(导入海图、更新海图、删除海图)、历史记录、兴趣点标注。数据服务功能包括用户管理、权限控制、登录统计、服务信息推送等功能。

9.4.5　开放移动端电子海图平台应用案例

目前已有很多成熟的移动端电子海图系统地步入实用，一些船舶公司也相继推出免费的船舶 APP 供用户下载，只要扫一下船舶公众服务网站中的 APP 二维码(安卓版下载/IOS 版下载)，或直接去 APP 软件商店下载，即可在手持移动终端(包括智能手机、平板电脑及其他便携式设备)上进行安装。

船讯网在 2012 年 2～3 月相继推出了多种手机版本 APP，如 iPhone、ipad、Android、Java 版本，将船舶监控由计算机成功转移至移动互联网。APP 使用者只需要下载几百 KB 的应用，就可以在自己的手机上任意时刻、任意地点方便、快捷地查询关注的船舶信息。其主要功能包括：在电子海图上查看全球船舶动态；通过船名、呼号、MMSI、IMO 等条件搜索船舶；查看船舶资料和航行动态信息；管理和定制"我的船队"；查询船舶 24h 轨迹；船岸卫星 D+短信的手机收发等。

上海迈利船舶科技有限公司的移动 APP 可实现多种海图自由切换、实时定位附近海域内的船舶，可查询船舶基本资料，进行船舶管理、船舶轨迹、水文气象查询，让用户在家中实时了解海上船舶的动态详情等。

澳大利亚 Navionics 的 Navionics Europe 被喻为"最畅销的划船""世界上最畅销的划船的应用程序"，支持免费下载，可以选择和购买全世界 20 个喜欢的区域进行覆盖。如果需要，可以在全球范围内随时添加更多的地区，并可无缝合并。允许随时查询矢量海图对象的描述性细节。支持平移、缩放和测量距离，并拥有高清晰度和高精度的海图。但该系统需购买才能将海图下载到设备。购买后，系统还可查询船只巡航速度和油耗、编辑路线、记录和查看轨道，可通过拍摄图片(地理标记)来创建整个行程的虚拟冒险日志。

Marine Navigator Lite 是一个离线导航器，它使用光栅航海图来记录船舶的实时位置，并将官方纸质海图的副本存储在移动终端。其提供的功能有实时定位、显示导航数据与距离及方位计算，但其不能预装海图，只能导入 BSB 或 KAP 格式的光栅航海图。其光栅航海图可在网站 http://www.nauticalcharts.noaa.gov 或 http://www.openseamap.org 下载。

参 考 文 献

北京米波通信技术有限公司. 2009. 国际海事卫星通信系统介绍[EB/OL]. http://www.docin.com/
　　p-741670394.html[2009-11-01].

毕月琨. 2014. AIS 基站系统中的数据解析与压缩[D]. 舟山: 浙江海洋学院.

蔡新梅. 2011. 船舶 ARPA 设备应用效能研究[J]. 舰船电子工程, 31(6): 84-86.

柴旭涛. 2008. 船载电子海图系统 ECS 推广的必要性[J]. 科技信息(学术研究), 36: 380.

陈海山. 2006. 基于航行计划信息的船舶自动协商避碰决策的研究[D]. 上海: 上海海事大学.

陈亮, 徐元, 江涛, 等. 2015. 基于北斗导航系统的海洋渔业数据信息系统[J]. 安徽农业科学,
　　43(2): 363-364.

陈念宁. 2006. 船舶步进电机的单片机控制[J]. 中国水运(理论版), (5): 14-15.

缪德刚. 1990. 航海雷达[M]. 大连: 大连海运学院出版社.

邓洪章. 2002. 船舶自动识别系统(AIS)[J]. 天津航海, (4): 31-36.

邓术章, 李光正, 鲁慧民, 等. 2009. 船用 ARPA 雷达与 AIS 信息融合的实现[J]. 船海工程, 38(6):
　　145-148.

董小兵. 1994. ARPA 原理[M]. 大连: 大连海事大学出版社.

董耀华, 孙伟, 董丽华, 等. 2012. 我国内河 "船联网" 建设研究[J]. 水运工程, (8): 145-149.

杜昆. 2016. 无线传感器网络 WSN 在船舶动力定位系统中的应用[J]. 舰船科学技术, (22): 19-21.

冯爱国. 2008. 基于 ARPA 与 AIS 的船舶避碰问题的思考[J]. 广州航海高等专科学校学报, (1):
　　23-25.

冯国富, 马玉奇, 陈明. 2017. 一种面向船联网的 "北斗" 异步 FIFO 多通道模型[J]. 微电子学与
　　计算机, 34(2): 1-5.

高音. 2010. 光纤陀螺罗经及其发展和应用[J]. 大连水产学院学报, 25(2): 167-171.

郭成雄. 2011. AIS-SART 的研究与实现[D]. 大连: 大连海事大学.

郭建伟. 2014. 基于 Wi-Fi 自组网的船舶视频监控系统的研究[D]. 厦门: 集美大学.

何建新. 2006. AIS 关键技术研究及其与电子海图的集成实现[D]. 哈尔滨: 哈尔滨工程大学.

华云科技有限公司. 2013. 海洋船舶北斗定位导航系统解决方案[EB/OL]. http://www.docin.com/
　　p-1673199288.html[2013-10-01].

黄金敏. 2014. 论船舶视频监控在船上的实用性[J]. 珠江水运, (20): 88-89.

焦战立, 罗志红. 2007. ARPA 局限性分析[J]. 武汉船舶职业技术学院学报, (6): 13-16.

李利, 王平军, 纪凯, 等. 2012. 大型舰艇编队通信指挥决策方案效能评估[J]. 舰船科学技术,
　　34(9): 113-117.

李亮. 2007. 基于 GPS/AIS/VHF 的船舶实时动态监控系统[D]. 武汉: 武汉理工大学.

李竹林, 栾晓东, 吕海燕, 等. 2009. 浅析无线路由器信号覆盖范围的拓展[J]. 农业网络信息,
　　(7): 66-68.

林瑛, 贾成斌. 1998. 船舶机舱监控系统实现系列化、标准化势在必行[J]. 中国修船, (1): 43-45.

刘克中, 占真, 韩海航, 等. 2014. 基于航运信息服务的船联网标准体系框架[J]. 中国航海,
　　37(1): 6-10.

刘晓慧. 2010. 基于 GPS 的导航信息接口的研究[D]. 大连: 大连海事大学.

马瑞宁. 2015. AIS 个人搜救示位标的研究及应用[J]. 电子测试, (3): 14-15, 3.

聂涛. 2010. 基于 Web 方式的电子海图显示与应用[D]. 大连: 大连海事大学.

彭文, 王立平, 陈贵花. 2016. 移动终端的水上便携智能导航系统研发[J]. 测绘通报, (6): 133-137.

钱堂慧, 王淼, 娄静谊, 等. 桌面 GIS 系统开发报告[EB/OL]. https://wenku.baidu.com/view/57e4f04367ec102de3bd892a.html

时佩丽, 范文涛. 2010. RIS 对我国内河航运信息化建设的启示[J]. 水运管理, 32(6): 25-26.

宋文. 2007. 无线传感器网络技术与应用[M]. 北京: 电子工业出版社.

孙建波, 郭晨, 张旭. 2006. 船舶机舱监测和报警系统的设计与实现[J]. 系统仿真学报, (S2): 851-853, 856.

孙立成. 2000. 船舶避碰决策数学模型的研究[D]. 大连: 大连海事大学.

孙跃锋. 2008. 基于北斗卫星的大连海域船舶监控系统的研究[D]. 大连: 大连海事大学.

覃闻铭, 王晓峰. 2015. 船联网组网技术综述[J]. 中国航海, 38(2): 1-4, 8.

仝洁. 2014. 基于北斗的船舶遇险应急报警终端的研究与开发[D]. 厦门: 集美大学.

万曼影, 盛伟瑜, 李巍. 2002. 全数字式机舱监测报警系统[J]. 中国造船, (2): 92-96.

汪鑑元. 2008. 光纤陀螺的误差分析及建模研究[D]. 哈尔滨: 哈尔滨工业大学.

王炯耀. 2011. 船载电子海图 ECS 系统的设计与实现[D]. 上海: 上海交通大学.

王洵, 汪雄炳, 曹文. 2010. 海上落水人员搜救装备发展设想[J]. 中华航海医学与高气压医学杂志, (5): 312-314.

王则胜. 2005. 基于遗传算法的船舶避碰决策研究[D]. 上海: 上海海事大学.

吴位军, 李大鹏. 2014. AIS-SART 的工作原理与港口国监督检查[J]. 天津航海, (3): 71-74.

吴祖新. 2014. 论 A 类 AIS 和 B 类 AIS 的区别[A] // 中国航海科技优秀论文集(2013). 上海: 上海浦江教育出版社.

武英洁. 2010. 船用北斗/GPS 联合导航终端的研究[D]. 大连: 大连海事大学.

谢朔, 初秀民, 柳晨光, 等. 2016. 船舶智能避碰研究综述及展望[J]. 交通信息与安全, 34(1): 1-9.

谢伟玮. 2009. 基于海图显示的船舶监控信息系统终端设计[D]. 大连: 大连海事大学.

徐弘升, 林叶锦. 2008. 基于嵌入式系统和 CAN 总线的船舶监控系统设计[J]. 大连海事大学学报, 34(S1): 101-103.

徐周华, 牟军敏, 季永清. 2004. 内河水域船舶领域三维模型的研究[J]. 武汉理工大学学报(交通科学与工程版), (3): 380-383.

许明华. 2012. 基于 CAN 总线的船舶自动化系统研究与设计[J]. 中国造船, 53(2): 185-191.

杨洪. 2008. 船舶主机控制系统的设计与研究[D]. 大连: 大连海事大学.

杨华伟, 万正权. 2014. CAN 总线在船舶结构安全监测系统中的应用[J]. 电子测量与仪器学报, 28(5): 553-559.

杨嵩山, 秦春燕. 2002. 无线局域网技术及应用[J]. 邮电设计技术, (4): 5-9.

俞先国. 2013. 改进的可变形部件模型及其在行人检测中的应用[D]. 长沙: 国防科技大学.

猿辅导研究团队. 2016. #Deep Learning 回顾#之基于深度学习的目标检测[EB/OL]. http://www.
　　52ml. net/ 20287. html[2016-10-23].

占真. 2014. 船联网标准体系框架与体系表构建研究[D]. 武汉: 武汉理工大学.

张吉平. 2014. 电子海图显示与信息系统[M]. 大连: 大连海事大学出版社.

张哲, 马桂山. 2010. 卫星探测 AIS 的分析及其发展的研究[J]. 航海技术, (3): 38-40.

赵颖慧, 曹从咏. 2011. 基于船联网的水路危险货物运输应急信息系统原型设计[J]. 中国水运,
　　(7): 44-45.

曾华. 2007. 无线局域网技术在船务操作的应用[J]. 电脑知识与技术(学术交流), 3(17): 1287.

郑清华. 2008. 射频通信技术在节能环保中的应用[C] // 2008 射频识别促进全球物流供应链透明化
　　论坛技术文集: 82-85.

郑中义. 2000. 船舶自动避碰决策系统的研究[D]. 大连: 大连海事大学.

中国海事服务网. 2013. 绿色船联网打造国际化智能航运[EB/OL]. http://www.cnss.com.cn/index.
　　php?a=show&catid=11&id=113593&siteid=1&typeid=3[2013-08-30].

中国卫星导航系统管理办公室. 2013. 北斗卫星导航系统发展报告(2.1 版)[J]. 卫星应用, (1):
　　9-12.

钟碧良, 刘先杰, 吴建生, 等. 2008. 基于人工势场法的船舶自动避碰系统研究[J]. 广州航海高
　　等专科学校学报, (1): 8-11.

朱峰. 2012. 浅谈船舶领域理论在船舶引航实践中的应用[J]. 珠江水运, (12): 10-13.

朱晓琳, 许汉珍. 2001. 船舶避碰的自适应模糊专家系统研究[J]. 华中科技大学学报, (8): 71-73.

Anil K J, Bolle P. 1997. An identity-authentication system using fingerprints[J]. Proceedings of The
　　IEEE, 9(85): 1365-1388.

Battin R H. 1987. An Introduction to the Mathematics and Metbohs of Astrodynamics[M]. New York:
　　AIAA Education Series, 529.

IEEE Standards Board. 1999. 802.11 Part 11: Wireless LAN Medium Access Control (MAC) and
　　Physical Layer (PHY) Specifications : Higher-Speed Physical Layer Extension in the 2.4GHz
　　Band. IEEE Standard 802. 1la[S].

Kaplan E D, Hegarty C J. 2007. GPS 原理与应用[M]. 2 版. 寇艳红, 译. 北京: 电子工业出版社.

Langley R B. 1991. Time, clocks, and GPS[J]. GPS World, 10(2): 38-42.

Langley R B. 1991. The mathematics of GPS[J]. GPS World, 2(7): 45-50.

Seeber G . 1993. Satellite Geodesy: Foundations, Methods, and Applications[M]. New York: Walter
　　De Gruyter.

Wang J Y . 2014. Application of AIS in ship collision prevention[J]. Advanced Materials Research,
　　912-914: 577-580.

Xiao Y Y. 2006. Control and prevention of ship collision[J]. Wuhan Marine, 2006, 1(4): 1-3.